中国粮食安全问题研究丛书

主销区粮食安全与供应链整合

胡非凡　吴志华　著

中国农业出版社

图书在版编目（CIP）数据

主销区粮食安全与供应链整合 / 胡非凡，吴志华著
. —北京：中国农业出版社，2014.11
　ISBN 978-7-109-18989-8

　Ⅰ.①主…　Ⅱ.①胡…　②吴…　Ⅲ.①粮食问题-研
究-中国②粮食-供应链管理-研究-中国　Ⅳ.
①F326.11

中国版本图书馆 CIP 数据核字（2014）第 049601 号

中国农业出版社出版
（北京市朝阳区麦子店街 18 号楼）
（邮政编码 100125）
责任编辑　孙鸣凤

北京中兴印刷有限公司印刷　新华书店北京发行所发行
2014 年 11 月第 1 版　2014 年 11 月北京第 1 次印刷

开本：720mm×960mm　1/16　印张：14.5
字数：240 千字
定价：35.00 元
（凡本版图书出现印刷、装订错误，请向出版社发行部调换）

总　序

　　国以民为本，民以食为天，食以粮为源。古今中外无不把"粮食"视为治国安邦、施政福民之圭臬。粮食安全问题关乎国计民生，关乎社会发展，关乎政治安定，世界各国都把粮食安全作为国家经济、政治、社会安全的重要组成部分。如何解决好粮食问题，如何确保国家粮食安全，对于我国这样一个拥有13亿人口的发展中大国而言，具有重大而深远的战略意义，更是施政安民的第一要务。

　　改革开放以来，我国农业发展取得了举世瞩目的成就，粮食综合生产能力不断增强，粮食安全保障水平不断提高。特别是进入新世纪以来，我国农业连年丰收，主要农产品供求基本平衡。自2004年以来，我国粮食生产连续十年增产，到2013年，粮食产量达到60 193.5万吨，粮食生产突破历史最高水平，人均粮食产量达到或超过世界平均水平。我们可以自豪地说，我国用占世界9%左右的耕地、6%左右的淡水，养活了占世界20%左右的人口，为在全球范围内消除饥饿与贫困做出了巨大贡献。

　　我们还要清醒地看到，随着工业化和城镇化的深入发展，市场化和全球化程度的加深，实现粮食供求平衡的压力加大，保障国家粮食安全的任务艰巨。从中长期看，我国人多地少的现实难以改变，人增地减的趋势难以扭转，淡水资源短缺、地区分布不平衡的形势更加严峻；随着经济社会的发展、人们生活水平的提高，人口数量的增加、膳食结构的改变、粮食加工业的发展，粮食供求关系日益趋紧；国际粮食供求形势不容乐观，粮食价格波动剧烈，粮食市场跌宕起伏，对我国粮食供求和价格都将产生深刻影响。总的来看，我国粮食供求偏紧将成为一种常态，保障粮食安全的诸多隐忧更值得警惕和深思。

中共十八大报告明确提出，要加快发展现代农业，确保国家粮食安全和重要农产品有效供给。2013 年 12 月召开的中央经济工作会议强调指出，要把切实保障国家粮食安全，作为经济工作的首要任务。2014 年中央 1 号文件又进一步明确提出，要抓紧构建和实施以我为主、立足国内、确保产能、适度进口、科技支撑的国家粮食安全战略。要不断提升农业综合生产能力，确保谷物基本自给、口粮绝对安全。要更加积极地利用国际农产品市场和农业资源，有效调剂和补充国内粮食供给。要在重视粮食数量的同时，更加注重品质和质量安全；要在保障当期供给的同时，更加注重农业可持续发展。

为深入贯彻落实中共十八大、中央经济工作会议和 2014 年中央 1 号文件精神，全面系统地研究我国粮食安全的现状与未来，中国农业出版社组织国内权威专家编写了《中国粮食安全问题研究丛书》。粮食安全问题是一个十分复杂的问题，既涉及国内又涉及国外，既有生产问题又有流通问题，既有发展问题又有改革问题，既是经济问题又是政治问题，既有实践问题又有理论问题，需要各方面开展深入研究并进一步形成共识。该丛书共分 12 册，主要内容包括：粮食供求形势分析、粮食生产经营主体、粮食市场流通、粮食产业链和供应链、粮食安全预警机制、粮食主产区发展、粮食期货市场、粮食国际贸易等。该丛书立足中国国情，联系国际市场，紧扣粮食安全主题，从多角度、多方面深入分析研究有关粮食安全的影响因素，既注重理论分析，又有实证分析，并提出了很多有针对性的政策建议。该丛书作者均为粮食问题研究领域的权威专家学者，书中的很多观点和看法具有一定的创新性和前瞻性，不仅具有较高的理论价值，而且具有较强的应用价值。

该丛书是 2013 年中央农村工作会议后国内推出的首套全面系统介绍我国粮食安全问题的系列丛书。该丛书的出版对于增强我国粮食综合生产能力，确保国家粮食安全，加快粮食主产区发展，促进农民增加收入，推进农业现代化具有十分重要的现实意义。该丛书对于我们把握当前我国粮食安全的状况与特点，分析新形势下我国粮食安全面临的问题和挑战，研究解决我国粮食安全问题的对策和措施具有积极的推动作用。该丛书既可以作为我国农业战线广大干部职工和科技工作者学习和研究我国粮食安全问题的参考资料，又可以为政府有关部门制定完善我国粮食安全战略和保障国家粮食安全政策措施提供借鉴。

我国粮食安全问题不仅是一个现实性的热点问题，更是一个需要长期关注的重点问题。随着经济社会的发展，粮食安全问题的研究范围也在不断拓宽和深化，比如粮食价格形成机制和市场调控问题、粮食品种质量和食品安全问题、实现高产高效与资源生态永续利用问题等。希望社会各界有识之士继续关注粮食安全问题，深入研究粮食安全问题，积极探索解决粮食安全问题的有效途径和办法，为切实保障中国人的粮食安全做出更大的贡献。

宋洪远

2014 年 5 月 13 日

前　言

——全面创新粮食安全思路

　　中国是一个农业大国，更是一个人口大国。粮食作为生活必需品及重要的食品原料，是民生的根本所在，是事关社会稳定、国家安全的非常重要的战略性物资。习近平总书记在地方视察时，多次公开强调"自己的饭碗主要要装自己生产的粮食""粮食安全要靠自己"。所谓粮食安全是指有关政府为保证粮食主销区任何人在任何时候都能得到与其生存、健康相适应的足够食品，而对粮食生产、流通与消费进行动态平衡的政治经济活动。它包括数量安全（数量充足与价格稳定）、质量安全与由本国产品、农户、企业及其供应链竞争力所决定的产业安全等。粮食安全作为执政为民的第一要务，必须警钟长鸣、慎重应对。

　　1994 年 8 月 28 日，美国世界观察研究所所长莱斯特·布朗（Lester Brown）在《华盛顿邮报》上发表《中国能使世界挨饿吗？——它的崛起正在消费掉全球粮食供给》。他在 1995 年又进一步认为，到 2030 年中国由于耕地面积减少等，粮食将减少 20%，如果不考虑膳食结构的改善，中国将进口相当于 1995 年世界粮食贸易总额的粮食，达 2.0 亿～3.69 亿吨。中国在对布朗观点进行严厉批驳的同时，不遗余力地促进粮食生产。其结果，粮食生产虽得到了极大的发展，但又产生了较长时间的粮食过剩、粮食安全成本急剧增长与生态环境严重破坏等问题，以致不得不进行有关产业调整等。可在眼看就要走出多年的粮食过剩、粮价低迷等困境时，又相继出现了2003年、2006年与2010年的全国粮油价格普遍而急速上涨的情况。

2008年以来，针对粮食生产成本上升较快的情况，国家连续7年提高粮食最低收购价格。但与此同时，国外粮食价格却处于相对稳定的状态，从而产生了因国内粮食价格高于国外而导致的近年来粮食进口大幅上涨的情况。商务部最新数据显示，2013年1—4月稻谷和大米进口100万吨，同比增长83.6%。2013年中国粮食生产虽然实现"十连增"，但由于粮食产品的比较优势或竞争力没有得到相应增强，远期粮食安全仍然堪忧。

总之，中国国内粮食价格全面赶超国际市场，使得我们习惯了的许多政策、方法行将过时。除此之外，日益变化的粮食需求使得我们必须努力把个性化、碎片化的不确定性需求转变为确定性订单，进行快捷而又规模化的运作；比WTO还要开放的自由贸易区等新要求，使得没有比较优势或竞争力的国内粮食企业备感被淘汰的压力；电子商务特别是日益盛行的移动电子商务与供应链发展，使得比较传统与特殊的粮食工作思路与做法越来越没有市场；经济增速放缓与生态成本等不断加剧等，使得我们必须谋求以合理成本保障粮食安全的新战略；市场决定作用，使得我们必须刻不容缓地从技术、人员、流程、战略与体制等方面进行全面改革或创新。或许也正因为这样，2013年12月13日闭幕的中央经济工作会议将"切实保障国家粮食安全"列为年度经济工作任务之首，并将"确保产能、适度进口""注重永续发展、转变农业发展方式"等作为保障粮食安全的具体途径，体现了中国粮食安全战略的新思路。2013年12月23—24日在北京举行的中央农村工作会议指出："中国是个人口众多的大国，解决好吃饭问题始终是治国理政的头等大事。要坚持以我为主、立足国内、确保产能、适度进口、科技支撑的国家粮食安全战略。"随继出台的2014年中央1号文件《关于全面深化农村改革加快推进农业现代化的若干意见》再次强调完善国家粮食安全保障体系，更加注重粮食品质和质量安全。充分说明了中央对农业与粮食安全问题的重视，当然要把这种重视转化为切实有效的行动，而不再是让种粮人等吃亏，以利于可持续地解决粮食安全问题。

针对粮食安全中存在的价格剧烈波动、粮食供应链柔性缺乏，以及农户、企业及其供应链微观基础薄弱等突出问题，必须全面创新粮食安全思路，其核心是以供应链整合推动粮食安全及其竞争力增强。而所说的粮食供应链整合是以供应链核心企业为主导，由农资供应商、种粮农户、收储加工商、分销商与城乡居民等供应链成员所进行的一体化协同运作，它是新时期下以合理成本谋求可持续粮食安全的利器。同时，需要有效遵循粮食宏观调控的有限性、匹配性及其范围扩大等理论要求，并通过整合解决现有粮食宏观调控中有关信息或数据掌握不足等突出问题；需要十分重视粮食宏观调控综合治理等内容，例如粮食宏观调控制度、法规、微观规制及跨部门信息共享系统建设等。特别重要的是，特别要强化以综合藏粮为基本内容的粮食安全调控体系建设、强化以粮食价格为重要指标的粮食安全预警体系建设、强化基于 RFID 农户结算卡的强农服务体系，以及强化以供应链整合为基本特征的粮食安全物流体系建设等。常州市奔牛镇进行的 RFID 农户结算卡系统试点初步展示了物联网条件下粮食宏观调控优化、为农服务体系构建与粮食供应链整合等美好前景，特别是有利于解决粮食宏观调控、种粮粮贴、为农户提供专业服务、粮食供应链整合，以及粮食补贴政策完善等所需要的系统数据与交流平台，因此理应得到有关部门的高度重视。

本书有以下几个比较突出的特点：

第一，系统性强。本书在充分借鉴国内外相关研究文献与分析国内外相关环境的基础上，系统地提出了主销区粮食安全与供应链整合理论，并运用这些理论对日益突出的中国粮食涨价问题、粮食供应链柔性问题与农户等微观基础问题及相应对策等进行了深入分析,为可持续地引领、支撑主销区粮食安全保障及有效实现提供了重要的理论依据、实际佐证与政策建议。

第二,创新点多。突出表现为:(1)需要遵循粮食宏观调控的有限性、匹配性及其范围扩大等理论要求,并通过整合解决现有粮食宏观调控中有关信息或数据掌握不足等突出问题,而 RFID 农户结算卡系统初步展示了物联网条件下粮食宏观调控整合的美好前景,对于既发挥小农户较高的生产效率,又弥补其不易进入集成化粮食供应链的缺陷等具有重大的理论与实践意义。(2)行政手段参与粮食宏观调控不能仅仅界定为平抑粮食市场异常波动,还应包括粮食宏观调控综合治理等内容,例如粮食宏观调控制度、法规、微观规制及跨部门信息共享系统建设等。(3)常州粮食现代物流中心借助于粮食供应链集成服务,构建糙米增值供应链,实现了降低成本费用与快速满足顾客需求的双目标,为主销区粮食安全与供应链整合提供了可供学习参考的一般范式,即抢抓转型机遇、搭建整合平台、实施共享机制。(4)粮食最低价收购的实质是政府基于微观规制的行政干预。(5)主销区存在着粮食价格剧烈波动、粮食供应链柔性缺乏和粮食安全成本高等粮食安全问题,而产生这些问题的主要外因为相对客观、复杂多变的国内外粮食形势,内因是农户、企业及其供应链等微观基础薄弱。(6)由于我国农户、粮食企业等微观基础始终没有随经济发展而得到相应提升,因此一些阻止跨国粮商进入的政策往往又演变为保护落后的代名词,从而使日益开放下的我国粮食安全长期处于脆弱状态。我国粮食供应链缺乏延伸性和关联性,进入链中的企业也会因跨国粮商冲击等处于不稳定的状态,需要通过整合及其保障体系的构建,使得政府一向重视的国家粮食安全举措切实转化为粮食安全战略制胜的新武器。(7)宜强化以综合藏粮为基本内容的粮食安全调控体系建设、粮食安全预警体系建设、强农服务体系与粮食安全物流体系建设等。

　　第三，理论与实际密切结合的探索性。本书致力于从"新"出发，探索性地分析与之相匹配的粮食安全与供应链整合之道，包括对粮食安全的认识实现由供需平衡向供需平衡下的物流实现转变，粮食安全的调控由环节调控向供应链调控的转变，粮食安全微观基础由各自分散强化向供应链整体（供应链及其各节点）强化转变，丰富和创新了现有粮食安全供需平衡理论、粮食安全调控理论与粮食安全微观基础理论等。与此同时，对率先进行粮食安全与供应链整合的江苏常州等案例进行精心剖析，结合粮食主销区个性特点等提出以供应链整合推动粮食安全有效保障的对策举措，拓展了供应链整合理论的应用范围。

　　当然，本书一些观点与论据还值得进一步研究或推敲，研究视野还可以进一步拓宽。真诚地希望与同行专家及广大读者进行合作研究，共同推动国内外形势发生较大变化背景下主销区粮食安全与供应链整合的深化研究。

胡非凡　吴志华
2014 年 2 月 28 日

目　　录

第一章 主销区粮食安全与供应链整合概述

第一节 研究背景和意义

一、研究背景

1994 年 8 月 28 日，美国世界观察研究所所长莱斯特·布朗（Lester Brown）在《华盛顿邮报》上发表《中国能使世界挨饿吗？——它的崛起正在消费掉全球粮食供给》。他在 1995 年又进一步认为，到 2030 年中国由于耕地面积的减少等，粮食将减少 20%，如果不考虑膳食结构的改善，中国将进口相当于 1995 年世界粮食贸易总额的粮食，达 2.0 亿~3.69 亿吨。随此，主销区粮食安全成了国内外政界、新闻界与学术界特别关注的问题。中国在对布朗观点进行严厉批驳的同时，又不遗余力地促进粮食生产。其结果，粮食生产得到了极大的发展，布朗预言不攻自破，但由此也产生了较长时间的粮食过剩、粮食安全成本的急剧增长、生态环境的严重破坏以及低价格下农民增收的异常困难等情况。

在眼看就要走出多年的粮食过剩、粮价低迷等困境时，又出现了 2003 年、2006 年与 2010 年的全国粮油价格普遍而急速上涨的情况。2003 年，中国粮食库存处于相对较低状态，粮食主要品种均未发生短缺或短缺的程度不很明显，但 2003 年 10 月起中国发生了主要主销区持续半年多的粮食疯涨现象，全国粮食价格平均涨幅约 30%。2006 年，中国粮食总产在 2004 年、2005 年连创新高的基础上，再创第三个历史新高，全年粮食产量达到 49 746 万吨。但就在这年的 11—12 月，发生了连续性的粮食价格猛涨现象。2010 年，粮食价格再次出现了快速上涨，与粮食价格紧密相关的食品价格指数上涨幅度达到了 7.3%，而居民消费价格指数上涨幅度为 3.3%……它昭示着新形势下主销区粮食安全问题，已经不仅仅取决于粮食供需的简单平衡，还取决于粮食的商流、物流、资金流与信息流因素与相关的宏观调控政策、措施等。从深层次来讲，还必须回答以什么样的环境资源代价、物流成本费用与粮食宏观调控模式来实现可持续的经济、社会、环境与人口等的协调发展等。

值得一提的，2008 年以来，针对粮食生产成本上升较快的情况，国家连续 7 年提高粮食最低收购价格。但与此同时，国外粮食价格却处于相对稳定的状态，从而产生了因国内粮食价格高于国外而导致的近年来粮食进口大幅上涨的情况。商务部最新数据显示，2013 年 1—4 月稻谷和大米进口 100 万吨，同比增长 83.6％。进口粮食增加在保证国内供应的同时，确实也对中国部分农产品产业链产生明显影响。粮农增产的粮食没有竞争力，有的只能随最低收购价政策而进国有粮库，从而带来了粮农增产不增收、企业涨库难消化以及远期粮食安全堪忧的不利情况。2013 年，中国粮食生产实现"十连增"。但在政策的执行过程中，粮食增产不增收的状况也很普遍，农产品的质量与食品安全问题比较严重，由于片面强调粮食增产所导致的生态环境问题日益显现。

总之，中国国内粮食价格全面赶超国际市场，使得我们习惯了的许多政策、方法行将过时。除此之外，日益变化的粮食需求，使得我们必须努力把个性化、碎片化的不确定性需求转变确定性订单，进行快捷而又规模化的运作；比 WTO 还开放的自由贸易区等新要求，使得没有比较优势或竞争力的国内粮食企业倍感被淘汰的压力；电子商务特别是日益盛行的移动电子商务与供应链发展，使得比较传统与特殊的粮食工作思路与做法越来越没有市场；经济增速放缓与生态成本等不断加剧，使得我们必须谋求以合理成本保障粮食安全的新战略；市场决定作用，使得我们必须刻不容缓地从技术、人员、流程、战略与体制等方面进行全面改革或创新。

或许正因为这样，2013 年 12 月 13 日闭幕的中央经济工作会议将"切实保障国家粮食安全"列为年度经济工作任务之首，并将"确保产能、适度进口""注重永续发展、转变农业发展方式"等作为保障粮食安全的具体途径，体现了中国粮食安全战略的新思路。12 月 23—24 日在北京举行的中央农村工作会议指出："中国是个人口众多的大国，解决好吃饭问题始终是治国理政的头等大事。要坚持以我为主、立足国内、确保产能、适度进口、科技支撑的国家粮食安全战略。"一个国家只有立足粮食基本自给，才能掌握粮食安全主动权，进而才能掌控经济社会发展这个大局。日本、韩国与法国等虽然都是美国的盟国，但其主粮大米或小麦坚持本国生产。因为与其他农产品贸易相比，全球粮食贸易程度低，极易产生较大的国际粮食价格波动，甚至是全球粮食恐慌。比如，2007—2008 年全球粮食价格飙升，当时俄罗斯顾忌本国的粮食安全问题而宣布出口禁令，导致泰国、印度、越南等数十个粮食出口国竞相出台类似禁令，结果引发全球性的粮食恐慌危机，20 多个以进口为主的国家发生骚乱乃至政府倒台。为此，任何负责任的国家都不敢把事关人权之首——生存权的粮食供应交给国际市场，更何况是人口最多的中国。这种情况决定未来中国的主粮必须坚持自己生产，即坚持"中国人的饭碗要装中国粮"，当然这和"适度扩大粮食进口"并不矛盾。中国的主粮是以小麦和稻谷为主的口粮，国家提出口粮要绝对安全。从目前来看，中国 97％以上的小麦和稻谷是自己生产的。

随继出台的 2014 年中央 1 号文件《关于全面深化农村改革加快推进农业现代化的若干意见》再次强调完善国家粮食安全保障体系，更加注重粮食品质和质量安全。这是自 2004 年以来，中央 1 号文件连续 11 年聚焦"三农"问题，充分说明了中央对农业与粮食安全问题的重视。当然，要把这种重视转化为切实有效的行动，而不再是许多人认为的让听话的种粮人等吃亏，以利于可持续地解决粮食安全问题。

以上这些说明，在注重探讨整合国家粮食安全的同时，必须十分重视国家供需平衡中的不平衡因素，以及国家粮食安全的重要地区——主销区粮食安全机理及保障举措等。在跨国公司主导经济全球化和国际分工的条件下，国际间粮食安全要素的流动性不断增加，一国粮食安全问题可能由粮食价格主导权丧失而引起。"民以食为天"，谁掌握了粮食，谁就控制了人类。因此，必须十分重视国际粮商试图控制粮食产业、国际投机资本随时炒作粮食，以及由此产生的主销区粮食安全新问题，如农户、企业及其构成的供应链严重缺乏竞争力问题的解决；如何针对主销区粮食安全中存在的突出问题进行卓越成效的供应链整合，就成了能否在跨国粮商不断窥视、侵蚀中国粮食市场的大背景下，必须考虑的重大理论与实际问题。

二、研究意义

本项目以长三角主销区为例，从供应链系统视角分析主销区粮食安全问题，并提出供应链整合解决对策，这在理论和实际应用方面都具有较高的价值：

1. 有利于丰富和创新主销区粮食安全及其保障理论

从"新"出发，探讨与之相匹配的粮食安全与供应链整合之道，包括对粮食安全的认识实现由供需平衡向供需平衡下的物流转变，粮食安全的调控由环节调控向供应链调控的转变，粮食安全微观基础由各自分散强化向供应链整体（供应链及其各节点）强化转变，丰富和创新了现有粮食安全供需平衡理论、粮食安全调控理论与粮食安全微观基础理论等。与此同时，结合粮食行业个性特点提出供应链整合的解决措施，拓展了供应链整合理论的应用范围。

2. 从理论上厘清中国粮食安全整合机制和保障体系

相对较大的粮食供应链牛鞭效应以及响应速度慢是产生中国粮食安全隐忧的深层次原因，因此整合是粮食安全战略制胜的关键。本书将粮食安全与供应链整合结合起来进行研究，从理论上厘清跨环节、跨区域与跨层级的中国粮食安全整合机制和保障体系，有助于为中国粮食安全的战略制胜提供重要的理论指导。

3. 有利于推动中国粮食物流和供应链的系统建设

随着粮食市场化改革的不断深入，小粮户与大市场矛盾日益加剧，粮食安全成本居高不下。来自国家粮食局的数据表明，国内粮食从产区运到销区的流通费用，占销区粮食价格的三分之一左右。而在发达国家，粮食最高流通费用率不超过四分之一。通过旨在降低成本的供应链整合，有利于推动中国粮食物流与供应链系统建设，并借此促进以合理成本保障主销区粮食安全的可持续发展。

4. 为中国粮食安全创新提供可借鉴的思路和对策

中国粮食产量"十连增"的同时，出现了粮食进口量大幅增加、储备粮轮换严重亏损、农民增产难增收、中远期粮食安全堪忧，以及有效调控与补贴所需要的许多基础数据严重缺乏等问题。本书试图通过研究，从整合能收到的又快又省效果等方面提供可借鉴的思路和对策。

5. 有利于在惠农的基础上增强粮食安全与农民增收的内生机制

自 2004 年开始的中央 1 号文件都聚焦在"三农"问题上，其中很重要的一点是农民增收，而解决农民增收的根本应该是培育并完善农民增收的内生机制。运用供应链整合理论，整合后形成的专长基础上的合作联盟可以将农户纳入供应链管理范畴，通过供应链合作降低农民在市场决策中的风险，有效协调农户与企业之间的利益关系，增强粮食安全与农民增收的内生机制。

第二节　文献综述、研究方法与思路

一、主销区粮食安全相关研究

2004—2013 年中国粮食连续 10 年增产，但期间屡次出现了自主销区起的全国粮食价格大涨大跌现象。对这种粮食价格涨跌及其他粮食安全问题，国内外许多学者都进行了深入的探讨，如石油价格涨跌、狂热的市场投机等导致了粮食价格的大幅度上涨（FAO，2008；World Bank，2008）等。Rosé M. Grant 等（2001）认为中国等发展中国家的粮食安全还是要靠提高投资和改革政策来实现；蒋庭松（2004）指出要在 WTO 环境下减少来自国际市场的冲击；罗孝玲（2005）构建了粮食期货价格指数的粮食安全预警功能模型；邹凤羽（2005）提出从粮食产量与粮食综合生产能力两大方面确保主销区粮食安全；Erik Lichtenberg 等（2008）充分强调农地保护政策在主销区粮食安全中的作用；顾海兵等（2008）认为必须从价格与物质两个方面入手。

茅于轼（2011）与卜伟等（2013）从国际贸易、黄季焜等（2012）从食物与口粮安全、M. E. Brown 等（2012）从早期预警、Daniel G. Maxwell 等（2013）从危机驱动、高帆（2007）与李国祥等（2009）从科技与组织创新、Erik Lichtenberg 等（2007）与洪涛等（2011）从体制与政策等视角对中国粮食安全进行了很多探讨：日益突出的小农户与大市场对接难（王沧江，2008；苟建华，2007）、信息不对称（吴能全等，2006），以及行政手段一再被倚重（黄伯平，2011）与政策调整滞后（朱满德，2011）等问题引发了粮食安全隐患（张红宇，2011；寇宗来等，2004），需要进一步加强和改善中国粮食宏观调控的制度框架等（程国强等，2013）。

值得引起重视的是，随着 2008 年 WTO 关于外资企业进入中国粮食流通领域过渡期的结束，从北方抢购小麦到南方高价收谷，外资一路南下，正全面进入中国粮食收购市场、加工领域，以及相关企业的产业链并购（吴杰，2010）；粮食作为控制人类的武器，是美国长期的国家战略，而跨国粮商（实力很强的几乎都在美国）作为美国这一战略制定的重要影响者及主要实施者，通过转基因生物传播等许多手法多次导演或加剧了有关国家的粮食危机（〔美〕威廉·恩道尔，2008；〔英〕拉吉·帕特尔，2008）；随着中国市场国际化程度的明显提高，跨国粮商作为全球粮食实体价格的制订者与投机交易的最大操作者，将越来越影响中国粮食的供、销、存及与此密切联系的粮食安全；跨国粮商对中国粮食产业的冲击呈现出"从大豆产业的深度掌控到粮食产业的全面冲击、从供应链的个别环节介入到所有环节的渗透、从一般参与到粮食价格话语权的日益蚕食、对粮食产业的渗透具有超强的战略性"等特征。

王修风（2004）认为主销区在粮食安全格局中占重要地位，甚至关系全国粮食供应安全。主销区粮食安全基础脆弱，必须建立一套粮食安全的长效机制。闻海燕（2005）认为出于粮食生产周期性和供应波动的客观性，主销区粮食安全风险加大，表现为中国粮食供给外省依存度高、粮食流通机制不健全、粮源的不确定性，提出建立粮食安全应急反应机制的原则及具体做法。闻海燕、杨万江（2006）根据浙江粮食主销区粮食安全的特点和指标体系的选取原则，将粮食供求差率、粮食自给率、粮食产量波动率等 16 个指标纳入粮食安全预警指标体系，并提供了相应指标的计算方法。赵予新、钟雪莲（2010）从粮食供需两方面评估了中国欠发达粮食主销区的粮食安全状况，认为欠发达粮食主销区存在农业基础设施薄弱、粮食安全的市场风险加大、农村劳动力受教育程度低、科技技术难以推广、居民粮食购买支付能力低等制约粮食安全的因素，探讨了确保该地区粮食安全的对策。王雅鹏等（2012）与杨彩虹等（2013）对中国粮食安全目标下的粮食生产与流通的不协调性问题进行了深刻分析；李东卫（2011）与曹利强（2009）对引发粮食安全危机的供应链因素等进行了研究；F. Graef 等（2014）、陈明星（2011）

与洪岚等（2009）分析了粮食供应链整合对粮食安全的影响趋势。

闻海燕（2004）在《市场化条件下粮食主销区的农户粮食储备与粮食安全》一文中分析了全国农户粮食储备的状况以及影响农户粮食储备的因素，提出主销区农户粮食储备的变化增大了对区域粮食安全的压力并对粮食供求关系产生了深刻的影响，从政府角度提出扶持主销区种粮大户，充分发挥国家专项储备的应对策略。王跃梅（2009）认为主销区实行粮食市场化后，粮食供给受主产区粮食产量及外部市场环境制约较大，她通过分析中国粮食供求特点与产需缺口，提出中国粮食生产"自产底线"，并主张基于市场交换理论实现主销区与主产区的合理经济分工和必要的资源转换。随后她在《主销区粮食安全目标与现代物流分析》一文中指出，随着粮食市场化取向的日趋明显，主校区粮食供应更依赖于主产区等外部市场的供应。主销区粮食安全的目标应该是利用比较利益原则，通过区域间粮食贸易实现安全调控任务，借助于现代物流等对主销区粮食市场进行整合是中国粮食流通顺畅和安全的保证。福建省粮食经济学会（2001）认为，虽然推行粮食购销市场化改革打破了以往粮食自求平衡的格局，但是从国家战略的层次考虑，粮食安全问题对市场化改革后的粮食主销区仍然至关重要，提出保证自己国家或自己管辖地区粮食供应充足的侧重点在于国家或地区政府的责任，确保粮食安全的重点应放在政府的宏观调控手段上。宁自军（2004）以具有浙江"粮仓"之称的嘉兴市为例，就主销区粮食安全的现状及粮食购销市场化对粮食安全的影响进行了分析，他认为粮食购销市场化给粮食安全提供新的实现途径，同时又诱发了本地粮食产量减少这一不安全因素。

徐艳丹（2012）在梳理国内外有关物流快速响应理论、总结物流快速响应影响因素基础上，结合中国粮食物流的特点，从企业视角界定中国粮食物流快速响应能力内涵，并构建了较为科学的中国粮食物流快速响应能力影响因素指标体系；紧接着运用层次分析法分析出影响无锡粮食科技物流中心物流快速响应能力的主要因素为现代先进技术、产销区合作关系和人员素质，并针对无锡粮食科技物流中心物流快速响应能力现状提出有关对策建议。张娟（2013）认为应努力谋求基于中国粮食物流中心供应链整合的粮食安全与保障优化；中国粮食物流中心供应链整合包括物流中心内部整合与外部的供应商整合和分销商整合等。

二、供应链整合相关研究

供应链整合已成为供应链管理的一个重要研究方向，根据可以检索到的国内外文献，目前国内外对供应链整合的研究主要集中在 3 个方面：对供应链整合内容的研究、对供应链整合作用的研究、对供应链整合影响因素的研究。

(一) 供应链整合及其作用的研究

整合意味着将系统离散的要素按照某种方式组合起来，从而形成有效率、有价值的整体，意味着将整条供应链像一个企业一样进行管理。关于供应链整合的定义，不同学者都试图根据自己的理解给出合理的解释，目前尚未形成统一的认识。Maloni 和 Benton（1997）认为供应链整合是一种供应链伙伴之间为了给顾客提供更高的价值和提高竞争优势，而进行更高水平的合作管理；Levary（2000）认为供应链整合是企业和其供应链伙伴之间在产品、服务、信息和资金流等方面通过协调管理组织内部和组织之间的业务流程，实现有效果、高效率的流程管理；J. Ferine（2003）认为供应链整合是协调和合作的过程，重点在于改善伙伴关系、信息分享和跨组织整合。Akkermans（1999）将供应链整合的基本要素归纳为合作、协作、信息共享、信任、成员间关系、技术共享以及从单个企业管理向供应链整合管理过程的转变。Weber 和 Current（2000）认为，协作是供应链整合的核心问题。Flint（2004）的研究认为，在供应链对供应链的竞争下，当供应链中的数家公司接受供应链管理的导向时，他们能显著地降低该供应链竞争成本，并得到较大的顾客价值、满意和忠诚。

Pagell（2004）认为在供应链管理环境下，整合是一个交互和合作的过程，在这个过程中，供应链企业为了获得多方可接受的利益以合作的方式而共同努力。Barbara 等（2010）认为供应链整合是制造商与供应链伙伴进行战略合作并协作管理内部和外部组织业务流程，指出该定义包括如下几个重要的因素：第一，强调了战略合作的重要性；第二，突出了供应链内部和外部业务流程管理的地位；第三，揭示了供应链整合的顾客价值创造属性。Akkermans 等（1999）认为供应链整合的基础是以合作、协作、信息共享、信任、伙伴关系、技术共享以及实现企业个体业务流程管理向供应链整体流程管理转变为特征的。Clancy（1998）将供应链整合描述为：试图提升供应链内部各个组成部分的联系，以利于做出更好的决策，同时使各个组成部分以更为有效的方式合作，从而增强供应链的可视性和识别供应链发展的障碍。Lambert 和 Cooper（2000）研究指出，供应链整合包括供应链网络中的关键环节，是供应链内部和外部实体为了共同的目标而结成的联盟关系。

供应链整合是供应链管理的一部分，供应链整合效果最终体现在供应链竞争优势的创造和供应链绩效的提升上，国外学者对供应链整合作用的研究也体现在这两个方面。Wood（1997）认为供应链整合能够使企业增强创造利润的潜力和提升竞争地位，其通过企业调研数据说明，供应链成本占企业成本结构的 60%～80%，减少供应链成本 10%就会增加 40%～50%的税前利润。Ragatz 等（1997）对英国 60 家进行新产品开发方面的供应链整合公司进行调研发现，供应链整合可以带来绩效的显著提升和竞争优势的获得。Stank 等（2001）认为供应链整合协同了所有供应链成员的核心能力，进而在更低的供应链成本下共同实现服务能力的提升。Rosenzweig 等（2003）研究指出供应链整合的作用体现在顾客创造的营运能力提升上，如产品质量、交货的可靠性、流程的柔性、成本领先等方面的改善。Close 等（2004）在对美国、澳大利亚、新西兰的企业进行实证研究后，指出供应链整合能带来供应链成员绩效的改善。Soo Wook Kim（2009）在运用结构方程对韩国和日本的制造企业进行分析和多组数据的一致性测试后发现，对于韩国公司，有效的供应链整合在供应链竞争力持续提升方面起到相当关键的作用，同时，在日本公司方面，企业的竞争能力和供应链整合实践之间关联的水平对供应链竞争优势有显著的影响，通过结论，Soo Wook Kim 给出供应链整合的战略框架，在早期阶段，系统的供应链整合是关键的，在供应链整合已经按照某种方式有序有效运作的阶段，保持供应链战略和企业竞争战略的一致性应是关注的焦点。

（二）对供应链整合内容的研究

供应链整合涉及内容很多，国外学者对此研究广泛、观点众多，按照供应链整合内容的层次，主要有 3 个视角：基础层的供应链整合内容（内部整合、供应商整合、客户整合等）；计划与控制层的供应链整合内容（信息流、物流、资金流等流程整合）；战略层的供应链整合内容（文化、发展战略、理念等整合），这 3 个视角对供应链整合内容的层次来说是从微观到宏观、从具体到一般。

Spekman 等（1998）将供应链伙伴关系的发展分为 3 个阶段：合作、协作、协同。供应链整合开始于合作，并随着关系的推进，供应链整合水平越来越高；协作是特定物料和信息在供应链合作伙伴间进行交换以实现交易伙伴之间的无缝对接；协同被认为是供应链整合的最高阶段，这一阶段要求供应链内合作伙伴都将自身融入到其供应商或顾客的流程中去，此时供应链整合内容涉及战略规划的协同、信息的协同、技术的协同等。实现合作到协同的供应链整合程度提升，需要供应链成员间的信任度与信息共享度与之相匹配，不同的供应链整合阶段有不同的整合内容（图 1-1）。

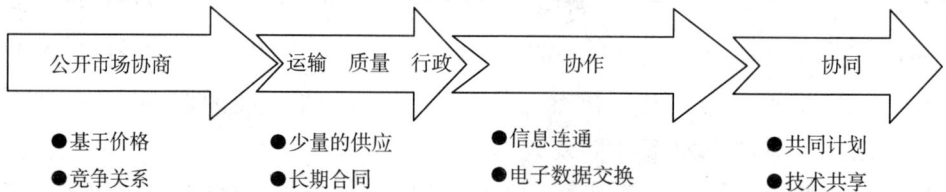

图 1-1　供应链整合的发展与供应链整合的内容（Spekman 等，1998）

Bagchi 和 Skjoett-Larsen（2002）将企业供应链整合的阶段与内容结合起来进行研究，认为供应链整合分为 3 个阶段：低度整合、中度整合与高度整合；在不同的供应链整合阶段，组织特征（物流在组织或供应链中的地位、职能部门整合的程度、物流的重要性、供应链内沟通度、治理结构、正式的辅助组织、绩效评价）对应的整合内容是不同的（表 1-1）。

表 1-1　不同供应链组织整合阶段与整合内容的关联

组织特征	组织整合的阶段		
	低度整合	中度整合	高度整合
组织中物流地位	物流子系统并不是高层管理团队的关注点	组织内统一的物流功能	物流成为供应链管理团队关注的部分
整合程度	零散的物流活动	不同职能的内部整合	流程导向的供应链整合
物流重要性	物流不被认为是核心竞争能力	物流被认为是重要活动	物流被认为是供应链核心竞争力

（续）

组织特征	组织整合的阶段		
	低度整合	中度整合	高度整合
供应链中的沟通度	供应链中企业有很少的沟通接触点	常规的高层沟通，缺乏运营层的接触	不同管理层面多元化的沟通接触点
治理结构	基于市场交易关系的互惠互利主体	有选择性领域内的伙伴关系及组织融合	集成、融合的虚拟组织
正式的辅助组织	无跨职能的团队	某些领域跨职能的团队及核心的管理经理	供应链范围内的交互团队
绩效评价	供应链部分分销服务及库存水平的绩效评价	某些界面如订货提前期、物流成本的共同评价	基于终端客户价值的供应链绩效评价与数据共享

Van Donk 和 Van der Vaart（2004）认为供应链企业所处的商业条件、企业间资源共享程度及客户关注点决定了供应链整合的程度；供应链整合的水平越高，供应链整合层次及供应链业务流程活动的数量就越集中。Steven（1989）、Morash 和 Clinton（1997）、Frohlich 和 Westbrook（2001）均认为参与供应链整合的企业必须首先考虑企业内部跨职能部门的功能整合，然后实现供应商整合与客户整合。Steven 还特别将供应链整合分为供应链企业独立整合阶段、供应链功能模块整合阶段和外部整合阶段等。Fawcett 和 Magnan（2002）根据供应链整合的阶段，从企业与供应链上下游企业的关系视角，提出了 4 种基本的整合：企业内部的、跨职能的流程整合；后向整合，实现与有重要价值的第一级供应商的整合，进一步导向与第二级供应商的整合；前向整合，实现与有重要价值的第一级客户的整合；完成后向整合和前向整合。

业务与控制层的供应链整合是供应链流程整合。国内外关于信息流、物流、资金流等供应链流程整合研究的文献较多，在这里仅选具有代表性的观点进行综述：Lalonde（1997）从流程角度看待供应链整合，认为物流、信息流和战略合作关系是供应链整合过程中需要重点管理的内容。Handheld 和 Nichols（1999）研究指出供应链整合的首要内容是信息系统管理（对信息流和资金流的管理）、存货管理（对材料流和产品流的管理）和供应链成员间关系管理（交易者间关系的管理）。Christopher（2000）认为信息整合是供应链整合的基础，信息加强供应链整合的能力，信息技术的应用和信息的共享，创造了以信息而不是以库存为基础的虚拟供应链。Ofek 和 Sarvary（2001）认为为了整合和协调供应链，企业必须及时地与核心供应链伙伴分享相关信息，这种即刻的信息需求导致了信息技术的广泛采用，从而导致了多样信息的扩散和聚集。Gangopadhyay 和 Huang（2004）认为不同的整合程度需要不同的信息共享水平相适应，供应链整合的可操作性系统变量是与信息共享的程度成正比的，同时随着信息技术的发展，信息技术对供应链整合的驱动力量不断增强。Ira Lewis 和 Alexander Talalayevsky（2004）认为供应链分为两个不同的子结构：处理商品流通和存储的实体物流与处理有关商品流通、存储过程的信息流，供应链整合也围绕着不同组织的物流和信息流沟通展开。

Day（1990）将战略定义为企业为了将价值传递给目标客户而做出的一系列决策，并认为供应链战略整合是供应链整合的高级阶段，意味着供应链组织成员有共同的目标和价值实现诉求。Ketchen 和 Giunipero（2004）通过企业调研指出，供应链战略整合由从营销到顾客价值创造的相互联系的一系列决策活动组成；供应链战略整合是跨组织的供应链内部一系列协同活动，它是供应链成员间战略层和运营层的整合。Uta Juttner 等（2010）认为供应链整合首先是供应链成员的营销战略，营销战略是对基于产品、价格、分销渠道、促销的顾客市场细分、目标和定位的一系列决策，供应链整合应解决营销战略与供应链管理战略的匹配问题。Christopher 和 Payne（2002）认为作为需求创造过程的营销是作为需求完成过程的供应链整合的重要内容。

Taco van der Vaart 和 Dirk Pieter van Dunk（2003）指出，供应链整合中的战略计划整合是供应链整合中最核心、最高级、最终的阶段，这需要供应链成员之间相互信任，资源和信息共享，供应链运作各流程环节达到可视、透明的程度。Meade（1998）、Natarjan（1999）、Philip 和 Pedersen（1997）都指出，为了创造供应链的竞争优势，供应链整合对物流战略应给予高度关注。然而企业实践表明，供应链整合的竞争优势创造作用没有显著体现，Natarjan 将这归结为 3 个要素：缺乏统一的物流战略；缺乏物流战略与企业战略、供应链战略的统一和协同；缺乏其他功能战略的整合和物流战略恰当有效的运用。

（三）对供应链整合影响因素的研究

国外学者将供应链整合的影响因素归纳为对供应链整合目标实现具有深刻影响的力量因素。力量因素中既有动力因素也有阻力因素，既有来自供应链内部的影响因素，也有来自外部的影响因素。

对供应链整合影响因素方面的研究更多地体现在国外文献中。Handfield 和 Nicholas（1999）认为供应链整合需要信息有效、无缝的对接，因此信息革命是供应链整合的重要推动力量，全球范围内电信及运输系统的开放更助长了这种力量。Peter W. Stonebraker 和 Jianwen Liao（2004）通过建模实证研究表明，外部环境的波动直接影响供应链整合的程度、阶段、广度。Chee Yew Wong 和 Sakun Boon-itt（2008）通过对供应链整合文献的梳理和对泰国汽车产业多个案例的研究，探讨了环境不确定性和制度规范对供应链整合的影响，实证结果表明供应链整合和环境不确定和制度规范性有关联，他们认为环境不确定性的情况出现在有关环境的信息对支持有效的决策和预测产出的决策并不可靠及环境出现不可预测的变化时；制度规范是企业以信息共享、资源共享方式工作在一起的关系规范和约束机制。Korrakot 等（2008）认为在全球化的背景下，供应链整合及运营绩效受到制度的约束，他们通过对中国、泰国、日本、芬兰的企业供应链整合效果的对比研究验证了制度环境在供应链整合中的重要影响。Shaohan Cai 等（2009）围绕制度环境（法制水平、政府支持水平、关系水平）对信任及供应链信息整合的影响，对 398 家中国制造企业数据用结构方程进行了分析，结果表明，政府支持水平、关系水平显著影响供应链信息整合中的信任程度，进而影响供应链整合水平。

R. Duane Ireland 等（2007）认为信任和权力是影响供应链战略整合的主要因素，信任是供应链成员间关系改进的预警器，而权力相对于信任来说更为隐蔽，是供应链内部资源分配的支配力量，是决定供应链整合方式、内容的主导力量，核心企业对供应链的整合行为正是体现了权力主导下的供应链上资源整合。R. Glenn Richey Jr 等（2009）通过对供应链经理的访谈发现，影响供应链整合的相关因素一般可归纳为内部和外部或驱动力和阻力，外部经济环境是供应链整合一个关键的驱动因素，同时企业内部改善绩效的意愿是供应链整合的关键内部驱动因素，内部计划和外部监控的失败是供应链整合的阻力因素。Dirk Pieter van Dunk 等（2004）认为不确定性（需求不确定、环境不确定）增强了供应链整合的必要性，而资源共享程度约束着供应链整合达到的程度。Mark Pagell（2004）认为包括企业结构、企业文化、组织内外的激励体系和正式与非正式的沟通对供应链营运、物流整合影响显著。Dirk Pieter van Dunk 等（2008）对食品制造供应链整合进行研究指出，食品的特性和共享资源的使用制约了供应链整合，同时经营环境的不确定性和复杂性增强了供应链整合的必要性，他们用案例探讨了应对这些情况的选择。

三、对粮食供应链整合的研究

目前对供应链整合的界定大多是从供应链整合的内容和目的视角进行界定的，且对于粮食供应链及其整合，理论界没有统一的界定。崔晓迪等（2005）认为，粮食供应链是指围绕粮食核心企业，通过对产业的物流、信息流和资金流的控制，将粮食及其产品生产和流通中涉及的农户、粮食收储中心、粮食加工企业、粮食配送中心、零售商以及最终消费者连成一体的功能网络结构模式。洪岚等（2005）认为，粮食供应链有广义与狭义之分，狭义的粮食供应链是粮食企业与其供应商、分销商、物流服务提供商建立最佳合作伙伴关系。广义的粮食供应链，是粮食从生产、加工、流通再到最终消费者的过程中，以粮食物流为中心，包括种子、化肥生产商，农户与农业种植公司，粮食加工企业，粮食经销企业，粮食供应物流服务商及最终用户在内的物流和信息流网络。吴志华等（2007）认为，粮食供应链是以粮食大企业为核心的，基于对上下游资源整合的网链结构及业务流程，包括有形物流、无形价值流及信息流、资金流等，其中粮食大企业的发展应从供应链管理理论出发。王立石（2008）对粮食供应链中牛鞭效应的形成机理进行了分析，并提出要对粮食供应链进行信息整合来弱化牛鞭效应。

中国粮食流通体制的根本问题就在于主销区粮食安全微观基础——农户与企业没有随中国开放程度的不断提高得到相应增强（高帆，2007），没有建立一个完整的粮食供应链模式，没有把粮食产业的所有环节作为一个整体来研究和改造，生产、储存、运输、消费未形成完整统一链条（杜文龙，

2006），即中国粮食产业链环节众多及其人为分割明显（厉为民，2005）。尤其是与西方发达国家既已形成的粮食供应链网络体系相比，还存在着很大的差距。

洪岚、安玉发（2009）在研究中指出中国粮食供应链整合困难的几点原因，包括粮食供应链认知及研究水平、技术研究及应用水平、大型粮食企业的供应链整合理念等几个方面。洪岚（2009）以北京地区粮食供应链价格联动为例对粮食供应链整合进行了量化分析，认为随着粮食供应链下游市场势力的扩大，粮食加工商、粮食零售商主导的供应链垂直整合趋势明显，它们对粮食产品价格的影响力也逐渐提升。

胡荣玲（2012）从技术、组织、环境3个方面考察后认为，本土粮食企业供应链整合影响因素体系分为9个维度，分别是信息技术的相对优势、有效性与安全可靠性；核心企业的合作文化、核心企业能力与高管支持；粮食供应链产销合作关系、行业竞争环境和制度环境等。

美国在粮食供应链管理方面，已经建立起了较为完善的一体化经营与管理的社会服务体系，无论是供应链的哪个环节，只要农户有需求就会有专门的机构提供相关的服务。同时采取集约化经营，且同一条供应链中的成员大多采用"定单交易原则"，粮食产供销合作关系密切而稳定。美国通过粮食垄断等强化全球供应链整合（陈律，2012）、操控世界粮价（孙宏岭等，2009），中国亟须构建全球农业产业链（邹文涛等，2012），并借此获取粮食进口的国际定价权（杨丽君，2012）；J. H. Trienekens等（2012）与李凤廷等（2014）提出了粮食供应链分析框架；李琳凤（2013）认为粮食供应链安全内在地契合于粮食产业安全，赵予新（2012）在2007年提出粮食安全价值链概念和基本结构的基础上，进一步提出了粮食产业链优化的重点与实现机制。欧盟与日本等许多发达国家也积极发挥农业合作社、农产品专门协会等机构对粮食供应链整合的重大促进作用。为此，用自身核心资源凝聚供应链，分步骤分阶段进行供应链整合（朱传福，2007）；如何切实进行以适应外在行情多变、产供销一体化运作为基本特征的供应链整合，并借此不断提高中国粮食综合生产能力与粮食安全的动态平衡力，就成了世界粮食越来越可能与美元、石油等经济战略武器被投机资金紧紧地捆扎在一起（朱有志等，2009）情况下，能否实行战略制胜的重中之重。

四、简要述评

由上可见，国内外专家学者对粮食安全战略及其相关的粮食生产、流通、消费及其管理的影响与对策等都有较多研究，但以各环节整合为重要内容的文献，特别是如何进行整合的文献较少；日益增多的粮食供应链（含极其相关的粮食产业链与价值链，下同）研究主要集中在粮食供应链的类型与竞合、中外比较及其影响上，但从田头到餐桌、从产销区到全球的粮食供应链整合文献少；一些把粮食安全与供应链结合起来进行研究的文献颇具参考性，但在此基础上进行以应用为重点的对策性理论文献缺乏；有关供应链与国家价值链等文献富有一定的借鉴或启发性，但如何结合粮食安全个性要求进行探讨还未见文献；目前对主销区粮食安全的研究主要限于区域供需平衡与粮食安全影响因素等研究（卫静静，2007；孙洪磊等，2006），并且这些研究基本都从既定的粮食产业及其内在关系角度来研究粮食安全问题，忽略了"主销区粮食安全微观基础没有随中国开放程度的不断提高得到相应增强（高帆，2007）"的基本现实，忽略了中国粮食产业链环节众多及其人为分割性（厉为民，2005）。随着区域行政经济走向城市群经济（吴志强等，2008），加之粮食购销市场化对主销区粮食安全的影响（赵玉田，2002；宁自军，2004），必须高度重视主销区粮食安全体系建设（叶晓云等，2003），并厘清主销区粮食安全保障中的政府职能（陈学东，2006；王跃梅，2009）。

值得一提的是，有关主销区粮食安全、粮食供应链整合的专门研究文献较少，从供应链整合的视角研究主销区粮食安全保障的文献几乎没有。现有研究几乎都从粮食供求平衡与影响因素角度分析粮食安全问题，很难对"2007—2008年中国粮食形势为极高度安全（顾海兵等，2007），但同时又特别担心粮食安全确保"等现象进行富有说服力的解释；以往研究忽略了粮食供应链牛鞭效应（粮食供应链下游需求波动引起的上游以及上游的上游更大需求波动的经济现象）偏大（王立石，2008）及其对粮食需求、价格乃至粮食安全的重大影响；以往研究没有从管理学（供应链管理角度）和政治经济学（粮食安全角度）交叉的角度出发研究，没有从供应链整合角度分析粮食安全问题，也没有专门针对主销区粮食安全保障的特性研究粮食安全的供应链解决方案。

因此，本书以主销区为例，从供应链系统视角分析粮食安全问题及成因，探讨主销区粮食安全特性对供应链整合的要求与路径，并据业已存在的粮食安全问题及其供应链原因等提出适宜的对策思路与政策建议，具有重大的社会经济意义。

五、研究方法与思路

本书大体沿着提出问题、分析问题和解决问题的逻辑思路展开。在研究方法上，主要采取以点为主，点面结合的研究思路与方法，着眼于通过典型调查与专家访谈等进行相关理论命题的构建、验证与运用（图1-2）。

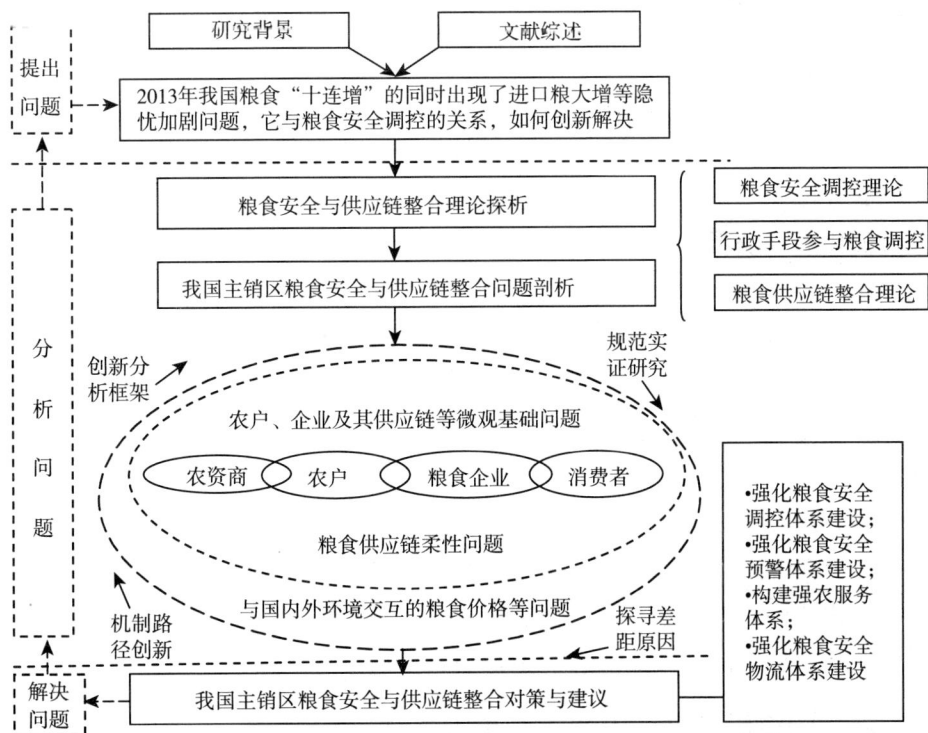

图1-2　研究思路与内容

首先，提出问题。2004—2013年，中国粮食获得了连续10年增产的佳绩，但期间出现了数次大幅度的粮食涨价情况。即在粮源稳定增长的同时，却出现了中国粮食不安全的新情况，如中国粮食价格波动剧烈、外来粮源不稳、国际投机资本试图炒作并控制粮食产业等。

其次，分析问题。（1）选择重点研究对象：初步确定为粮食主销区特征明显、市场竞争比较充分、粮食供应链及其竞争情况突出的苏州、无锡与常州市或其他主销区；（2）对2020年中国粮食供需、余缺等进行预测分析；（3）从农户、企业及其供应链增强的视角提出主销区粮食安全问题与对策的理论命题，并进行较必要的验证与修正等。并着重从RFID农户结算卡视角探索了基于供应链的中国粮食调控、行政手段参与粮食调控等理论问题；（4）通过点面结合的调查方法，了解粮食市场放开以来农户、中外粮食企业及其供应链竞争、变化情况，特别是越来越影响主销区粮食安全的粮食价格问题、供应链柔性问题与微观基础等实际问题，并着重从行政手段参与粮食安全调控等进行了原因分析，结合最低收购价等着重考察典型粮食供应链在粮食价格大涨与政府干预下的变化轨迹等。

最后，解决问题。着重从主销区粮食安全的综合藏粮体系、预警体系、为农服务体系、物流体系等方面进行综合探讨，并从农户、粮食企业及其供应链强化的路径等方面提出相应的政策建议。

第三节 中国粮食主销区产需及短缺预测

目前进行中长期粮食供求预测的方法主要有移动平均预测法、指数平滑预测法、趋势外推预测法、回归预测法、灰色预测法与移动自回归预测法（ARIMA）等。除了回归预测法，其余方法考虑的自变量只有一个——时间。由于中国粮食生产和需求总体表现比较平稳，趋势性比较明显，因此本书考虑使用移动平均法，力求通过移动平均消除时间序列中的不规则变动和其他变动，从而揭示粮食供求的中长期趋势。

一、粮食主销区、主产区与平衡区

根据粮食生产和需求的地域性差别等基本特征，可以将粮食产销区域划分为粮食主产区、粮食主销区以及粮食产销基本平衡区。主销区是中国粮食发展过程中形成的特有的一种说法，对于主销区的界定，学术界观点都比较一致。一般来讲，粮食主销区是指经济相对发达，但人多地少，粮食自给率低，粮食产需缺口较大的粮食消费区。袁永康 1994 年在他的《中国粮情：流通制度的变迁》一书中提出，粮食主销区就是指粮食供给满足不了需求，并从区外调入商品粮食的地区①。20 世纪 90 年代以来，由于中国工业化进程的不断加快，以及农业生产内部比较效益的变动和区域间产业结构的调整，中国粮食生产格局发生了较大变化②。原本更适合水稻等作物生产的南方地区，由于城市化和工业化，逐渐由以农业为支柱产业向以工业为支柱产业转型，粮食耕地面积逐渐减少，粮食生产重心开始北移，东北地区成为粮食产量增长的重点区域。中部地区粮食生产保持平稳增长，在全国的地位相对稳定，沿海等经济发达地区粮食生产能力明显下降。与此同时，沿海等经济发达地区，涌入大量的外来务工人员，人口密度不断增大，成为粮食消费量最大的地区，沿海地区的粮食主要依靠从东北及中部粮食产量较高的地区输入，这样就基本形成了主销区和主产区的粮食生产格局。

粮食主产区是指地理、土壤、气候、技术等条件适合种植某些粮食作物并具有一定的资源优势、技术优势和经济效益等比较优势的粮食重点生产区，主要包括黑龙江、吉林、辽宁、内蒙古、河北、河南、山东、安徽、江西、湖北、湖南、四川等省（自治区）。据农业部种植业司 2008 年统计，中国 13 个主产区的粮食种植面积占全国粮食种植总面积的 71.84%，产量占全国的 75.50%，提供了全国 80% 以上的商品粮；根据 2011 年的统计数据，这 13 个粮食主产区粮食产量占全国的 76.017%，粮食作物播种面积占全国的 71.541%，但其中能够大量调出粮食的省份仅剩下黑龙江、吉林、内蒙古、河南、安徽 5 个省（自治区），辽宁、山东、江西、湖南、河北 5 个省份粮食略有盈余，江苏、湖北、四川则成为了粮食短缺区。因此，粮食主产区是一个不断变化并日益缩小的区域，且其间的部分地区，如核心城区又是主销区。

粮食产销平衡区是指粮食产量与销量基本保持平衡的地区。主要集中在西南和西北的边疆地区、山区和少数民族聚居区，包括山西、广西、重庆、

---

① 袁永康 .1994. 中国粮情：流通制度的变迁［M］. 北京：社会科学文献出版社：145.
② 尹昌斌 .2005. 我国粮食区域结构变动与政策性金融支持［J］. 中国食物与营养（12）.

贵州、云南、西藏、陕西、甘肃、青海、宁夏、新疆等省（自治区、直辖市）。这类地区宜着力于把发展粮食生产和保护生态环境结合起来，提供粮食综合生产能力，继续保持本地区产销基本平衡的格局。

对于主产区和主销区之间的划分，目前还存在各种不同的意见。2004年的《中共中央　国务院关于促进农民增加收入若干政策的意见》决定对粮食主产区的粮食生产给予政策性扶持。为此国家按照播种面积、粮食产量和提供的商品粮数量等标准确定北京、天津、上海、浙江、福建、广东以及海南7个省（直辖市）为粮食主销区[①]。但随着时间的推移，粮食生产格局也在不断发生变化，产销区的情况发生了较大的变化。

王跃梅在其论文《粮食主销区供求与安全问题研究》中提到粮食主销区包括8个省（直辖市），分别是北京、上海、天津、浙江、江苏、福建、广东、海南8个省（直辖市）[②]。

钟雪莲针对粮食产销区发展状况，选取粮食产量、粮食播种面积、粮食人均占有量等6项指标，通过聚类分析，将中国粮食产销区划分为北京、天津、浙江、上海、海南、福建、甘肃等16个省（直辖市）为粮食销区；江苏、河北、山东、河南、辽宁、吉林、黑龙江等15个省为粮食产区，并首次提出了欠发达主销区的概念，并将广西、云南、贵州、甘肃、青海、西藏和山西等省（自治区）划分为欠发达主销区[③]。

笔者认为，粮食主销区是个不断变化着的多区域概念，它可以是一些省市，如主要集中在东南沿海和大城市的北京、天津、上海、浙江、福建、广东、海南7个省（直辖市），也可以是主销区特征明显的很多大中城市，还可以是由一些省市连在一起的集聚区，如由江苏、上海与浙江等构成的长江三角洲粮食主销区，由广东、海南等构成的珠三角粮食主销区，以及由北京、天津等所构成的京三角粮食主销区。简言之，粮食主销区是个变化着的省市或区域，其核心或基本特征是需要从区外纯调入很多商品粮来满足本地区需求。

值得一提的是，江苏既是一个粮食产量大省，也是一个消费大省。有既

① 曾靖.2012.我国多角度粮食区域划分及粮食安全形势分析［J］.湖北农业科学（6）.

② 王跃梅.2009.粮食主销区供求与安全问题研究［J］.农村经济（3）.

③ 钟雪莲.2010.欠发达主销区粮食安全影响因素分析与长效机制研究［D］.郑州：河南工业大学.

是粮食主产区，还是粮食主销区的说法。另外，由于江苏的苏南等城市是典型的粮食主销区，整个江苏省的人均粮食占有量已经低于全国水平，大米与小麦等口粮以外的饲料、榨油等用粮具有很强的外部依赖性，且与上海市、浙江省紧密相连，构成一体化特征非常明显的长江三洲地区，因此本书把江苏省列为主销区，即粮食主销区概括为北京、上海、天津、浙江、江苏、福建、广东、海南8个省（直辖市），此外，一些欠发达地区和主产省内的某些市、县也具有明显的主销区特征，但本书研究范围不包括这些地区。从数据可得性及符合主销区概念要求角度，有时也从中国36或50个大中城市的情况来进行阐述。

二、2020 年中国粮食主销区需求量预测

本书对中国粮食需求量预测的思路可以概括为：预测主销区[①] 2020 年主要粮食品种（稻谷、小麦、玉米和大豆）的人均年需求量；界定 2020 年主销区人口总数，并得出 2020 年主销区 4 种主要品种粮食需求量的预测值；根据历年中国粮食消费的比例，预测主销区其他品种粮食需求量，进而得出 2020 年中国粮食需求总量预测值。

（一）2020 年主要粮食品种的人均年需求量预测

根据中华粮网历年监测数据，本书整理出中国稻谷、小麦、玉米和大豆4 种主要粮食品种 2000—2010 年的人均年需求量，如图 1-3 所示。

由图 1-3 可以看出，2000—2010 年，中国稻谷和小麦人均需求量走势平稳，稳中有降，由于生活水平的提高及人们膳食结构的改变，玉米和大豆需求量逐年升高，但基本处于平稳上升阶段，未见明显波动。因此本书采用二次移动平均法对对 4 种粮食分别进行预测：

由图 1-3 可以看出，中国稻谷人均需求量在 2000—2010 年，除了 2005 年和 2006 年下降幅度稍微明显、偏离趋势线，其他年份均呈现出平稳下降趋势，因此本书取 $N=3$，对 2020 年人均稻谷年需求量进行预测。

---

① 如未特别指出，本书数据测算所指的粮食主销区包括北京、上海、天津、浙江、江苏、福建、广东、海南8个省（直辖市）。

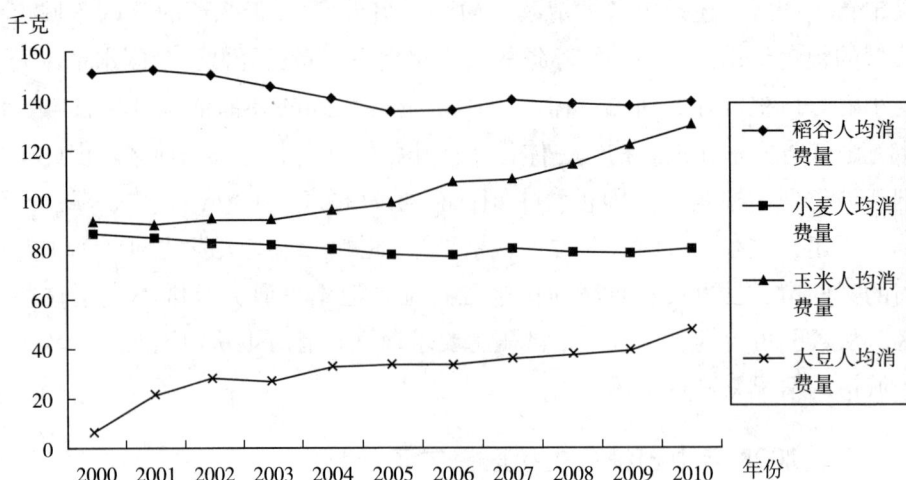

图 1-3　2000—2010 年中国主要粮食品种人均年需求量

资料来源：中华粮网。

表 1-2　稻谷人均年需求量的一、二次移动平均

年份	人均稻谷年需求量（千克）	一次移动平均值 $N=3$	二次移动平均值 $N=3$
2000	151.34		
2001	152.79		
2002	150.95		
2003	145.94	$M_{2003}^{(1)}=151.69$	
2004	141.32	$M_{2004}^{(1)}=149.89$	
2005	135.67	$M_{2005}^{(1)}=146.07$	
2006	136.73	$M_{2006}^{(1)}=140.98$	$M_{2006}^{(2)}=149.22$
2007	140.58	$M_{2007}^{(1)}=137.91$	$M_{2007}^{(2)}=145.65$
2008	138.93	$M_{2008}^{(1)}=137.66$	$M_{2008}^{(2)}=141.65$
2009	137.69	$M_{2009}^{(1)}=138.75$	$M_{2009}^{(2)}=138.85$
2010	139.08	$M_{2010}^{(1)}=139.07$	$M_{2010}^{(2)}=138.11$
2011	138.98	$M_{2011}^{(1)}=138.57$	$M_{2011}^{(2)}=138.49$
2012		$M_{2012}^{(1)}=138.58$	$M_{2012}^{(2)}=138.79$

注：人均稻谷需求量来自中华粮网的数据监测。

　　假设人均稻谷需求量呈线性变化趋势，2012 年为基年 T，则可以设直线方程为

$$y_{t+T} = a_t + b_t \times T \qquad (1-1)$$

$$a_t = 2M_t^{(1)} - M_t^{(2)} \tag{1-2}$$

$$b_t = 2/(N-1)(M_t^{(1)} - M_t^{(2)}) \tag{1-3}$$

其中，y_{t+T} 为预测值，其中 $t+T$ 为预测期，t 为当前期；T 为预测期与当前期之间的间隔期；a_t 为截距，b_t 为斜率。

可以算出

$$a_{2012} = 2 \times 138.58 - 138.79 = 138.37; b_{2012}$$
$$= 2/(3-1) \times (138.58 - 138.79) = -0.21$$
$$Y_{2020} = a_{2012} + b_{2012} \times 8 = 138.37 - 0.21 \times 8 = 136.69$$

即可以得出 2020 年中国稻谷总需求量为 136.69 万吨。

同理，根据中华粮网发布的中国 2000—2011 年小麦、玉米和大豆需求量监测数据，可用二次移动平均法计算出 2020 年小麦、玉米和大豆的人均年需求量（表 1-3）。

表 1-3　2012—2020 年主要粮食品种人均年需求量预测

单位：千克/（人·年）

年份	稻谷	小麦	玉米	大豆
2012	138.37	79.88	138.99	48.80
2013	138.16	80.19	146.43	52.06
2014	137.95	80.50	153.86	55.32
2015	137.74	80.82	161.30	58.57
2016	137.53	81.13	168.73	61.83
2017	137.32	81.44	176.17	65.09
2018	137.11	81.75	183.60	68.34
2019	136.9	82.06	191.04	71.60
2020	136.69	82.37	198.47	74.85

注：中国小麦人均需求量在 2000—2006 年呈下降趋势，2007—2010 年呈波动上升趋势，但幅度不大，考虑这种情况，本书取 $N=4$ 进行移动平均法预测，以稍微减缓波动带来的偏差；中国玉米人均需求量 2000—2003 年基本平稳，波动不明显，但由于人们对肉类食品的需求日益旺盛，而玉米作为主要的饲料用粮，其人均需求量自 2004 年开始呈现较快的增长态势，但波动比较明显，为了平抑其波动幅度，这里取 $N=5$ 对其进行预测；大豆作为一种主要的油料作物，其人均需求量也随着人们生活水平的提高呈逐年增长趋势，但每年增长幅度不一，尤其 2010 年相较于 2009 年增幅非常大，为了平抑这种骤增骤减给预测带来的不利影响，本项目取 $N=5$ 进行二次移动平均预测，以平抑其在短期内的波动。

（二）主销区 2020 年人口总数与粮食需求量预测

根据 2010 年第六次全国人口普查数据，与 2000 年第五次全国人口普查相比，10 年增加 7 390 万人，增长 5.84%，年平均增长 0.57%，年均增长人口 739 万人，比 1990—2000 年的年平均增长率 1.07% 下降 0.5 个百分点。可以预见，在未来 20 年中年均增长人口还会进一步下降，甚至实现"零增长"，再结合相关专家权威预测，本书在此次粮食需求预测中将 2020 年全国人口总数界定为 14 亿。

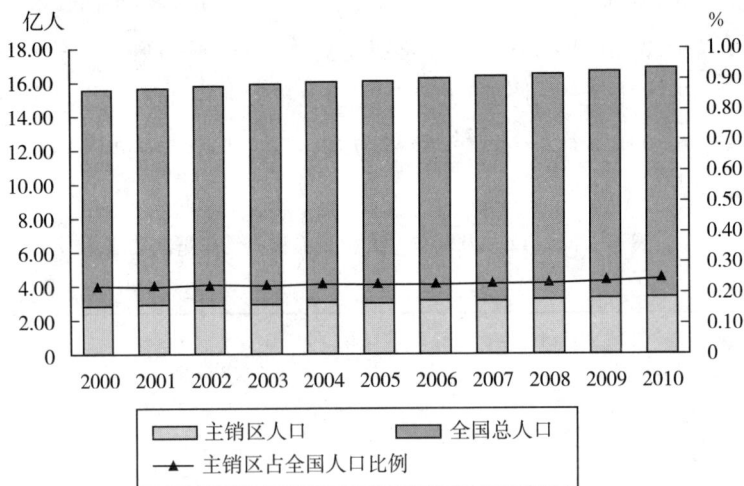

图 1-4　2000—2010 年主销区人口和全国总人口数量对比

根据 2000 年主销区人口数量和全国人口数量对比可看出，2000—2010 年主销区人口和全国人口呈等比例增长，2000—2010 年主销区人口占全国总人口比例为 24%，因此本书将 2020 年中国粮食人口总数预测为 3.36 亿人。根据 2020 年这 4 种主要品种粮食的人均需求量，可以测算出 2020 年 4 种主要粮食品种主销区总需求量（表 1-4）。

表 1-4　2020 年主销区稻谷、小麦、玉米、大豆需求量预测

单位：万吨

稻谷	小麦	玉米	大豆
4 592.78	2 767.63	6 668.59	2 514.96

（三）2020年中国粮食需求总量预测

一般可以将粮食分为稻谷、小麦、玉米、大豆和其他，根据历年各品种粮食的销售量，可以大致计算出各品种所占比例。由图1-5可以看出，其他品种的粮食占粮食总量比例近年来呈递减趋势，所以用平均增长率来预测2020年这个比例为0.54%，进而得出2020年中国粮食需求总量预测值为1.66亿吨（表1-5）。

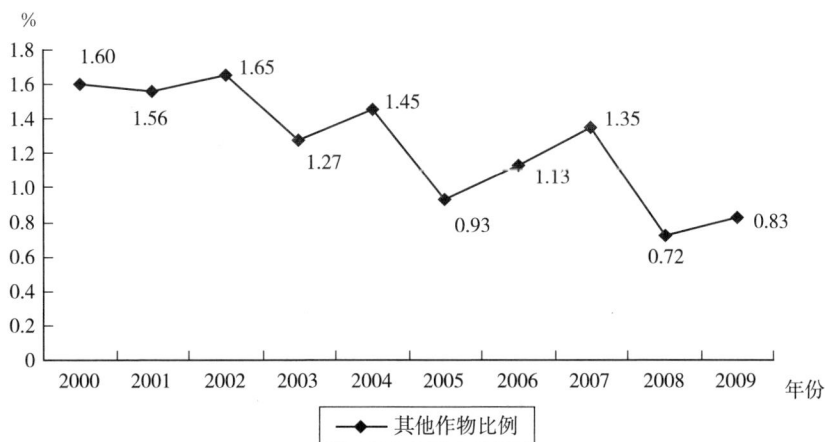

图1-5　其他品种粮食占消费总量比例情况

资料来源：历年《中国粮食发展报告》。

表1-5　2020年各品种粮食需求量预测

单位：万吨

稻谷	小麦	玉米	大豆	其他	总需求
4 592.78	2 767.63	6 668.59	2 514.96	89.34	16 633.31

三、2020年中国粮食主销区生产量预测

根据国家统计局发布的数据，本书整理出主销区稻谷、小麦、玉米、大豆以及其他粮食品种2000—2010年的生产量，如图1-6所示。

由图1-6可以看出，2000—2010年主销区稻谷生产量在2003年出现明显下降趋势，这是2003年粮食播种面积减少和自然灾害严重导致的，

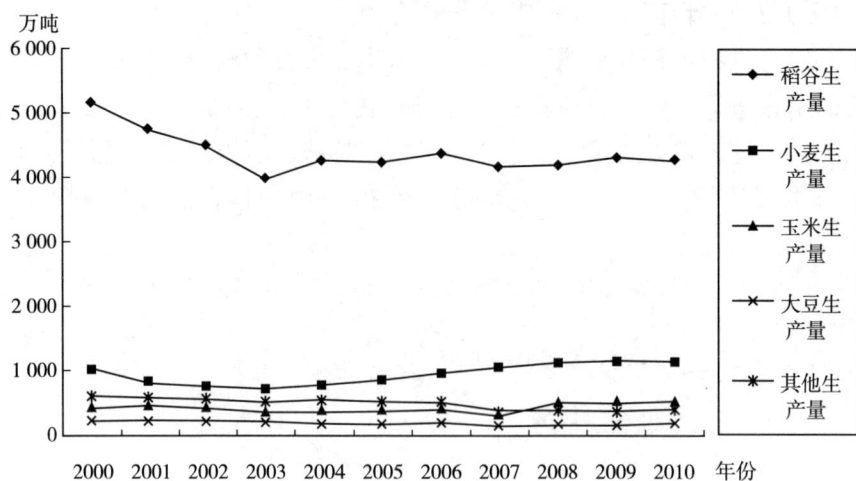

图 1-6　2000—2010 年主销区各粮食品种生产量

资料来源：国家统计局。

其余年份均保持平稳上升趋势；小麦生产量在波动中上升，但波动幅度较小，从长远来看，趋势性比较明显；由于主销区农作物播种面积较少，加之气候等因素的影响，其他各种作物生产量都相对较少，尤其是玉米、大豆以及其他薯类粮食，基本维持在一个较低水平上。由于这 4 种粮食品种及其他粮食品种生产量相对平稳，因此仍采用二次移动平均法进行预测（表 1-6）。

表 1-6　2012—2020 年主销区分品种粮食生产量预测

单位：万吨

年份	稻谷	小麦	玉米	大豆	其他
2012	4 209.6	1 209.11	502.43	157.80	382.39
2013	4 201.3	1 247.73	515.47	156.75	379.19
2014	4 193.0	1 286.35	528.51	155.69	375.98
2015	4 184.7	1 324.97	541.56	154.63	372.78
2016	4 176.4	1 363.59	554.60	153.57	369.58
2017	4 168.1	1 402.21	567.64	152.51	366.37

（续）

年份	稻谷	小麦	玉米	大豆	其他
2018	4 159.8	1 440.84	580.69	151.45	363.17
2019	4 151.4	1 479.46	593.73	150.40	359.96
2020	4 143.1	1 518.08	606.77	149.34	356.76

注：主销区稻谷生产量在2000—2003年呈现下降趋势，2004—2010年产量稍有下降，变化比较平稳，因此取$N=4$，以平抑2000—2003年下降稍微明显的特征；主销区小麦生产量总体呈现上升趋势，并且波动比较平稳，本书取$N=3$以体现增长趋势；主销区玉米生产量呈上涨趋势，但产量一直处于上下波动状态，这里取$N=4$对其进行预测；主销区大豆生产量一直处于较低水平，且生产量在2000—2007年下降趋势明显，但2008年以后下降趋势放缓，基本处于平稳状态，这里取$N=3$进行预测；其他粮食品种从长远来看处于逐年下降趋势，且历年处于均匀下降趋势，因此本书取$N=3$进行预测。

四、2020 年中国粮食主销区产需缺口及其与全国比较

通过以上粮食主销区各品种粮食需求量及生产量计算，可以得出到2020年中国粮食供求及其缺口，借助于相同的方法与数据来源，可以得出2020年全国粮食供求及其缺口。2020年中国粮食产需缺口达9 859.22万吨，产需缺口率达59%，是同期全国粮食产需缺口率7%的8倍多，可见主销区粮食安全保障的难度及特殊重要性（表1-7）。

表1-7　2020年中国粮食供求预测汇总

单位：万吨，%

品种	需求量		生产量		产需缺口		缺口率	
	全国	主销区	全国	主销区	全国	主销区	全国	主销区
	(1)	(2)	(3)	(4)	(5)= (1)-(3)	(6)= (2)-(4)	(7)= (5)/(1)	(8)= (6)/(2)
稻谷	19 136.6	4 592.78	22 709.23	4 143.1	-3 572.63	449.68	-19	10
小麦	11 531.8	2 767.63	14 309.66	1 518.08	-2 777.86	1 249.55	-24	45
玉米	27 786.4	6 668.59	23 130.53	606.77	4 655.87	6 061.82	17	91
大豆	10 479.5	2 514.96	1 390.84	149.34	9 088.66	2 365.62	87	94
其他	374.27	89.34	2 861.55	356.76	-2487.28	-267.42	-665	-299
总量	69 308.57	16 633.31	64 401.82	6 774.09	4 906.75	9 859.22	7	59

第四节　中国主销区粮食安全与供应链整合的必要性

一、粮食安全与粮食安全均衡

自从 1974 年世界粮食大会之后,"粮食安全"的概念与内涵在不断变化。从其研究的区域范围来看,由全球、国家、地区层面,推进到农户和消费者个体层面;从其研究的重点来看,由重视数量安全、规模成本转向重视品质安全。出现这些变化的原因之一在于不同层面、不同视角的"粮食安全"内涵具有不尽相同的特点,且只有重视了这些特点,才能实施富有针对性的可持续管理。本书认为,反映粮食安全本质要求并比较实用的粮食安全概念是:一个国家或地区为保证任何人在任何时候都能得到与其生存与健康相适应的足够食品,而对粮食生产、流通与消费进行动态、有效平衡的政治经济活动。

粮食安全的含义很丰富,但可以从以下几方面进行把握:

(1)粮食安全的主体可以是一个家庭、一个省市或国家、地区,还可以是包括这些国家在内的区域性组织,乃至整个联合国。但通常讲的是一个国家或地区,除非特指,如江苏粮食安全。

(2)必须具有与人们的生存与健康相适应的足够食品。食品可以是自己生产的,也可以是进口的,但必须是充足的、富有营养与安全的。近几年多起"毒米""毒油"事件,再次提醒人们:粮食安全不仅仅是从数量上保证供应的问题,还有一个随环境污染与消费水平提高而日益重要的品质安全、生态安全等问题。也就是说,粮食安全可分为 3 个层面的内容:第一层面是粮食数量充足与价格稳定,简称粮食数量安全,既包括短期总量安全,也包括长期总量安全、品种结构安全、区域结构安全等;第二层面是粮食质量安全;第三层面是粮食产业安全,主要指由于中国粮商冲击等而使得粮食产品、农户、企业及其供应链竞争力不足所带来的产业风险等问题。

(3)必须保证所有人在任何时候与任何情况下都得到相应的食品。食品足够丰富是必要的,但不是完全充分的。必须从最基本的生存权角度来确保低收入乃至无收入阶层的购买需要、援助需要。因此怎样保障低收入贫困人口的食品安全是中国粮食安全中必须考虑的重要内容；保证现阶段食品足够是必需的，但仅仅这样是不够的，还必须保证以后任何时候，特别是 2030 年人口达到高峰之前都充足。这也是中国在 2004—2013 年连续 10 年增产情况下仍然高度重视粮食安全的重要理由。鉴于这种状况，联合国粮农组织和一些国家又强调必须使"每一个家庭都有获得粮食的能力"。于是，粮食安全的概念从国家、政府层面延伸到家庭、个人层面，聚焦到消除贫困的难题。

（4）粮食安全的基本工作是在粮食生产、流通与消费之间进行有效平衡。粮食安全首先是一个从人体需要、国家发展、环境保护等来考虑的粮食消费。它不仅强调粮食消费需要的可满足性，而且还强调粮食消费的合理性，以防止粮食消费过程中的人为浪费及其对"人地关系紧张"的进一步加剧；它不仅强调从生产方面来考虑粮食消费，还要从国内外两个市场来考虑粮食安全的供需平衡；它不仅强调从人权与政治上考虑粮食安全的必要保证，还要从全国一盘棋以及粮食消费的可持续、可节约角度来考虑粮食安全的合理性。

（5）现代粮食安全是以合理成本谋求粮食供给保障的政治经济科学、艺术。粮食安全作为国民经济活动的有机组成部分，既有从保障人们的基本生存权利的特殊性角度来考虑的政治特性，又有从比之更大范围的国家经济安全、产业安全、生态安全与经济可持续发展等一般角度来考虑的经济特性。尤其是在一个国家有能力解决粮食安全问题的情况下，更应从经济节约与生态保护等角度来考虑粮食安全的合理性，即体现现代经济中的均衡思想。均衡意味着对立力量之间的一种平衡或相等的状态。所谓粮食安全均衡，是指在面临的各种约束条件下，粮食安全呈现出了一种保障充分与成本合理的优化状态。

在图 1-7 中，F_E 为由 F_{TR} 与 F_{TC} 相减所构成的粮食安全净利收益曲线，它与横坐标相交所构成的闭合区间，即为粮食安全均衡区域。它的主要特性是：

粮食安全的净收益大于或等于零，意味着人们能享受到较高的粮食安全收益，与此同时又使粮食供需失衡所带来的市场波动损失等尽可能小。随着粮食供给情况的改善，粮食安全净收益会呈现增长之势，并在粮食供需平衡处或粮食安全均衡处呈现出最高的理想状态，紧接着，粮食安全净收益又随着粮食供给过剩的出现与加重而呈现不断下降之势。

粮食安全均衡是粮食安全工作的理想状态。假定：粮食安全的总收益函数 $F_{TR} = F_{TR}(Q)$，粮食安全的总成本 $F_{TC} = F_{TC}(Q)$，则有

$$F_E = F_{TR}(Q) - F_{TC}(Q)$$
$$(1-4)$$

如果要使粮食安全净收益 FE 最大，则

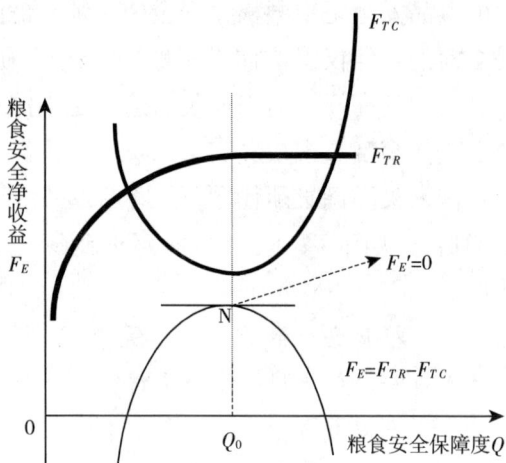

图1-7　粮食安全均衡

$$F'_E(Q) = F'_{TR}(Q) - F'_{TC}(Q) = M_{FR}(Q) - M_{FC}(Q) = 0$$

即有　$M_{FR} = M_{FC}$ 　　　　　　　　　　　　　　　　　$(1-5)$

但在各国文化意识形态领域的分歧与政治军事利益上的冲突在很大程度上会影响粮食安全，以及这种影响极可能使一个国家的粮食安全在不利的国际政治与贸易环境中发生突变或逆转的情况下，粮食安全绝非仅仅是一个经济学意义上的难题，理想中的粮食安全均衡是不可靠的①，因此作为粮食安全工作的目标是将粮食供求波动控制在一个比较适宜的范围内，也就是说应注重粮食生产、流通与消费之间的有效平衡。至于政治在其中扮演怎样的一个角色，需要决策当局从国内外环境的变化进行理性的分析、判断与调整。

二、中国主销区粮食安全特点

主销区粮食安全是指有关政府为保证粮食主销区任何人在任何时候都能得到与其生存、健康相适应的足够食品，而对粮食生产、流通与消费进行动态平衡的政治经济活动。其个性特点主要包括：

———————————

①　由于影响粮食安全的因素处于不断变化的状态，严格意义上的均衡实在是一座永远达不到的空中楼阁。

1. 粮食主销区可以也必须通过相对公平的方式从主产区"进口替代"中获得比较利益

在市场化条件下，根据资源禀赋理论，贸易即省际粮食调入有利于主销区提高资源利用效率而获得贸易利益，也有利于提高社会总福利，促进省际粮食购销合作的发展与农业区域结构的优化。也就是说，硬性维持各地区的粮食自给，必将产生很大一部分福利损失。但在实际中，由于黑龙江、吉林、河南、湖南、江西等粮食主产区在发挥"比较优势"、更多地承担国家商品粮生产责任的同时，而丧失了一些发展工业化、城市化的机会；而沿海发达的一些主销区，如广东、浙江、福建等由于卸下了粮食生产的"包袱"，而使工业化与城市化发展得到了进一步的加速；多年来粮食主产区与主销区格局表面上是"发挥各自比较优势"，但由于粮食生产存在严重的产业缺陷，特别是主销区没有向主产区粮食生产进行足够的转移支付或补贴，因此产生了主产区与主销区在发展过程中事实上的不平等。也正因为如此，倍感"吃亏"的粮食主产区也设法推托承担粮食生产的责任，前面提到的"辽宁、山东、江西、湖南、河北等5个省份粮食略有盈余，以及江苏、湖北、四川成为了粮食短缺区"也有力地说明了这点。如果这一情况得不到有效改变，其严重后果不仅会导致东西部发展差距的进一步扩大，也会最终损害国家粮食安全的根基。为此，充分强调粮食主销区通过财政足额转移支付等相对公平的方式从主产区谋求"进口替代"就成了实行粮食安全战略制胜的重要内涵。

2. 中国粮食应有一定的自产底线与储备产能

主销区应注意确保当地的口粮安全，与此同时要设法保护粮食生产能力，这样当粮食安全需要增加产量时，可以很容易地在一个生产周期内将产量提高到需要的安全水平；还要努力发挥、不断提升本区域内产粮大县的区域自给能力。2009年4月8日公布的《全国新增1 000亿斤①粮食生产能力规划（2009—2020年）》也充分说明了这点。在规划中，国务院特别提到"要发挥比较优势，完善粮食生产区域布局。增强粮食主产区产粮大县商品粮调出能力，提升非主产区产粮大县的区域自给能力"。它强调"主销区"，不仅仅意味着从贸易角度进行比较优势的发挥，以及主销区在国家粮食安全

---

① 斤为非法定计量单位，1斤＝0.5千克。下同。——编者注

格局中的贸易定位——以贸易方式解决粮食安全问题，而且意味着必须把贸易解决与提升区域自给能力密切结合一起抓或两手都要硬。也就是说，主销区粮食安全的生产责任必须要由各个省、市共同承担，不管是粮食主产区还是主销区，都要努力发挥粮食种植的比较优势或相对比较优势，且只有这样，国家粮食安全风险才能得到真正并可持续的缓解。

3. 主销区应更加重视工业化条件下粮食安全与非粮食安全的可持续协调发展

始于 20 世纪 70 年代末期的农村改革的一个显著特征是决策权下放，即中央政府将决策权力让渡给地方（乡村）政府。地方政府在获得财政自主权后，在客观上将地方政府促成为一个相对独立的经济主体，即地方政府在提供粮食安全保障服务方面必然考虑其成本和收益，乃至采取"搭便车"的策略。例如，充足的储备有助于平抑和稳定粮食市场价格，但由于储备会挤占主销区宝贵的财政收入，因此理性的地方政府总是倾向于尽量压低储备。其结果，一方面粮食价格上涨的费用由消费者来承担，另一方面区域粮食价格上涨信号向周边市场扩散，从而引导粮食从其他地区输入到本地。如果这种"搭倒车"的情况不严重，那么可以缓解当地的粮食供给，并使种粮农民分享高价格的收益；但如果对这种"搭倒车"的情况不加制止，任由其发展，那么已经高涨起来的粮食主销区价格不仅得不到控制，还会造成更大范围乃至全国范围的粮食价格大涨，危及国家粮食安全。由于国家粮食安全就其本质来讲是缺粮严重的主销区粮食安全，主销区通过减少粮食种植已经获得了更多工业化发展的机会，因此不管从道义上还是经济基础上，粮食主销区都应更加重视工业化条件下粮食安全与非粮食安全的可持续协调发展问题，特别是向提供粮食的主产区提供粮食尽可能多的财政转移支付与就业机会等。

4. 主销区应更加重视大粮食安全战略

大粮食是指一切能吃并能提供人体所需营养素的各种动植物产品、养料与滋补品等（图 1-8）。它类似于国际上流行的食物或营养素概念。在主销区谷物种植潜力缩小的情况下，如何有效地从粮食安全的本质属性——营养素出发，寻求一切有利于可持续缓解食物压力的动植物、微生物保护与利用之路，就成了实行主销区粮食安全战略制胜的基本要点。它涉及大粮食种植、养殖、加工与调剂等诸多环节或领域。其核心是在有效利用传统农业资源，尤其是粮食资源的同时，积极寻找开发利用新的可持续发展资源，如微生物资源和海洋生物资源等，以期在食物需要的不断满足、生态环境的积极保护与粮食安全成本的有效降低间进行动态平衡。

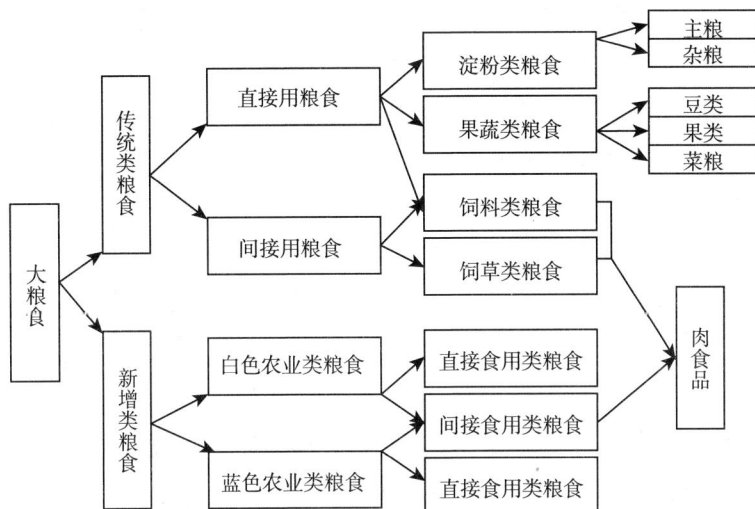

图 1-8　大粮食结构

大粮食安全战略的主要意义表现为可以减缓传统粮食增产的压力。人类历史上赖以获得食品以满足日益增加的食品需求的 3 种生态系统类型——农田、牧场和海洋渔场的能力是有限的。海洋渔场和牧场基本上是自然系统，显然正在趋近可持续生产率的自然极限。海洋捕捞过度目前并非例外，而是屡见不鲜，而牧场的生产率已经受到过度放牧的严重影响。因此，更大的食品需求必须主要通过增加农作物产量和水产养殖产量来满足。主销区粮田虽然仍有潜力可挖，但越来越受制于耕地减少、灌溉水短缺、生态环境恶化、化肥效用减少、粮食成本过高等影响，为此有必要把眼光扩展到整个大粮食上。实际上，有不少食物（不仅仅指粮食）是来自非耕地资源的，如山林、草场、戈壁绿洲等，更重要的还在于它包括了一切可以为人类提供生存和发展资源的水域，特别是主销区有临近优势的海洋。因此，主要从耕地角度看主销区对粮食安全资源的供给前景是失之偏颇的，可以也应该从整个区域的动植物、微生物资源的综合利用、开发与保护中谋求粮食安全与社会发展、环境保护之间的动态平衡。

另外，大粮食安全战略有利于提升主销区粮食安全的层次。目前粮食安全对于低收入缺粮地区来讲，主要关注的是"足够食品"，对于富裕的发达地区来讲，关注的焦点是"食物多样化与零污染"，而对于一般市民来讲，则是越来关注粮食的品质安全。对于人口高峰还未到来的主销区来说，怎样保证新增人口的食物供应固然是一大挑战，然而挑战之挑战乃是如何确保实现全面小康以后人们的饮食需要：食物高档化、多样化与零污染。它要求主销区必须在不放松粮食生产的同时，积极寻求其他食物替代与增值方式，以有利于粮食安全层次的提升与生态环境的保护。

除此之外，主销区粮食安全不仅强调粮食消费需要的可满足性，而且还强调粮食消费的合理性，以防止粮食消费过程中的人为浪费及其对"人地关系紧张"的进一步加剧；不仅要从人权与政治上考虑粮食安全的必要保证，还要从全国一盘棋以及粮食消费的可持续、可节约角度来考虑粮食安全的合理性；在国内外粮食行情发生突变或逆转的情况下，主销区粮食安全绝非仅仅是一个经济学意义上的难题，至于政治在其中扮演怎样的一个角色，则需要决策当局依据粮食危机的程度、国内外环境的变化、宏观调控手段的负影响等情况综合而定；随着时间的变化，必须更多更好地关注主销区的粮食质量安全与产业安全。

三、粮食供应链整合及其必要性

本书认为，粮食供应链可以定义为，以粮食大企业为核心的由粮食生产的"田头"到消费的"餐桌"中的粮食生产农户、粮食收储企业（或经纪人）、粮食加工企业、粮食零售商、粮食消费者及其贯穿其中的粮食运输企业所组成的功能性网状结构。与其相关的粮食价值链是指围绕粮食生产、流通和消费所形成的从田头到餐桌的增值环节链。它强调粮食产业不再仅仅是粮食的供应和配送，而是一系列价值的增值环节和追求回报的资本切入点。

粮食供应链通过加强粮食生产、加工、流通等环节的内在有机联系，有效兼顾农民和企业、产区和销区的利益，创新"以工补农、以城带乡"的实现形式，并以资源的循环利用带动高产、优质、高效、生态、安全农业的发展，因此粮食供应链内在地契合于粮食安全，保障粮食安全必须形成若干具有市场竞争力的粮食供应链，并使其在国内外的竞争中处于安全并有竞争力的地位。

粮食供应链整合是以供应链核心企业为主导，由粮食供应链构成的农资供应商、种粮农户、收储加工商、分销商与城乡居民有效进行专长基础上的协同合作与一体化运作，其目标是通过对现行不够合理粮食供应链的持续优化，实行各环节成员的互利共赢，不断提升粮食安全水平与全球粮食供应链竞争力。在整合后的供应链中，组成供应链的所有功能都像单个企业一样进行运作，而不是各个功能模块单独运作。粮食供应链整合的必要性主要体现在：

1. 优化主销区粮食安全的质量

近年来，中国食品安全问题频发，引发人们对粮食安全的质量问题的担忧。粮食是每个人一日三餐都涉及的食用产品，细小的质量问题都可能累积成巨大食品安全灾难。而粮食供应链整合，则有利于减少粮食的流转环节，增强流转过程中的透明度与相互监督性，因此有利于质量问题的解决。更有甚之，随着中国实现小康步伐的日益加快，主销区居民的饮食结构水平得到了很大的提升。人们更注重营养、健康化、快速和方便性，营养丰富和美味、健康、多样化的食物消费的需求不断增加。而粮食供应链整合，则有利于提高满足消费者个性化粮食消费需求的响应速度与服务水平，从而有利于新时期主销区粮食安全的质量的优化与提高。

2. 降低主销区粮食安全的成本

长期以来，中国实行高度重视粮食生产自给自足的粮食安全模式，它虽然提高了粮食安全的保障程度，但与此同时，也导致了浪费性库存、过剩性损失、财政多支、环境恶化与腐败加重。因此，粮食安全是非常必要的，但又不是充分的；在主销区有能力解决粮食问题的情况下，最需要考虑的是如何通过粮食供应链整合等谋求粮食安全的可持续保障。

过去 5 年，全球粮价的过山车式波动引发全球担忧。在这种情况下，"粮食危机"的实质主要不是粮食不够吃，而是粮价高涨导致分配不均衡，低收入国家吃不起；廉价粮食时代将难以再现，全球粮价从低水平均衡进入高水平均衡。目前，大部分主销区都位于种粮条件相对优越的东南沿海，只不过种粮相对于搞工业或商业不具有比较优势，因此才造成了许多种粮条件很好的地区最大限度不种粮的情况。而通过粮食供应链整合则可以密切从主产区到主销区、从地头到餐桌所涉及各环节的结合程度，有利于粮源的吸引、产业规模的做大以及粮食调入决策与采购提前期的缩小与物流过程的缩短，从而使主销区可以更多更好地利用外部粮食资源来保障本地区的粮食安全。而节省下的钱，则可以进一步补助当地主产县的粮食种植与必要时期的粮食产能恢复，从而使主销区粮食安全建立在更加经济与合理的基础上。

3. 增强主销区粮食安全保障的可持续性

近10年中国粮食供求状况改善，但仍处于紧平衡状态。从需求上看，经济发展、收入增长、城市化与消费结构升级是驱动消费需求刚性增长的主要因素，其中消费结构升级是驱动需求增长的直接原因。由于水土资源约束与农业生产效率低等直接制约着粮食增产，因此未来消费结构升级将继续给粮食安全带来巨大挑战。中国粮食产量的"十连增"，使得主销区粮食安全没有眼前或近期之忧，但有较大中长期之忧。主要是因为中国种粮农户、加工流通企业及由此构成的粮食供应链缺乏全球竞争力，提供粮食安全保障的粮食产业基础比较脆弱，为此致力于重视以产销区合作、粮食产业素质与全球供应链竞争力增强为基本特征的粮食供应链整合，就显得越来越重要。跨国粮商纷纷进入，使得中国许多缺乏竞争力的本土粮食收购与加工粮食困难，并使整个本土大豆种植、加工与分销产业的市场份额大跌、油脂价格的话语权尽失。在这种情况下，如果国内部分地方政府不能看透四大粮商夺取中国粮食市场的预谋，仍旧像其他行业一样鼓励吸引外资，为它们的"预谋"提供便利条件，那么，不久以后，中国粮食产业难以宏观调控的就不再仅仅是大豆与食用油产业了；同发达工业国家相比，当前中国粮油食品安全面临挑战，产业方面的主要原因是产业链各环节都呈现出小而散、集中度低特征，产业总体发展水平落后，对此，主销区本土粮食企业要积极应对跨国粮商带来的压力与挑战，而要想在激烈的竞争中取得成功，单靠自己企业的力量是很难做得到的，必须积极构建以龙头企业为核心、从田头到餐桌的粮食增值供应链，以不断促进粮食产业素质与全球粮食供应链竞争力的提高，进而有效增强主销区粮食安全保障的可持续性。

第五节　其他相关概念界定

原粮，指收获后未经碾磨处理的谷物，以及豆类、薯类。

谷物，指小麦、稻谷、玉米、杂粮等。

薯类，指甘薯和马铃薯。

成品粮，指谷物经过碾磨处理形成的大米、面粉等产品。

粮食收购，指为了销售、加工或者作为饲料、工业原料等直接向粮食生产者购买粮食的活动。

粮食加工，指以原粮为原料，通过碾磨处理转化为成品粮的活动。

粮食深加工，指采用化学、物理、生物等方法，对原粮或粮食初加工产品进行二次以上加工转化，产生化学性质、分子结构改变并形成新产品的活动。

粮食经营者，指从事粮食收购、销售、储存、运输、加工、进出口等经营活动的法人、个体工商户和其他经济组织。

政策性粮食，指政府指定或者委托粮食经营者购买、储存、加工、销售，并给予财政、金融等方面政策性支持的粮食。

粮食应急状态，指因重大自然灾害或者其他原因，在较大地域范围内出现抢购、脱销断档、价格大幅度上涨等粮食市场急剧波动的状况。

粮食产业安全，是在充分利用国内外两个市场、谋求政府作用和市场作用发挥的有机结合、保证粮食供求的总量、结构以及质量安全基础上，有效防范粮食产业风险的政治经济活动。其核心是防范跨国粮商冲击等而使得中国粮食产品、农户、企业及其供应链竞争力不足所带来的产业风险问题。

第二章 主销区粮食安全与
供应链整合理论

中国粮食主销区经济发达、外来人口多、人口密度大，工业化和城市化发展的影响大。它一方面可能使粮食需求量逐年增加，另一方面又使得粮食总产量出现逐年下降趋势，从而使得主销区对粮食市场的依存度越来越高。一旦粮食市场发生变动，很有可能引发粮食危机，造成重大危害。因此，如何根据主销区粮食安全的个性特点与全国粮食安全的整体要求进行供应链整合创新等，就成了新时期越来越重要并迫切的工作。

第一节 基于供应链的粮食安全
宏观调控整合研究

随着 WTO 后过渡期的结束，全球粮食供应链竞争越来越激烈，美国 ADM、美国邦吉、美国嘉吉、法国路易·达孚等跨国粮商纷纷抢滩中国市场，尤其对于经济相对发达、粮食产业基础较强的主销区更是外资觊觎之地。因此，粮食产需缺口率是同期全国 8 倍之多的主销区政府面临着繁重的粮食宏观调控压力，而基于供应链视角的粮食安全宏观调控就是有效应对这种压力的有效方式。对此，本书将从基于供应链的粮食宏观调控整合的概念、粮食宏观调控的有限性、粮食宏观调控的匹配性及匹配范围的扩大等方面进行探讨。这些理论具有一定的行业普遍适应性，但对于粮食主销区来讲，则具有更强的代表性及典型性。

一、引言：如何有效解决粮食调控问题

目前，国内外对粮食宏观调控研究的相关文献多集中在粮食宏观调控背景、比较特征、问题与对策思路等方面，鲜有学者从现代信息技术应用等视

角进行研究。在美国、欧盟与日本等国家或地区，从田头到餐桌的农产品供应链已经形成了成熟的运作系统，而中国小农户（指以家庭为基本单位的粮食生产组织）却面临着日益突出的与大市场对接难的问题[1]。这在微观上使农民陷入了"小生产和大市场"之间的决策困境，在宏观上则引发了粮食安全隐患（张红宇，2011；寇宗来等，2004）。值得注意的是，2003年以来的宏观调控虽然发生在中国市场经济体制初步建立之后，但是，行政手段却没有像主流经济理论昭示的那样淡出宏观调控，反倒是一再被倚重[2]，并在粮食宏观调控中呈现以下不足：

1. 粮食宏观调控所需要的有效信息或数据不足

有关部门对各类收购主体所收购的粮食数量、质量、品种、时间、地点、物流等信息掌握不准，对参与粮食价格调控的粮食储备企业库存及吞吐量掌握困难，对多元粮食宏观调控主客体的博弈过程及结果缺乏有力的监控与即时调整的手段。这些可能使有关粮食宏观调控缺乏时效性与针对性，这不仅影响市场信息传递，更会给价格推手提供模糊地带与放大空间，各种不确定性风险增多，各行为主体的交易成本加大，从而使粮食宏观调控的效率降低、副作用日益明显，粮食安全风险加大。与此同时，粮食生产者对粮食市场的反应速度可能远远优于政府部门，并可能早在政府调控决策之前就采取了应对措施，从而使粮食宏观调控呈现低效甚至反效果的现象，它极可能放大了粮食市场的某种不稳定，并使粮食供求出现短缺与过剩的循环反复。改革开放后中国的三次粮食过剩及短缺的交替出现，也有力地说明了这点。

2. 对种粮农户的收益与种粮积极性的提高欠佳

农户理性行为决定了家庭要素禀赋选择的趋利性。一般地，农户会优先选择要素收益率高的工商业为其主要经济活动，其次为增收相对较多的经济作物，而那些资金实力弱、文化水平较低、经营管理能力差的农户往往是被迫选择收益率低、经营风险较小的传统粮食种植业。产生这种情况的重要原因是中国农产品供给的增加和农民收入的增加关系不密切，如果这种情况长期得不到改变，那么具有比较优势的种粮农民将进一步减少或后继乏人，并

---

① 苟建华. 2007. 基于小农户组织化的农产品供应链优化探究 [J]. 当代经济（11S）.

② 黄伯平. 2011. 行政手段参与宏观调控：实质、特征与原因 [J]. 中国行政管理（10）.

进一步加剧城乡二元结构与可持续的粮食安全等问题。为此，如何通过财政反哺与价格干预等行政手段参与粮食宏观调控就成了难以回避的问题。可喜的是，2002 年迄今，中国出台了一系列以免税与补贴为核心内容的反哺农业和粮食商品生产政策，这是改革开放 30 年以来粮食宏观调控政策演变中最富时代特征的一个亮点，但由于相关部门对农户所涉及的耕地与播种面积、粮食生产成本，以及粮食销售数量、质量、品种与价格等信息掌握不清，进而使得这种深得人心的政策效果大打折扣。财政支农能够在一定程度上增加农民第一产业收入，但对增加主要农产品产量的效果并不明显，同时农产品产量增加对农民第一产业收入增长的作用非常有限[①]。

3. 对粮食准入监管与相关行政监督的成效偏差

据统计报道，2007 年南宁市粮食收购经营主体为 250 家，其中 2/3 是无证收购，无证收购粮食数量占收购总量的 50%。又据河南省南阳市宛城区瓦店镇政府李明亮调查，将粮食卖给执行最低收购价政策的国有粮食收购企业的人群中，40% 是个体粮贩，在托市收购之初，"粮贩子"竟以每斤低于"托市价"7 分钱的价格收粮，后期差价每斤也在 2~3 分钱。有关报道出来的多起涉粮企业贪污腐败案件，如 2010 年中储粮许昌直属库牵涉到库主任任国正、副主任姚宝山等 10 多名管理人员的腐败大案涉及金额数千万元，2011 年中储粮河南周口直属粮库主任乔建军侵吞巨额公款潜逃国外等，也说明了有关监管与监督方面的问题。

另外，粮食宏观调控机制在发挥重要作用的同时，也暴露出市场功能作用不断弱化、调控政策的保障力和执行力出现下降的趋向，以及政策调整的步伐滞后于粮食形势、市场化形势、宏观调控形势发展等突出问题[②]。又由于中国大多数小农户将目标定位于收粮经纪人或分散的集贸、批发市场，游离于城市超市或专业化的供应链市场之外[③]，即属于无核心企业参与的小农户供应链。因此，在中国农业、教育、医疗、科技等方面支出日益加大而财政难以实现较大超收的情况下，调控思维不能总局限于暂时得失，一定要从粮食宏观调控目标的可持续优化、现代粮食宏观调控体系的不断完善、现代

---

① 文峰. 2009. 传统农业现代化：基于政府和农户视角的研究 [J]. 农业经济（8）.
② 朱满德. 2011. 我国粮食宏观调控的成效和问题及改革建议 [J]. 农业现代化研究（4）.
③ 苟建华. 2007. 基于小农户组织化的农产品供应链优化探究 [J]. 当代经济（11S）.

信息技术成果的加速运用、粮食微观基础的匹配强化等方面进行不懈的努力，以有利于实行全球粮食供应链竞争的战略制胜。

针对目前很少从小农户、粮食企业及其供应链，以及物联网技术应用等视角研究的现状，本书首先进行基于供应链的粮食宏观调控整合——粮食宏观调控的有限性、匹配性及联动性理论分析，然后对既已研发并取得初步试点成果的 RFID 农户结算卡体系案例进行分析，最后从有关理论完善与实践应用等提出政策建议。

二、基于供应链的粮食宏观调控整合理论分析

基于供应链的粮食宏观调控整合理论主要包括粮食宏观调控的有限性、粮食宏观调控的匹配性及匹配范围的扩大等，其关键是怎样确保粮食宏观调控的必要与有效。

(一) 粮食宏观调控的有限性

关于粮食宏观调控，目前还没有一个公认的定义。笔者认为，粮食宏观调控是一个国家或地区为实现近远期粮食供需的有效平衡，而从消费、流通、生产等环节进行调节的过程或系统，它涉及产前的粮食产能调控、产中的产量调控与产后的价格调控（图 2-1）。

按照调节过程中发挥主导作用的因素，可以将粮食宏观调控手段分为经济手段、行政手段和社会化手段。如对粮价波动的调控，如果由政府直接限价则为行政手段，如果政府通过调整经济杠杆间接影响供需则为经济手段，如果政府借助于农业协会、新闻媒体等非政府组织对影响价格的因素进行某种影响（如减少浪费）则为社会化手段。粮食宏观调控的有限性是指通过市场作用的更好发挥减少不必要的人为调控，即对市场配置资源的缺陷进行矫正，且矫正时也要以努力不影响市场配置资源作用的发挥为重要前提。

设 X_i 为粮食宏观调控的对象要素，如价格、产量、成本、种粮收入等；H_i 与 L_i 为事先设定的调控要素 X_i 的目标区间上下限，则粮食宏观调控 Y（即主要通过市场配置资源的区域）可以表示为

$$Y = \{X_1 \rightarrow [L_1, H_1], X_2 \rightarrow [L_2, H_2], \cdots, X_i \rightarrow [L_i, H_i]\}$$

$$(2-1)$$

式 2-1 的主要含义是要充分发挥市场配置资源的基础作用，粮食调控

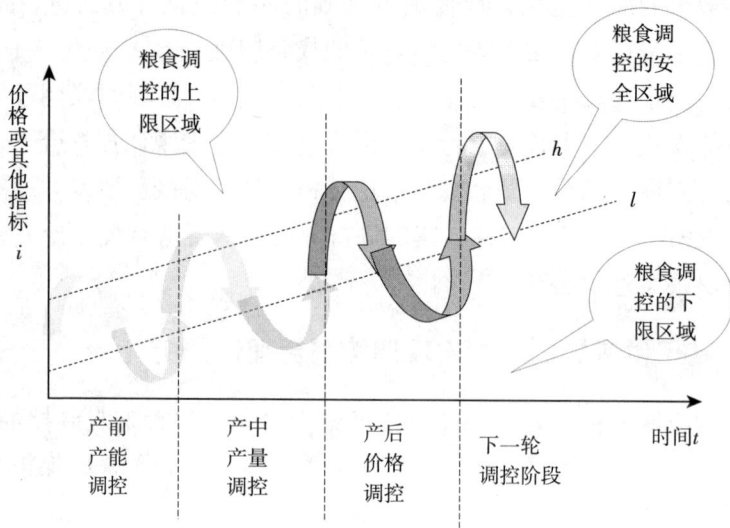

图 2-1　粮食宏观调控体系

只是对其存在的缺陷进行矫正，即使超出了安全区域的粮食价格、产量、成本、种粮收入等调控对象要素回归合理区域，以促进粮食安全与农民增收等目标的可持续实现。也就是说，粮食宏观调控具有有限性特点，它必须建立在努力发挥而不是削弱市场机制作用的基础上。

　　由于经济手段、社会手段参与粮食宏观调控是应该努力倡导的方式，因此这里着重对如何从行政手段有限参与粮食宏观调控等问题进行分析。行政手段参与粮食宏观调控的基本含义是国家或地区的有关政府部门通过非市场化规制或行政监督来直接影响市场主体的供需活动或政府各级职能部门的政策执行情况，以期有效平抑粮食生产、流通与消费中的异常波动现象。根据操作目标的不同以及实施的大致次序，可将行政手段主要分为以下 3 类：一是对粮食收购、储运、加工、检验等资质的准入进行监管，以及对各级执行主体的执行情况进行行政监督，这是粮食流通条例与相关法规的核心内容；二是通过限制或刺激土地、资金或其他重要生产资料（煤、电、油、运、水、气）的供给，对经济主体的生产或消费活动进行直接性影响；三是对粮食最高或最低价格的直接干预。这些手段对于参与粮食宏观调控的经济手段、社会手段来讲，具有政策主体的复杂性、政策工具的多样性、政策力度的非连续性、政策方向的不可逆性、政策传导的体制性等特点。作为一种外部性的直接控制，行政手段在大多数情况下虽然能够为根本问题的解决赢得时间，但由于它并不直接指向产生问题的根本原因，因而只能是应急之策、治标之策。因此，当宏观调控形势较为缓和时，行政手段只是一种辅助性的定位，且应通过其他手段来弥补行政手段的不足。然而与发展市场经济及人们的预期相左的是，改革开放以来中国行政手段参与粮食宏观调控的程度非降反增。主要表现在：

1. 行政举措多

1993 年粮食统销政策正式宣告结束后，陆续出台了许多刚性很强的粮食宏观调控举措，如 1994 年的"米袋子"省长负责制、2000 年组建的中国储备粮管理总公司、2002 年出台的一系列以免税与补贴为核心内容的反哺农业和粮食商品生产政策、2004 年国家实施最低收购价和临时收储等托市政策，以及 2007 年中国实行最严格的土地管理制度——守住全国耕地 18 亿亩[①]红线等。

2. 行政手段使用频率高

一些临时性措施，如托市收购呈现出常规化倾向。由表 2-1 可以看出，2004—2007 年，托市价格并不高，只有部分粮食品种启动了预案；2009 年、2010 年国家大幅提高了托市价格，其中 2009 年提价幅度最大，各品种的最低收购价格水平均提高了 15％左右。值得引起重视的是，2006—2011 年，中国白麦、红麦与混合麦每年都启动了预案；早籼稻、中晚籼稻与粳稻的预案启动也呈现偏频的倾向，由此引起的市场机制弱化与财政支出加重等问题可能长期影响中国粮食流通体制改革等。

表 2-1 2004—2011 年中国托市收购政策执行情况

单位：元/斤

	2004	2005	2006	2007	2008	2009	2010	2011
早籼稻	(0.70	0.70	0.70	(0.70	(0.77	0.90	(0.93	1.02
中晚籼稻	(0.72	0.72	0.72	(0.72	(0.79	0.92	(0.97	1.07

---

① 亩为非法定计量单位，1 亩＝667 米²。下同。——编者注

（续）

	2004	2005	2006	2007	2008	2009	2010	2011
粳稻	(0.75	(0.75	(0.75	0.75	(0.82	0.95	(1.05	1.28
白麦	—	—	0.72	0.72	0.77	0.87	0.90	0.95
红麦、混合麦	—	—	0.69	0.69	0.72	0.83	0.86	0.93

注：根据有关数据整理而成，其中，数字前的"（"表示预案没有启动。

3. 弱化了粮食市场价格的形成机制

粮食宏观调控是弥补粮食市场缺陷的基本手段，其基本前提是充分发挥市场的基础性作用，然后才是对市场失灵的部分进行干预，且干预的过程与结果应尽量不影响市场基础作用的发挥。从供需理论分析，粮食连年增产应该导致价格下降，但连续多年进行的提高托市价格水平等，扭曲了粮食的真实市场价格，有陷入"增产—降价预期—国家提高托市价—进一步增产"恶性循环的可能，直到成为财政不能承受之重，同时弱化了原来粮食市场价格的形成机制，使中国粮食产业与市场发展呈现越来越多的非内生性特点——过分依赖行政手段与财政补贴，当引起有关部门的高度重视。

（二）粮食宏观调控的匹配性

粮食作为一种商品，首先具有一般商品的基本属性，即粮食价格随供求关系变化而变化。这时的粮食产品属于典型的大众消费品，具有产品边际利润率低、需求预测容易、价格波动有限等典型的实用性产品特性。同时，粮食作为生存权的重要组成部分，又具有一般商品难以具有的特殊性——市场机制会"失灵"的特性：粮食供给吃紧时，谁都想来经营粮食，越是价格飞涨，越是囤积居奇；粮食丰收需要广开流通渠道时，谁也不愿经营粮食，价格暴跌，农民遭殃。其产生的基本原因是：粮食需求在一定程度上是缺乏弹性的；粮食生产本身存在着较大的波动性；粮食生产资源供给的有限性；价格对粮食供求调节作用的滞后性；粮食生产一旦萎缩，往往是不可逆的；目前粮食的不可替代性。这时的粮食产品又属于典型的创新产品或应急产品。

根据美国宾夕法尼亚大学费舍尔教授的供应链匹配理论，与以上两类产品分别相匹配的粮食供应链分别是典型的效率型供应链与创新型供应链，与其相关的粮食宏观调控则分别带有典型的效率型与敏捷型特点（图2-2中

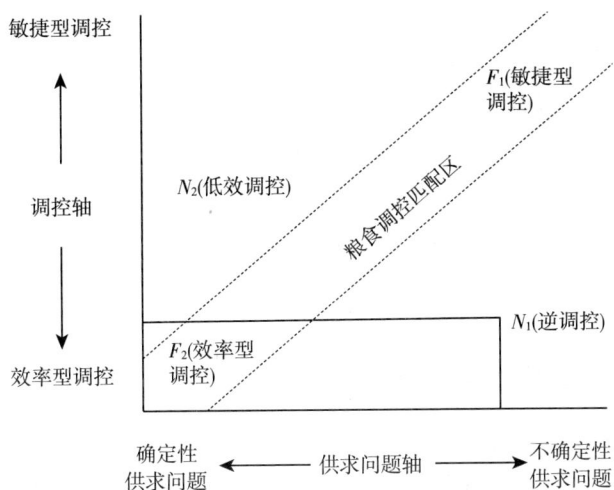

图 2-2 粮食宏观调控的匹配与不匹配

的 F_1 与 F_2）。也就是说，粮食宏观调控具有匹配性的要求，即根据一般情况下的粮食实用性产品要求，采用相匹配的效率型粮食调控——主要是着眼于可持续性的有关"成本合理、农民增收与产业发展"等调控目标实现；根据特殊情况下的粮食应急性产品要求，采用相匹配的敏捷型粮食调控——主要是着眼于应急性的有关"粮价稳定"等调控目标实现。否则，就会出现粮食宏观调控不匹配的情况（图 2-2 中 N_1 与 N_2）。

从以往经验看，国内曾经出现过粮食供给相对平衡时却大量进口，粮食减产供应紧张时又大量出口，以及粮食丰收时禁止粮食出口等不合理现象。例如，2003 年粮食价格的上涨，从总量上看是粮食供给不足的问题，但从结构上分析，玉米是明显供过于求，而宏观调控部门采取了停止小麦、稻谷、玉米等所有粮食出口的"逆调控"行为（图 2-2 中的 N_1），以至于 2004 年玉米供过于求 150 多亿千克，玉米价格一路下滑，最终不得不出台挂牌收购价，中央指定企业入市收购。又如，长期以来农民增收与粮食增产关系不密切的现实——中国各地实施的粮食直补没有起到显著调动种粮积极性的效果（图 2-2 中的 N_2），使得那些具有比较优势的种粮农民进一步流失，并导致种粮能手后继乏人等忧虑。为此，如何促进粮食安全与农民增收密切挂钩，就应成为优化粮食宏观调控的必然选择与基本要求，即政府主导的粮食宏观调控必须弥补市场失灵，承担起农户不愿意做、没有能力做，但又是粮食安全、农民增收、农村发展所必需的基础工作。

（三）粮食宏观调控匹配范围的扩大

粮食生产的季节性使得粮食供给不能马上对市场价格变动做相应的快速反应，而一旦反应就可能导致下个收获季节粮食供给的大幅度反向变化，进而给粮食生产和农民收入带来不利的影响。因此，稳定粮食市场，防止粮食价格大起大落，以及保证种粮农民收入的稳定与增加，应是政府加强粮食宏观调控的重要目标。同时，由于生产资料价格等波动必然会导致粮食价格的波动，相对较弱的粮食供应链与国际粮食市场的议价能力，容易使国内粮价受跨国粮商的操控，因此全球供应链竞争下的粮食成本合理与产业发展，也是粮食宏观调控的重要目标，而要做到这一点，则必须使粮食宏观调控能够较好地促进粮食供应链各环节的协同整合，也就是说必须实行粮食宏观调控匹配范围的扩大。

所谓粮食宏观调控匹配范围的扩大，是指粮食宏观调控的匹配范围由单环节扩展到多环节或供应链的所有环节，由单功能扩展到多功能或粮食宏观调控的所有功能，由针对某类产品（如应急性产品）的调控，扩展到针对不同产品类型及变化的供应链柔性或整合调控。表现在图 2-3 中，就是怎样通过对粮食收储、加工、批发等流通环节的调控（如托市收购）而实现粮食

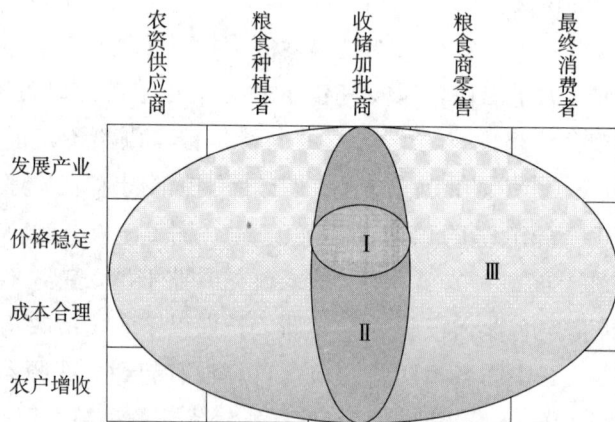

注：Ⅰ为粮食价格调控；Ⅱ为粮食收储加批的综合调控；Ⅲ为供应链整合调控。

图 2-3 粮食宏观调控匹配的范围扩大

价格稳定（Ⅰ），而扩展到如何通过 RFID 应用等实现价格稳定、农民增收、成本合理及产业发展等系列调控目标（Ⅱ）。又由于在 WTO 后过渡期结束以后影响粮食安全的因素异常复杂，且某个社会性事件所引起的粮食价格上涨、物流导致的粮食供应滞后等情况会与较大的粮食供应链牛鞭效应结合，并产生粮食需求与价格的连锁反应，为此如何从农资供应、粮食种植、粮食流通与消费的供应链各环节进行一体化整合调控，就成了新时期追求以合理成本快捷并持续取得粮食宏观调控效果的应有之义，这时的粮食宏观调控就由着眼于粮食收储加批环节的粮食综合调控（Ⅱ），进一步扩展到了供应链整合调控（Ⅲ）。

三、基于供应链的粮食宏观调控整合案例分析

为了进一步调动种粮农民的积极性，创新粮食宏观调控管理手段，更好地促进粮食生产、流通与农民增收以及经济发展方式的转变，从 2008 年始，航天信息股份有限公司、常州市粮食局与奔牛镇人民政府等在奔牛镇范围内，联合开展《农户结算卡示范管理系统》项目试点（以下简称农户结算卡项目），并于 2010 年夏收、夏种期间取得了初步成效。农户结算卡项目是由国家发改委批准立项的国家级重大研究课题，其基本目的是准确掌握试点区农民粮食交易数量、市场价格行情、粮食流向，通过数据的采集、处理分析以及数据交换，实现信息数据共享，为中国农业发展银行封闭资金管理、农产品收购发票稽核、按商品粮数据发放种粮补贴等提供准确依据，以便国家掌握粮食经纪人、外资企业对商品粮的控制情况，更好地进行粮食宏观调控。

农户结算卡项目试点主要包括：（1）发放农户结算卡。免费为奔牛镇内 8 665 户种粮农户发放一张农户结算卡，并按照其刷卡交易的商品粮数量给予每千克 4 分钱的价外补贴。（2）配置交易终端。经筛选和培训，对 6 名小麦收购经纪人各免费配备一台手持交易终端，对奔牛镇内 5 家具有粮食收购资质的小麦收购企业各免费配置一台台式交易终端。（3）实时采集并传送交易信息。粮食经纪人或粮食收购企业通过交易终端与手持农户结算卡的农户进行刷卡交易，并通过因特网和移动网络把采集的信息实时传送至后台农户结算卡管理系统。（4）数据共享与应用。在北京建立了能对各农户基础数据

及粮食交易数据等进行收集、整理、分析与反馈的农户结算卡管理系统；为各有关部门配置了能实时显示本镇农户、经纪人、收购企业小麦交易情况的显示终端。（5）自动计算并发放补贴。与农户补贴"一卡通"进行整合，通过自动计算和两个系统的互通互联，将农户应得的价外补贴直接打入其账户。

截至 2010 年 7 月 31 日试点期满，农户结算卡项目试点效果喜人。集中体现在：它能真实反映粮食生产与流通的基本数据，农户结算卡项目客观公正，能够充分发挥各种惠农补贴的促进作用，农户结算卡项目真实可信，能够为粮食宏观调控提供及时、准确的动态信息，农户结算卡项目涵盖面广，有助于形成全方位的为农服务体系（胡非凡等，2010）。这里着重从它对粮食宏观调控的有限性、匹配性及其范围扩大等方面进行阐述。

（一）RFID 农户结算卡系统能提高粮食宏观调控的有限性

由于国家粮食安全保障及农民增收的基础在农户，且农户经由种植、交易而达到增产增收的脆弱性明显，因此如何提供全方位的为农服务信息体系就成了粮食工作的关键。由于 RFID 农户结算卡系统是以财政补贴为驱动，以物联网运营平台为支撑，具有先进、互联与智能等特点。借助于 RFID 农户结算卡平台系统，政府有关部门不仅能够自动、及时、准确地获取每个持卡农户的粮食交售及汇总数据（图 2 - 4，图 2 - 5），能够实现惠农补贴、库存监管、价格调控与安全追溯的一体化管理，而且还能实时了解每个收购主体的收粮时间、地点、对象、品种、等级、价格及收购份额等信息（图 2 - 6），因此十分有助于满足粮食宏观调控有限性的要求，并根据有限性理论实施粮食宏观调控。

下文着重从农户结算卡项目试点后揭示的一个现象来进行阐述。农户结算卡项目试点期内的某日，夏粮收购已进入高潮，但平台数据显示奔牛镇上报的 150 户种粮大户中，刷卡交易参与率仅为 20%，刷卡交易数量仅占大户上报可售商品粮总量的 11.2%。根据平台数据分析，奔牛镇小麦生产可能会面临面积、单产、总量减少的局面。为弄清大户小麦生产、出售及参与刷卡交易的情况，试点项目办公室于 2010 年 6 月 15 日进行了 81 户种粮大户的随机走访调查，调查结果证明，奔牛镇小麦生产确实处于面积减少近五成、单产减少近三成、总量减少六成左右的状态。由此推导，全镇实际小麦

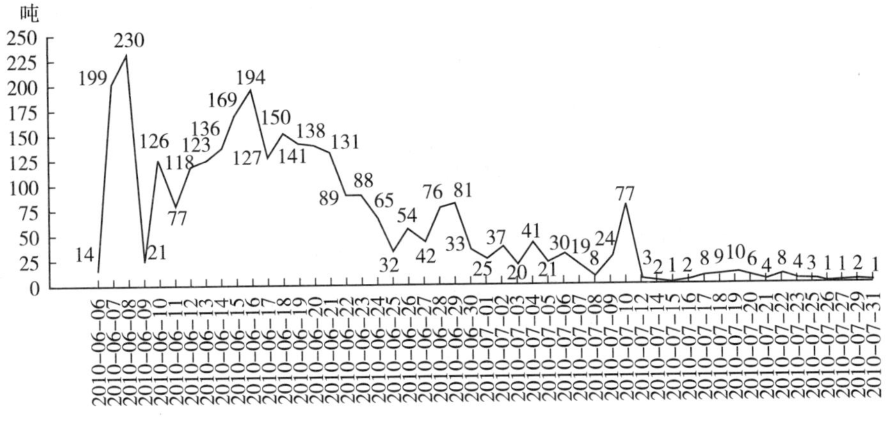

图 2-4　2010 年 6 月 6 日至 7 月 31 日基于农户结算卡的奔牛镇小麦日交易数量

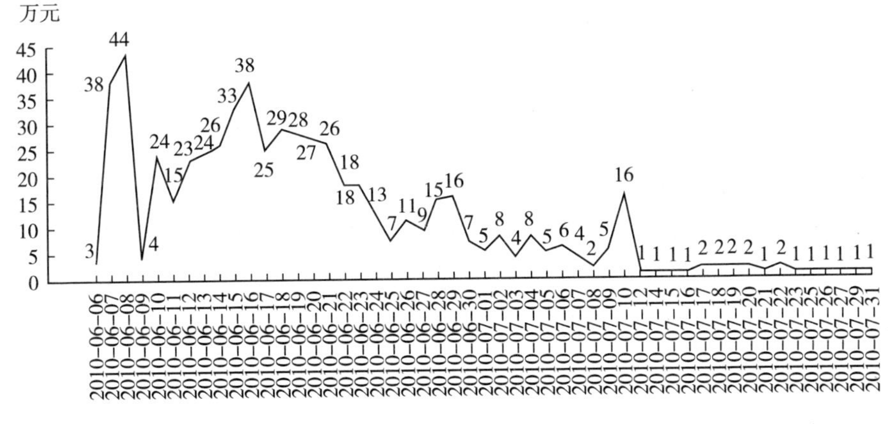

图 2-5　2010 年 6 月 6 日至 7 月 31 日基于农户结算卡的奔牛镇小麦日交易金额

商品粮数量仅为上报可售小麦数量的 35%。以上情况对粮食宏观调控而言，是一个非常重要的发现，它意味着 RFID 农户结算卡系统能全面、客观、实时、真实采集到商品粮数量，从而能够：（1）可以防止那些以骗取国家或地方财政补贴或政策支持的一些虚报、瞒报粮食产量、收购量、收购额等情况的出现，缓解小生产与大市场对接过程中多重信息不对称所造成的不利影响；（2）可以使粮食生产、流通及其财政补贴、调控等处于一种相对可控的确定性状态，有效促进农户、企业及其供应链的发展以及粮食市场的进一步发育，削弱粮食供应链牛鞭效应的不利影响；（3）可以尽早知晓粮食供求的

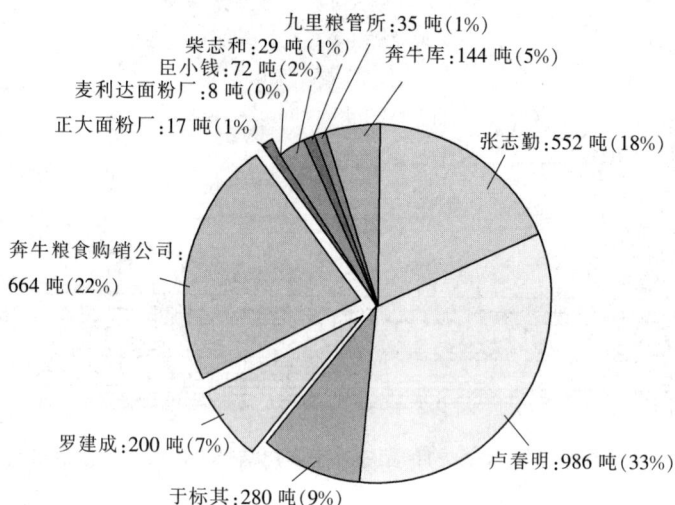

九里粮管所:35 吨(1%)
柴志和:29 吨(1%)
臣小钱:72 吨(2%)
麦利达面粉厂:8 吨(0%)
正大面粉厂:17 吨(1%)
奔牛库:144 吨(5%)
张志勤:552 吨(18%)
奔牛粮食购销公司：664 吨(22%)
卢春明:986 吨(33%)
罗建成:200 吨(7%)
于标其:280 吨(9%)

图 2-6 2010 年 6 月 6 日至 7 月 31 日基于农户结算卡的奔牛镇小麦收购份额

最新情况，如种粮面积减少近五成、单产减少近三成、总量减少六成左右等（如果一个省或更多的省都这样，且信息掌控滞后，就可能产生严重的粮食安全问题），提高粮食补贴与调控的准确性、合理性与快捷响应性；（4）可以促进粮食生产、流通等统计工作的精确化，防止统计工作等不当而带来的负面影响。而所有这些信息方面的改善，都有助于改变信息不对称所造成的"契约并没有最大化的社会价值或市场产生了资源配置的无效率"现状，从而促进使粮食宏观调控建立在充分发挥粮食市场机制作用的基础上，努力按市场机制作用发挥的要求进行相应的调控及有限的调控，使多年来行政手段参与粮食宏观调控的过度增长势头得到有力的遏制。

（二）RFID 农户结算卡系统能提高粮食宏观调控的匹配性

虽说现行的农户结算卡系统在信息采集上仅包括农户耕地、播种面积、品种结构、计划交售数，以及实际交售的数量、质量、时间、地点、对象、价格、货款、财政补贴等情况，但 RFID 农户结算卡系统所能承载的信息可以拓展到所有农产品的产前、产中与产后三个领域。农户产前领域包括农业机械、化肥、水利、农药、地膜等需求信息；农户产中领域包括具体种植与相关服务等需求信息；农户产后领域包括农产品产后收购、加工、储藏、运输、营销及生活消费品等需求信息。依据这些信息，国家有关部门可以从农产品源头数据的全面抓取与系统运用角度促进粮食宏观调控信息体系的形成，从而为有效杜绝现行惠农、强农政策实施中的管理漏洞等提供有力的信息抓手，就可以在售前、售中与售后快速而有效地进行与粮食供求性质相匹配的粮食宏观调控。

图2-7中，产前有关调控部门可以从农户结算卡系统采集的一些基础数据，如耕地、播种面积等初步估计出下一年粮食生产的情况，以及农民种粮的意愿度，即辅助有关部门进行必要的产前产能调控；产中有关调控部门可以从农户结算卡系统所反映出来的农资采购量、贷款额及有关生产性服务等数据进一步了解当季的粮食产量等情况，并针对农资价格高低、农户寄希望增产的程度与难点等，进行以预期产量为核心的粮食产量调控及相关服务管理；产后有关调控部门则可以从农户结算卡系统所动态反映出来的农户售粮、粮食企业收粮及区域分布设置等情况，进一步验证当季的粮食产量、商品量等，并视有关情况更有针对性地做好粮食补贴及必要的价格调控等工作。也就是，农户结算卡系统能动态而即时地反映出产前、产中与产后的粮食供求情况，提高粮食宏观调控的匹配性。如经由农户结算卡系统反映出来

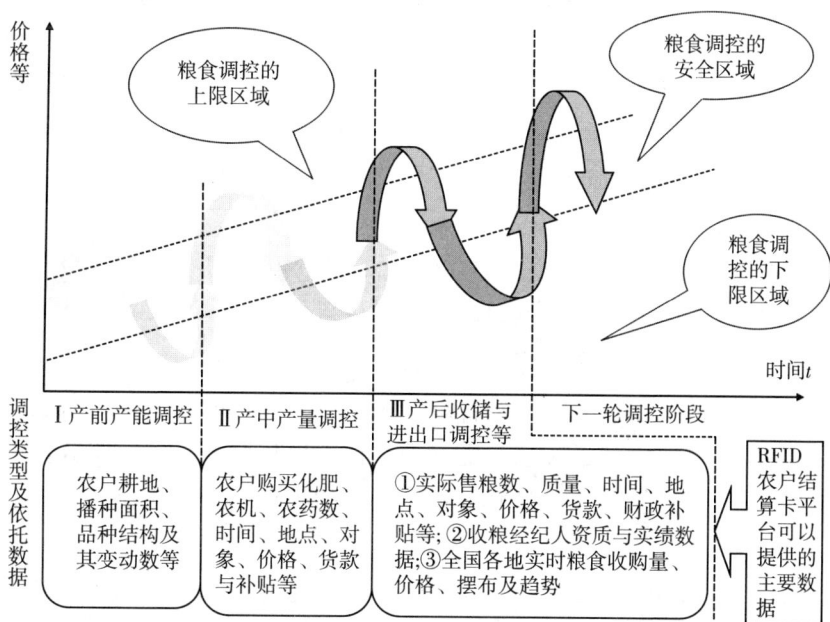

图2-7 基于RFID的粮食产前、产中与产后调控

的是一般情况下的供需平衡、价格稳定，则调控的重点当为以"成本合理、农民增收与产业发展"为重要内容的效率型调控；而当农户结算卡系统反映出来的是类似于案例中"实际小麦商品粮数量仅为上报可售小麦数量的35％"的情况，则宜采取以"平衡供求或平抑价格"为基本内容的敏捷型调控。总之，农户结算卡系统能为稳定粮价等提供快捷的实时信息，从而使粮食宏观调控匹配性得到增强，有助于促进粮食宏观调控实行从粗放的无差异调控（如全面的保护价敞开收购，向全社会提供低价粮等）向精准的差异化调控（如对主要粮食品种实行目标保护价，对种粮农民进行与售粮直接挂钩的财政补贴，向低收入居民提供食品补贴等）转变。

（三）RFID 农户结算卡系统能促进粮食宏观调控匹配范围的扩大

RFID 农户结算卡系统能促进粮食宏观调控匹配的范围扩大，是指农户结算卡系统能使与粮食生产流通有关的群体普遍受益，并使这些群体依托于同一个信息平台[①]进行广泛而密切的沟通，从而形成由粮食宏观调控及相关服务部门等多方参与的粮食生产、流通与消费调控及其供应链整合（图 2-8）局面。它具体包括以下三方面：

1. 能使农户及相关利益主体都获益，有利于粮食宏观调控的多方参与

为全面了解奔牛镇农户对农户结算卡项目试点的知晓、参与、认同情况，进一步掌握农户种粮情况和售粮过程中的需求等，项目试点组及有关人员于 6 月 23 日至 7 月 1 日组织实施了奔牛镇农户专项调查工作。参与本次问卷调查的农户有 5 431 户，占总调查户数 7 838 户的 69％，调查结果表明农户知晓率与认同率高。参与问卷调查的 5 431 户农户中，知晓农户结算卡项目实施价外补贴的农户为 5 241 户，知晓率达 97％；有 4 656 户农户赞成按粮补贴方式，认可项目试点内容，认同率达 86％。

主要原因：一是农户结算卡项目试点，深受广大农户的赞同，农户满意度很高；二是说明项目补贴方式合理，贴近广大农户的需求；三是农户结算卡试点以来，农户得到了实惠，更好地获得了信息服务、上门服务，卖粮环境比以前好了。另外，农户结算卡系统采集的粮食实时价格信息，有效地体

---

① 现行粮食宏观调控及相关部门基本上都有各自的粮食信息网络，但都难以做到准确高效，并常出现调控数据冲突的情况，也严重影响了粮食宏观调控的时效性、准确性，而基于 RFID 的农户结算卡粮食数据系统因其实时高效而易被众部门采用。

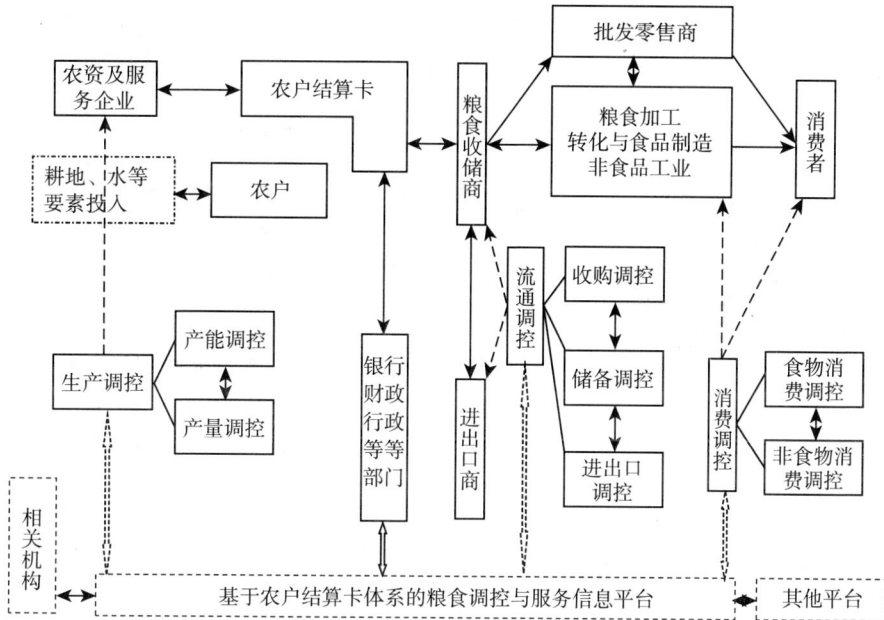

图 2-8　基于农户结算卡的粮食供应链调控整合

现了多卖多得、优质优价的发展要求，进而对农户自身如何优化粮食生产结构、发展高效优质农业具有重要的促进作用。与此同时，与农户种植、交售粮食有关的政府调控部门与相关服务部门也从中得到许多益处（表2-2），从而有利于项目推广与粮食宏观调控的多方参与、协调运作。

表 2-2　农户结算卡试用前后相关主体效益对比

	试用结算卡前	试用结算卡后
种粮农户	无法按销售商品粮数量和质量进行种粮补贴，农民种粮积极性及农民增收在一定程度上受挫	能够根据卖粮的数量领取更多的补贴，体现更多的公平性；多产粮、产好粮、多卖粮，就可以多得补贴，促进粮食增产和农民增收；无偿提供结算卡，不增加农民负担
粮食行政管理部门	难以准确获得全社会的商品粮流通数据，难以规范粮食经纪人行为	能获得真实全面的全社会粮食收购数据；能核实粮食经纪人的身份，以及在粮食收购中的作用，规范和保护粮食经纪人；能准确掌握外资粮食购销企业收购粮食的情况；能有效规范粮食流通市场，提高粮食行政管理效率

（续）

	试用结算卡前	试用结算卡后
中国农业发展银行	《中国农业发展银行粮食收购资金贷款封闭运行管理办法》难以得到全面贯彻落实	提高为粮食购销企业的服务效率和水平；全面准确地监管粮食购销企业贷款的使用情况，保证资金封闭运行管理；降低资金营运成本，提高工作效率；实现资金安全汇划，规避结算风险
税务部门	没有很好的办法解决粮食收购发票虚开、虚抵问题	解决了异地粮食收购发票管理问题；可以取消收购发票限额，减少开票工作量；实现对粮食经纪人的税收征管；稽核验证粮食收购企业上报的收购发票进项税抵扣
财政部门	难以实现按销售商品粮数量和质量进行种粮补贴	根据农户销售粮食的品种和数量进行直补；有效监管补贴资金的到位情况，防止补贴资金的截留、克扣等现象的发生
商业银行	辅助农发行贷款资金的封闭运行管理和财政部门种粮补贴发放效率低	农户的卖粮资金和财政补贴资金给商业银行带来大量沉淀资金，有利于消化结算卡的成本，同时降低了现金支付的管理成本；结算卡与现有的补贴存折兼容，具有较高的可行性和可操作性
粮食购销企业	企业信息化难以推动，开票工作量大且人工操作易出现差错	降低现金管理成本；减少粮食收购开票的工作量；减少人工记录造成的管理漏洞；降低企业信息化的门槛

注：根据粮食流通信息化解决方案（航天信息股份有限公司，2009）与有关调研整理而成。

2. 有助于粮食宏观调控及相关服务部门形成"众星拱月"的为农服务效应

目前，中国农户对粮食生产之外的很多环节并不擅长，如生产资料购买、粮食销售、粮食种植品种选择等，与此同时，致力于为农户服务的粮食流通部门又常因农民种植与具体交售粮食的具体时间、数量、质量、价格与竞争情况等不清楚或不确定而造成资源配置上的严重浪费；致力于为农户提供农技、资金、生产资料与财政补贴的农技部门、金融部门、供销社与财政局等部门，又因对农户生产、生活需求情况把握不准或不及时，而难以提供针对性强的及时服务、有效服务。虽说家庭承包经营制改革以来，中国农户服务体系一直在发展，但"条块分割"式的"部门化"农户生产服务体系弊端仍然严重（陈锡文，2006）。而 RFID 农户结算卡促进了以农户需求获取传递与响应为重要特征的粮食宏观调控信息化服务体系建设，它不仅使农户及相关组织得到了实惠，而且还有助于粮食宏观调控及相关服务部门充分了解并有针对性地满足农户需求，实行由"条块分割"式的"部门化"调控与农户生产服务向"众星拱月"的粮食宏观调控与服务转变，也必将促进粮食宏观调控匹配范围的不断扩大。

3. 有助于形成粮食安全与农民增收相互促进的良性循环

自 2008 年以来，跨国粮商取得了从中国大豆种植到食用油终端市场竞争的大胜，现又依托供应链竞争的优势，试图把战火烧到中国米、面、肉等日常消费的全食品领域。这就迫切要求有关部门在进行粮食宏观调控时应更多地尊重农民、企业的自主选择权，并致力于通过相关扶持政策的落实等调动供方的积极性与主动性，以及以粮食供应链整合为重要内容的产业发展。也就是说，粮食宏观调控目标的重点应由单纯的粮食安全保障向以农民增收为重要内容的粮食供应链整合转变，通过粮食供应链整合促进粮食产业发展与农民增收，并进而从内生机制上谋求粮食安全的可持续发展。常州市财政部门的粮食数据显示，奔牛镇 2010 年小麦种植总面积为 25 985.77 亩（享受补贴的面积），按照小麦直补政策 10 元/亩（不包含农资、种子补贴的价格）计算，国家需要补贴的总金额为 259 857.7 元。但农户结算卡项目试点发现该镇 2010 年实际种植小麦 19 433 亩，实际减少了 6 522 多亩，相当于国家多补贴了 6 万多元。假如保持国家 259 857.7 元的补贴金额不变，那么按奔牛镇农户 2010 年实际出售小麦总量 4 130 吨的销售数量计算，则每千克小麦可以补贴 6 分钱，这样势必可以使国家有限的财政补贴起到更有效地促进粮食增产与农民增收的双重作用。

四、结论

从以上研究可以看出，应通过整合解决现有粮食宏观调控中有关信息或数据掌握不足等突出问题，它在理论上需要遵循粮食宏观调控的有限性、匹配性及其范围扩大等要求，以促进"农民增收、成本合理、价格稳定、产业发展"调控目标的系统实现；RFID 农户结算卡系统初步展示了物联网条件下粮食宏观调控整合的美好前景，具体表现在：能为粮食宏观调控提供准确的数字依据；能为实施相对科学的按售粮数量进行直补与粮食质量安全追溯等提供技术支持；能为全面监管粮食企业的行为等提供最新的技术手段，对切实提高行政管理效率、降低行政管理成本、推动粮食现代物流、供应链管理与社会主义新农村建设等都具有不可估量的历史意义与巨大的国家战略意义。另外，它对于既发挥小农户较高的生产效率①，又弥补其不易进入集成化粮食供应链的缺陷，推动面广量大而又紧迫的粮食物流系统建设与粮食产业升级、转型，以及拓展物联网技术应用空间，从内生机制上解决粮食安全、农民增收与跨国粮商供应链威胁等粮食宏观调控问题也具有重大的理论与实践意义。

第二节　行政手段参与粮食宏观调控研究

一、引言

国内外相关文献总体较少，且多集中在粮食调控背景、比较特征、问题与对策思路等方面，鲜有学者从信息及现代技术应用等视角进行研究。在美国、欧盟与日本等国家和地区，从田头到餐桌的农产品供应链已经形成了成熟的运作系统，而在中国，小农户（指以家庭为基本单位的粮食生产组织）却面临着日益突出的与大市场对接难的问题（王沧江，2008；苟建华，2007）。这在微观上使农民陷入了"小生产和大市场"之间的决策困境，而在宏观上则引发了粮食安全隐患（张红宇，2011；寇宗来等，2004）。对此，如何加强粮食调控，就成了历届政府执政的重中之重。但粮食宏观调控在发挥重要作用的同时，也暴露出市场功能的作用不断弱化、调控政策的保障力和执行力出现下降的趋向，以及政策调整的步伐滞后于粮食形势、市场化形势、宏观调控形势发展等突出问题（朱满德，2011）。值得注意的是，2003年以来的宏观调控虽然发生在中国市场经济体制初步建立之后，但是，行政手段却没有像主流经济理论昭示的那样淡出宏观调控，反倒是一再被倚重（黄伯平，2011）。因此，在中国农业、教育、医疗、科技等方面支出日益加大以及财政难以实现较大超收的情况下，调控思维不能总局限于暂时得失，一定要将目光放长远，从有利于长期竞争力的形成出发。完善粮食调控的关

---

① 高梦滔，等.2006.小农户更有效率［J］.统计研究（8）.

键是如何从粮食宏观调控的目标优化、粮食调控体系的不断完善、粮食微观基础的持续强化等方面进行不懈的努力（吴志华，2004）。

吴能全等（2006）通过模型分析了在信息不对称的情况下，农户无法享受其充分的交易权益，行政干预无法达到粮食调控的目的，甚至会产生更大的背离，进而提出了一个基于市场交易的间接干预方式，试图通过信贷杠杆解决粮食购销市场中的信息与激励问题。笔者认为这是一个难能可贵并非常具有建设性的研究见解，且只有解决好了粮食生产、经营及其调控中的信息与激励问题，有关对策才有产生作用的基础。但由于发挥信贷杠杆作用本身需要充分的信息问题，因此解决问题的关键是要积极利用物联网技术等对粮食调控的前提基础——信息不对称等问题进行创新性的探讨。

从既已研发并取得初步试点成果的 RFID 农户结算卡影响出发，深入分析新时期中国粮食调控的一些重大理论与实践问题，这对于既发挥小农户较高的生产效率（高梦滔等，2006），又弥补其不利于进入集成化粮食供应链的缺陷，从软科学方面引领农户结算卡的进一步试点与推广，推动面广量大而又紧迫的粮食物流系统建设与粮食产业升级、转型，以及拓展物联网技术应用空间，从内生机制上解决粮食安全、农民增收与跨国粮商供应链威胁，并进而可持续解决日益复杂的粮食调控等问题都具有重大的理论与实践意义。

二、行政手段有效参与粮食宏观调控理论

中国小农户（指以家庭为基本单位的粮食生产组织）面临着日益突出的与大市场对接难的问题，[①] 陷入"小生产和大市场"之间的决策困境，并引发了粮食安全隐患。粮食宏观调控机制在发挥重要作用的同时，也暴露出市场功能的作用不断弱化、调控政策的保障力和执行力下降的趋向，以及政策调整的步伐滞后于粮食形势、市场化形势、宏观调控形势发展等突出问题[②]。值得注意的是，2003 年以来的宏观调控虽然发生在中国市场经济体制初步建立之后，但是行政手段却没有像主流经济理论昭示的那样淡出宏观调

---

① 苟建华.2007.基于小农户组织化的农产品供应链优化探究［J］.当代经济（11S）.

② 朱满德.2011.我国粮食宏观调控的成效和问题及改革建议［J］.农业现代化研究（4）.

控，反倒是一再被倚重①。吴能全等通过模型分析了在信息不对称的情况下，行政干预不仅无法达到政府干预的目的，甚至会产生更大的背离，进而提出了一个基于市场交易的间接干预方式，试图通过信贷杠杆解决粮食购销市场中的信息与激励问题。② 但由于没有解决发挥信贷杠杆作用所需要的充分信息问题以及相关法律与规制的完善问题，因此，它仍难以解决中国粮食宏观调控中的行政手段运用偏多、副作用较大等问题。因此，很有必要对行政手段参与粮食宏观调控的机理进行深入探讨，且只有这样才能不断提高行政手段参与粮食宏观调控的成效。

行政手段参与粮食宏观调控是指通过行政系统、行政层次、行政区域中的一些主管单位及其所属职能部门与国有粮食企业对粮食价格等异常波动现象进行直接调节与相关环境治理的活动总称。其产生与发展的基本机理是对粮食市场机制与宏观调控的缺陷进行矫正。设 X_i 为粮食宏观调控的主要指标值，如粮食与农资等价格、种粮收入等；H_i 与 L_i 为市场自身调节与非行政手段调控所事先设定的 X_i 阈限值，则行政手段参与粮食宏观调控 Y 可以表示为

$$Y = X_i \rightarrow [L_i, H_i] \begin{cases} 0 < X_i < L_i, X_i > H_i > 0 \\ L_i \leqslant X_i \leqslant H_i \end{cases} \quad (2-2)$$
$$Y = 0$$

式 2-2 表明，行政手段是否要进行粮食宏观调控应当由 X_i 与 L_i、H_i 来确定。当 $L_i \leqslant X_i \leqslant H_i$ 时，粮食宏观调控的指标值在其合理的阈限范围内，粮食宏观调控的行政手段则没有必要或必须放弃；当 $X_i < L_i$ 或 $X_i > H_i$ 时，粮食宏观调控的指标值超出其合理的阈限范围，则需进行必要的粮食行政调控。也就是说，要充分发挥市场配置资源的基础作用以及粮食宏观调控的经济手段与社会化手段等作用，只是当他们失灵或存在致命缺陷时才进行行政干预（图 2-9）。

根据操作目标与政策工具的不同，可将粮食宏观调控中的行政手段细分为以下 4 类：（1）通过产业规制、贸易规制与市场秩序规制等对粮食企业的市场准入与过程进行监管；（2）对耕地、资金等生产要素进行直接控制；

---

① 黄伯平 . 2011. 行政手段参与宏观调控：实质、特征与原因 [J] . 中国行政管理（10）.
② 吴能全，等 . 2006. 粮食宏观调控中的信息与激励 [J] . 中山大学学报：社会科学版（3）.

相关信息系统等软硬件建设

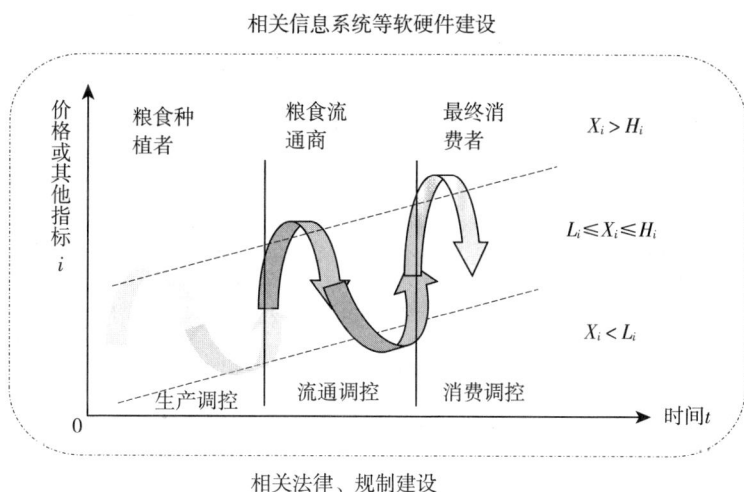

图 2-9　行政手段参与粮食宏观调控

（3）对粮食宏观调控的调控对象与主要指标进行直接干预；（4）对粮食宏观调控部门及委托的国有企业执行情况进行行政监督（表 2-3）。

由于影响主销区粮食安全的因素异常复杂，且某个社会性事件引起的粮食价格上涨等情况会与粮食供应链牛鞭效应结合产生粮食需求与价格的连锁反应，有关政府只有对农资供应、粮食生产、流通与消费的各环节进行一体化考虑才能收到良好的系统调控效果。即某环节的调控效果会因另一环节的不利影响而大打折扣，如农资价格上涨会严重影响托市收购对农民增收的影响。因此，行政手段参与粮食宏观调控涵盖从田头到餐桌所涉及的所有供应链环节。

由于作为一种外部性的直接控制，行政手段并不直接指向产生问题的本质，只能是应急之策、治标之策。所以，行政手段往往是在其他手段失效时才选择实施，且当粮食宏观调控形势较为缓和时，应尽量减少行政手段的使用，并努力通过其他手段来弥补行政手段的不足。要做到这一点，必须充分发挥行政手段在粮食宏观调控制度完善、微观规制与跨部门信息共享系统建设等综合治理方面的促进作用，以期从本源上优化粮食市场机制与宏观调控的环境条件，有效减少行政干预。因此，本书认为，行政手段参与粮食宏观调控不能仅仅界定为平抑粮食市场异常波动，还应包括粮食宏观调控综合治理等内容，例如粮食宏观调控制度、法规、微观规制及跨部门信息共享系统建设等。

表 2-3　粮食调控中行政手段的政策工具及其具体表现

准入与过程监管	产业规制	对凡是挤占农业资源并威胁到农产品价格稳定的工业生产采取一定的限制措施。以玉米产业为例：2006 年年底，国家发改委下发了紧急通知，要求立即暂停核准和备案玉米加工项目，并对在建和拟建项目进行全面清理	调控目标：粮食供求总量基本平衡和价格基本稳定
	贸易规制	通过配额等方式，限制价格出现较大涨幅的单宗商品的出口；通过指定或限制贸易主客体的方式对粮食经营活动进行准入过程监管，如政府指定粮食经营公司垄断收购与定向销售等	
	市场秩序规制	加强价格执法，部署专项检查，严厉打击价格串通、哄抬价格、搭车乱涨价等违法行为	
生产要素控制	土地供给	国家从 2003 年以来实施了最严格的耕地保护制度，除了大规模的土地市场治理整顿和高密度的土地执法专项行动，国家对占用基本农田进行植树造林、挖塘养鱼等行为也进行了坚决制止，并采取多项有力措施纠正耕地撂荒行为，恢复撂荒地生产	
	信贷与农资供给	加强农业生产资料的生产和调度，以稳定农资价格、支持农业生产；中国人民银行指导金融机构加大支农力度；指示有关银行对勒令停工的粮食加工项目或企业停止贷款	
直接干预		发挥农业基层组织的力量，督促抓好备耕和田间管理	
		安排运输调度，防止供给的结构性失衡	
		价格管理：保持政府控制的公用事业和公益性服务价格总体上保持相对稳定，必要时采取价格干预。主要包括对粮食价格实行政府指导价或政府定价、限定差价率或者利润率、规定限价、实行提价申报制度、调价备案制度以及集中定价权限和冻结价格等	
行政监督		国务院派督察组对有关部委、地方政府及执行粮食调控业务的中国储备粮管理总公司等进行检查；中央政府对于各级地方政府的粮食安全保障问责；国务院组织突击性的全国性粮食"清仓查库"等	

　　注：根据黄伯平（2011）一文中的"固定资产投资调控中行政手段的政策工具及其具体表现"范式及其提供的有关信息综合加工而成。

三、行政手段参与粮食价格调控的实际问题与原因分析

　　1993 年中国粮食统销政策正式宣告结束，但不久就出现了波及全国的

粮食销区库存紧张、粮价暴涨等现象。随后相继出台了"米袋子"省长负责制等行政性粮食宏观调控举措（表2-4），出现了随着粮食市场化的不断推进，行政手段参与粮食宏观调控的地位与作用得到明显强化、行政干预所带来的副作用日益显现等方面的态势。这里着重从2004年以来最具有代表性及影响力的行政手段参与粮食价格调控方式——粮食最低价收购来说明。

表2-4　1994年迄今中国出台的有关行政手段参与粮食宏观调控举措

序号	出台年份	核心内容	简要评点
1	1994	"米袋子"省长负责制	有利于在中央统一领导下调动地方保障粮食安全的积极性，但也造成了全国粮食市场的某种人为性分割
2	2000	组建中国储备粮管理总公司	实践证明，中储粮公司形同第二国家粮食局①
3	2004	国家实施最低收购价和临时收储、定向销售等托市政策	作为中国目前粮食价格支持政策与农业支持保护制度的基本内容，以及行政干预含量很高的调控活动，在业内存在着褒贬完全不一的评价
4	2007	实行最严格的土地管理制度	其核心是守住全国耕地18亿亩红线
5	2009	国务院组织全国性的清仓查库	效果明显，但耗资耗时巨大

（一）粮食最低价收购的实质是政府基于微观规制的行政干预

从2004年开始，中国实行了粮食最低价或托市收购政策。它主要指国家在粮食主产区，委托中国储备粮管理总公司（简称中储粮总公司）等按政府事先确定的最低收购价收购农民的余粮，其基本出发点是形成"政府调控市场、市场形成价格、价格引导生产"的良性机制。但从实际操作上来讲，其实质仍是政府基于微观规制的行政干预。其主要表现是：（1）实施最低价收购的地区、品种、价格、标准、时间、程序等由政府统一确定。（2）国家对执行最低价收购的主体实行最严格的准入制度——通常仅有中储粮总公司一家，且所涉及的贷款发放由中国农业发展银行专门负责、高额成本费用大

---

① 李全根.2009.我国粮食宏观调控政策的演变［J］.粮食科技与经济（5）.

多由国家财政特别列支等又进一步刚化了这种准入性。（3）收购粮食的所有权与使用权属于国家，负有看管责任的有关粮食企业通常是按政府要求对所储粮食进行定点、定时、定量、定品种与价格范围的定向拍卖。（4）中储粮总公司负责托市收购的量往往超出区域收购总量的一半。据报道，2006年6月1日到9月30日，中储粮河南分公司共收购托市小麦181.25亿千克，占河南省当年小麦产量的63%，远远超过往年50%以内的商品率水平；而中储粮总公司在全国范围内共收购407亿千克小麦，占全国小麦产量的40%。粮食最低价变成了事实上的国家保护价，形成了实质上的市场垄断和不公平竞争。（5）国家有关部门根据有关条例对实施过程与结果实施仔细而严格的多种行政检查，但粮食收购企业的寻租行为等仍然屡禁不止。

表 2-5 2004—2011 年中国托市收购政策执行情况

单位：元/斤

品种	2004	2005	2006	2007	2008	2009	2010	2011
早籼稻	(0.70	0.70	0.70	(0.70	(0.77	0.90	(0.93	1.02
中晚籼稻	(0.72	0.72	0.72	(0.72	(0.79	0.92	(0.97	1.07
粳稻	(0.75	(0.75	(0.75	0.75	(0.82	0.95	(1.05	1.28
白麦	—	—	0.72	0.72	0.77	0.87	0.90	0.95
红麦、混合麦	—	—	0.69	0.69	0.72	0.83	0.86	0.93

注：根据有关数据整理而成，其中数字前的"（"表示预案没有启动。

（二）粮食最低价收购启动的频度高、副作用大

由表 2-5 可以看出，2004—2008 年，托市价格制定得并不高，只有部分粮食品种启动了预案。2009—2011 年国家大幅提高了托市价格，其中2009 年提价幅度最大，各品种的最低收购价格水平均提高了15%左右；粮食最低价收购启动的频度也明显增高。每每启动预案都会对农民利益保护等产生一定的促进作用，但同时也带来了不可小看的副作用。2006 年 9 月 30日，国家"托市收购"结束，这时市场粮价仍徘徊在最低收购价附近，但从11 月中旬开始，不少地方粮价大幅走高。这种情况使得政府又不得不采取与最低价收购刚好相左的迅速平抑粮价的做法，而这时离最终低价收购结束还有不到 2 个月的时间。为此，粮食最低价收购扭曲了粮食的真实市场价

格，令市场供需信号紊乱，弱化了原来粮食市场价格的形成机制，极可能在托市的同时又埋下了人为刺激粮食涨价的隐患，从而使中国粮食经济呈现出越来越多的非内生性特点——过分依赖行政手段等。

（三）对粮食最低价收购的执行主体监督协调难

中国储备粮管理总公司承担着最低收购价粮食收购、信贷偿还、储存保管与委托拍卖等责任。由于它的库点相对较少，因此在托市政策执行过程中，绝大部分的收购任务由受委托的一大批国有粮食购销企业共同完成，这使得政策的责任主体与实际任务完成主体分离。中储粮总公司不仅要开展收购业务，还要监管其委托的收购企业；不仅要控制好收购中的各种风险，还要妥善处理好自己与委托方的关系，以及公司政策性业务与增值性业务之间的平衡协调。中储粮的每个直属库平均要管理数十个委托收购库点，而且很多乡镇级的延伸库点比较分散，易出现托市收购粮的监管真空，从而为腐败提供了可乘之机。有鉴于此，2010年，除中储粮外，中粮集团、华粮集团、中纺集团也委托收储夏季小麦，但又出现了市场一度哄抬小麦价格现象，因为收储有国家财政补贴，多收粮食意味着获得更多收益。于是粮食最低价收购的执行主体不管是多还是少，都存在着难以进行有效监督、协调等问题，而应对的常见办法，则是出台更多的监管措施，使最低价收购呈现出更多的价格管制特征。

（四）行政手段参与粮食价格调控问题的原因分析

1. 种粮收入的长期偏低严重制约着市场机制的增强

种粮农户所涉及的产权激励，首先表现为产权制度健全赋予农户使用耕地的排他权收益，其值的大小取决于耕地流转时的流转费或租金；其次是与排他权密切相关的交易权，主要表现为广大农户所种产品的市场交易收益。由于粮食生产、经营与调控间广泛存在的信息不对称，以及小农户与大市场之间的矛盾问题等始终没有得到解决，中国种粮农户的交易权没有得到有效的体现与保障。2002年以来出台的一系列以免税与补贴为核心内容的反哺农业政策，如全面取消农业税等，虽弥补了一些不足，但仍没有从根本上解决种粮农民收入偏低的问题。因此如何提高并确保种粮农民的收入，并借此可持续地保障粮食安全就成了粮食宏观调控的重要指针，而当一些经济手段难以产生有效效果时，行政手段就成了粮食调控的最后选项。

2. 主销区粮食安全的突出个性制约着价格调控经济手段作用的发挥

2004—2013 年中国粮食连续 10 年增产。可就在这同时，出现了数次较大幅度的粮食价格大涨大跌现象①。面对这种十分复杂并带有应急性的粮食价格波动现象，着眼于经济手段作用发挥的一般性粮食宏观调控，往往难以收到如期成效。主要表现在中国粮食宏观调控所涉及的政府部门众多，在目前法规基础相对薄弱、粮食产供销管理脱节现象一直没有得到较好解决、国内外粮食行情复杂多变，以及跨部门共享的粮食调控信息系统欠缺的情况下，常规性的粮食风险基金、粮食专项储备、经济政策等粮食宏观调控工具往往会错过最佳的调控时机。即使把握好了时机，也会因这些经济手段的固有不足及可能的运用欠妥而难以收效。虽然政府直接干预粮食市场或价格同样会面临着信息不对称及资源配置的低效率问题，但由于政府部门能找到一个处理效率与租金抽取两难冲突的解决办法，因此在粮食安全与农民增收压力巨大的情况下，行政手段被越来越多地用于粮食宏观调控。

3. 行政手段参与粮食价格调控的重心有偏差

平抑粮食价格异常波动往往是没有办法的办法，故可以理解为行政手段参与粮食宏观调控的下策，而上策则是通过粮食市场化改革开放方案的顶层设计以及信息等支撑条件的改善，有效促进粮食市场流通的优化，并借此降低行政手段直接平抑粮食价格异常波动所带来的巨额成本。以《2010 年小麦最低收购价执行预案》及 2010 年中国人民银行公布的金融机构人民币贷款基准利率 5.31% 为例，国家在收购环节对执行最低价白小麦政策的临时收储企业给予的各种财政补贴为每年 0.054 元/千克，相当于最低收购价的 12%，如考虑后期集中竞价销售阶段发生的支出，中国最低收购价格政策强制介入的财政成本会更大。但令人遗憾的是，政府往往重视了针对粮食价格异常波动的粮食宏观调控，而忽略了比它更重要的粮食宏观调控环境治理。其主要理由为，中国粮食宏观调控的政策文件较多，内容过于粗放，且经常处于变化状态，容易产生理解与执行方面的短视性、偏差或随意性，而业内普遍看好且又非常基础的粮食法却因涉及的多方利益难以协调等而迟迟没有

---

① 黄季焜，等 . 2009. 本轮粮食价格的大起大落：主要原因及未来走势［J］. 管理世界（1）.

出台；[①] 有调控部门对各类粮食企业所收购的粮食数量、质量、品种、时间、地点、物流等信息掌握不准，对各类粮食企业是否按有关调控要求进行储运、吞吐等信息掌握不及时，从而使有关调控政策的针对性与快捷响应性显得十分缺乏。

四、基于农户结算卡系统推广视角的参与调控对策分析

从以上分析可以得出，有效解决行政手段参与粮食宏观调控的问题，需要从行政手段平抑粮食异常波动本身以及粮食宏观调控环境治理等方面进行综合考虑。对于最低价收购来讲，则主要是对其产生的条件及所处的环境进行综合治理，如通过更大力度的农民种粮直补与信息化建设等增强粮食市场机制与宏观调控能力等。而在这里，则主要从农户结算卡推广视角对学术界探讨相对较少的跨部门信息共享对策等进行分析。

农户结算卡系统，即《农户结算卡示范管理系统》，是由国家发改委批准立项的国家级重大研究课题，其基本目的是通过农户结算卡实现全社会的粮食流通信息采集，准确掌握试点区农户粮食交易数量、市场价格行情、粮食流向等信息；通过采集数据的处理及交换，为有关部门实行精确的粮食宏观调控以及农户按商品粮数据发放种粮补贴等提供准确依据等。2010 年，航天信息股份有限公司、常州市粮食局与奔牛镇人民政府等在江苏省常州市奔牛镇范围内进行了该项目的联合试点，并于夏收、夏种期间取得了初步成效。而在这里，笔者更感兴趣的是，农户结算卡系统有助于从信息化角度促进行政手段更多参与粮食宏观调控的优化，具体表现在：

1. 使行政手段参与粮食宏观调控更好地建立在发挥而非削弱市场作用的基础上

虽说现行的农户结算卡，仅包括农户耕地、播种面积、品种结构、计划交售数，以及实际交售的数量、质量、时间、地点、对象、价格、货款、财政补贴等情况，但随着人们的意识提高与有关作用的日益显现，农户结算卡所能承载的信息可以涉及农户产前、产中与产后 3 个领域。农户产前领域信息包括农业机械、化肥、水利、农药、地膜等农业生产资料需求信息；农户

---

① 郭晓慧.2010.我国粮食价格波动及调控研究［D］.成都：西南财经大学.

产中领域信息包括具体种植与相关服务等需求信息；农户产后领域信息包括农产品产后加工、储藏、运输、营销及生活消费品等需求信息。从而形成粮食宏观调控及相关服务部门充分了解并有针对性地满足农户需求的"众星拱月"效应，有助于增强农户参与粮食市场竞争的动力、能力，进而能使行政手段参与粮食宏观调控更好地建立在发挥而非削弱市场作用的基础上。

2. 有助于行政手段参与粮食宏观调控的多环节协同

由于农户结算卡能准确掌握农户交售粮食的数量、质量、价格、时间等具体数据，因此能进行一体化的粮食生产调控、流通调控与消费调控，特别是有利于做到按农户交售粮食的数量与质量进行财政直补等，并借此改变"种粮收入长期偏低严重制约着市场机制的增强"的不利格局，从有关条件的创造上促进粮食宏观调控效果的改善（表2-6）。

表2-6　农户结算卡试用后相关主体效益

行政手段参与粮食宏观调控的环境改善	种粮农户	能够根据卖粮的数量领取更多的补贴，体现更多的公平性
	行政管理部门	能获得真实全面的全社会粮食收购数据等，有助于有效规范粮食流通市场与提高为农服务的行政管理效率
	财政部门	根据农户销售粮食的品种和数量进行直补；有效监管补贴资金的到位情况，防止补贴资金的截留、克扣等现象的发生
	粮食购销企业	降低现金管理成本；减少粮食收购开票的工作量；减少人工记录造成的管理漏洞；降低企业信息化的门槛，节约农户交粮成本
	农资供应部门	可以根据播种面积等基础信息与粮食收购等动态信息有针对性地提供服务
粮食宏观调控成效改进		因农民增收、为农服务体系改善，特别是从田头到餐桌的信息共享系统的建设及作用发挥，可以更多地施用经济手段，同时使越来越少且又必要的行政手段效果进一步转好

注：①根据粮食流通信息化解决方案与有关调研整理而成。
②种粮农户的能力与相关部门服务成正比。

3. 有助于行政手段参与粮食宏观调控缺陷的矫正

防止粮食宏观调控多主体难以协调的关键是实时、准确地掌握中国粮食收购情况，包括收购主体、对象、价格、品种、数量、质量、地点、货款、补贴与进度等。由于通过农户结算卡系统能快捷有效地掌握中国粮食生产与流通的总体情况，以及国有粮食企业实际收购、储存、销售及地区分布等情况，因此它有助于行政手段参与粮食宏观调控缺陷的矫正，从而为政府统筹考虑粮食收购、价格调控与行政监督等奠定重要的数据基础。

五、结论与建议

中国行政手段参与粮食宏观调控呈现非降反增之势，相关负影响也日益明显，需要从行政手段平抑粮食市场异常波动本身以及相关综合治理等方面进行协同努力。由于农户结算卡系统可以使行政手段参与粮食宏观调控更好地建立在发挥市场作用的基础上，有助于行政手段参与粮食宏观调控的多环节协同与缺陷矫正等，为此理应得到国家有关行政部门的高度重视。为此，建议国务院把农户结算卡系统的进一步试点与推广作为改进行政手段参与粮食宏观调控的重要事情来抓，并尽快落实期间所涉及的经费拨付以及相关软科学研究、政策配套调整与建设等费用开支；由发改委牵头对既已试点的农户结算卡项目情况进行全面总结、深度挖掘与系统提升，形成中国农户结算卡项目的推广规划，并在此基础上优先考虑对分散在公安、财政等许多部门的土地面积、农户住址、身份证等农户信息进行整合式管理，以方便农户结算卡项目的实施及其对行政手段参与粮食宏观调控的促进。

第三节　粮食供应链整合研究

粮食物流中心集粮食储存、加工、配送、分销等功能于一体，具备传统的粮食加工企业、粮食储备库、粮食批发市场等无法比拟的综合优势。在主销区日益重视粮食物流中心建设并取得较大发展的大背景下，应努力谋求基于中国粮食物流中心供应链整合的粮食安全与保障优化。即积极实施以中国粮食物流中心为核心的粮食供应链整合，并借此更好地解决主销区随着粮食市场化程度越来越高而日益突出的粮食价格剧烈波动、流通成本居高不下、粮食质量难以得到保障等问题。以下关于常州粮食现代物流中心大米供应链整合对策的案例分析也说明了这点。

一、常州粮食物流中心大米供应链整合案例剖析

常州粮食现代物流中心前身为常州城北国家粮食储备库，主要承担中央

储备粮和常州市地方储备粮的收购、储存、周转、轮换及加工业务等。凭借其"诚百"牌大米，于2003年成为常州市首家获得企业食品生产许可(QS)证的大米加工企业，"诚百"牌大米于2007年获江苏省名牌产品称号。为了促进企业的进一步发展，不断提高粮食安全保障能力，常州城北国家粮食储备库在最近几年积极争取各方支持，不失时机地创建常州粮食现代物流中心，努力开展以供应链整合为重要内容的第三方大米供应链服务探索。

(一) 分析整合环境：现行大米供应链主要缺陷分析

目前，中国大米加工行业整合状况落后于面粉和食用油行业，大米行业依然存在明显的小而散布局，仅常州地区各类大米加工企业就达上百家，但年产销量超过2万吨的企业屈指可数。

按照大米加工企业的粮源状况，目前常州市大米加工企业可以分为三类(图2-10)。第一类是以本地粮源加工为主要原料的大米加工企业(A_1企业)：这类企业由于有很强的地缘优势与物流成本优势，竞争性较强，但由于本地粮源越来越少，因此这类企业因开工率不足或严重不足面临着巨大的转型或破产压力。第二类是依托国有粮食储备库的稻谷轮换而进行的有关大米加工企业(A_2企业)：这类大米加工企业并非独立的企业，而是作为储备库的加工车间，由于国有粮食储备库的经营重点不在加工，且相对于民营加工企业来说，缺乏做大做强的机制等，故目前在大米加工市场中所占份额不大。第三类是以东北、苏北、安徽等外地粮源为主要原料的大米加工企业(A_3企业)：这类企业由于是外地采购粮源，需要更多的人、财、物资源进行有关粮源的落实、收储、运输与看管等，加之采购的政策性强、市场行情变化快，因此在大米加工企业规模普遍较小、所赚利润少且不稳的情况下[①]，除非有强大的稻谷原产地的收购优势，否则一般都难以胜任。

无论是哪种类型的大米加工企业，现有作业模式(简称供应链旧模式)下单个企业都要完成原粮采购—稻谷初加工—糙米再加工—成品米销售等多达15个左右环节的业务(图2-11)。在整个经营过程中，每个大米加工企

---

① 实地调研表明，受销售市场和粮源市场的影响，常州大部分大米加工企业都面临开工率不足的状况。

A_1企业

本地粮食企
业、经纪人 ——采购→ 原粮库 ——→ 加工 ——→ 大米成品库 ——配送→ 成品米批发与零售单位

加工 ——→ 稻壳及米糠的综合利用(往往很差，甚至造成一定的环境污染)

A_2企业

本地粮库 ——调拨→ 加工 ——→ 大米成品库 ——配送→ 成品米批发与零售单位

加工 ——→ 稻壳及米糠的综合利用(往往很差，甚至造成一定的环境污染)

A_3企业

外地粮食企
业、经纪人 ——采购→ 原粮库 ——→ 加工 ——→ 大米成品库 ——配送→ 成品米批发与零售单位

加工 ——→ 稻壳及米糠的综合利用(往往很差，甚至造成一定的环境污染)

A_n企业 ·······························

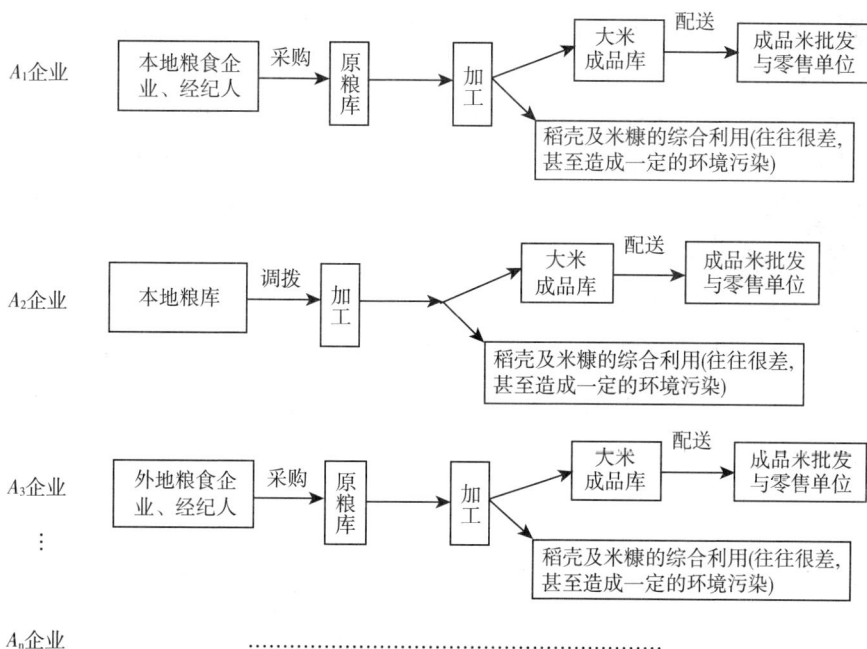

图 2-10　常州现行大米加工企业三种作业模式

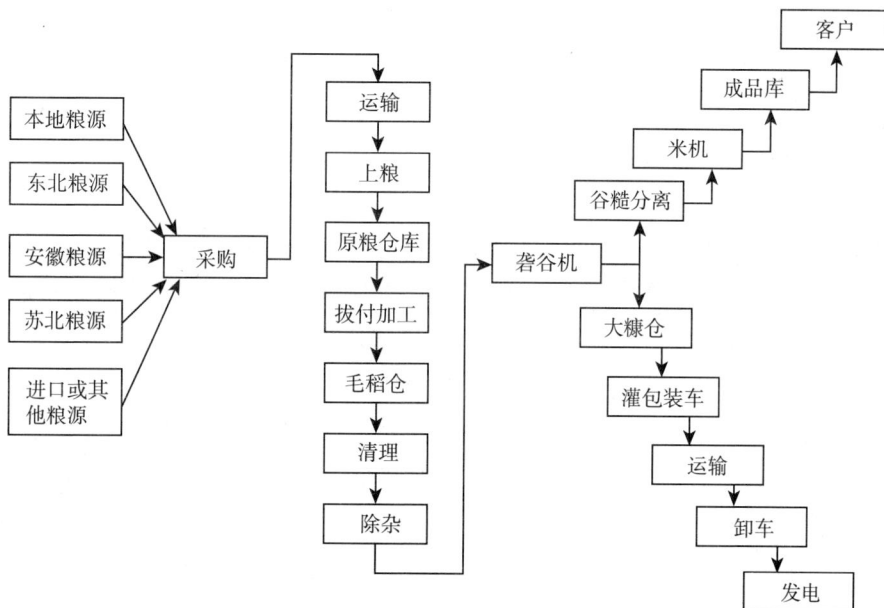

本地粮源
东北粮源
安徽粮源
苏北粮源
进口或其他粮源 ——→ 采购 ——→ 运输 → 上粮 → 原粮仓库 → 拔付加工 → 毛稻仓 → 清理 → 除杂 → 砻谷机 → 谷糙分离 → 米机 → 成品库 → 客户

谷糙分离 → 大糠仓 → 灌包装车 → 运输 → 卸车 → 发电

图 2-11　现行大米加工企业经营链

业都要联系稻谷供应商或直接到产地采购稻谷；都要投资建设或租用原粮仓，购置除杂机、砻谷机等大米加工机器设备；都要联系运输企业完成原粮和成品米的运输配送；都要开拓大米及相关副产品的销售市场。此外，现行模式下，都采用粮食包装储运与装卸作业方式，完成整个经营过程需经历多次装包和拆包，不仅耗费大量的劳动力，而且作业效率低、浪费现象严重。

（二）确定整合目标：构建糙米增值供应链

构建糙米增值供应链（简称供应链新模式）是指围绕常州粮食现代物流中心，通过对与大米加工有关的供应链各环节资源的整合，形成新的供应链网链结构，从而使链上主要成员获得比以前多得多的益处，实现供应链的整体增值。

图2-12描述了糙米增值供应链的基本结构与流程，主要内容与步骤如下：

（1）形成交易仓单。供应商的稻谷进入粮食现代物流中心的散存低温库；与此同时，通过第三方质量检验与计量机构对稻谷进行的全程品质检验和数量计量；形成交易仓单。

（2）仓单质押贷款。交易仓单形成后，仓单持有者——稻谷供应商可以以低温库中的稻谷做实物抵押，获取银行的仓单质押贷款，加快资金流转。

（3）仓单交易与加工配送。大米加工企业购买仓单后，可以以购买的仓单作担保获取银行的仓单质押贷款，加快资金流转；可以委托物流中心将稻谷集中加工成糙米，以及在此基础上通过第三方运输企业进行糙米的统一即时配送[①]；也可以从物流中心低温库直接提取稻谷，进行稻谷的原粮贸易或加工运销业务。大米加工企业面对仓单虽然有多种选择，但由于经由物流中心集中加工糙米后配送，具有环节缩短与专长程度提高等明显优势，因此，大米加工企业在仓单交易后进行糙米的委托加工与配送，会成为新模式下主要业务选择。

（4）专业化服务。粮食现代物流中心接受大米加工企业的委托，将稻谷加工成糙米；糙米、谷糠以及利用谷糠发电而产生的谷糠灰，则进行关系相对稳定的第三方专业化配送服务。

---

① 考虑到当地大米加工厂的地理分布和配送成本效率，配送半径在50千米是最适宜的。

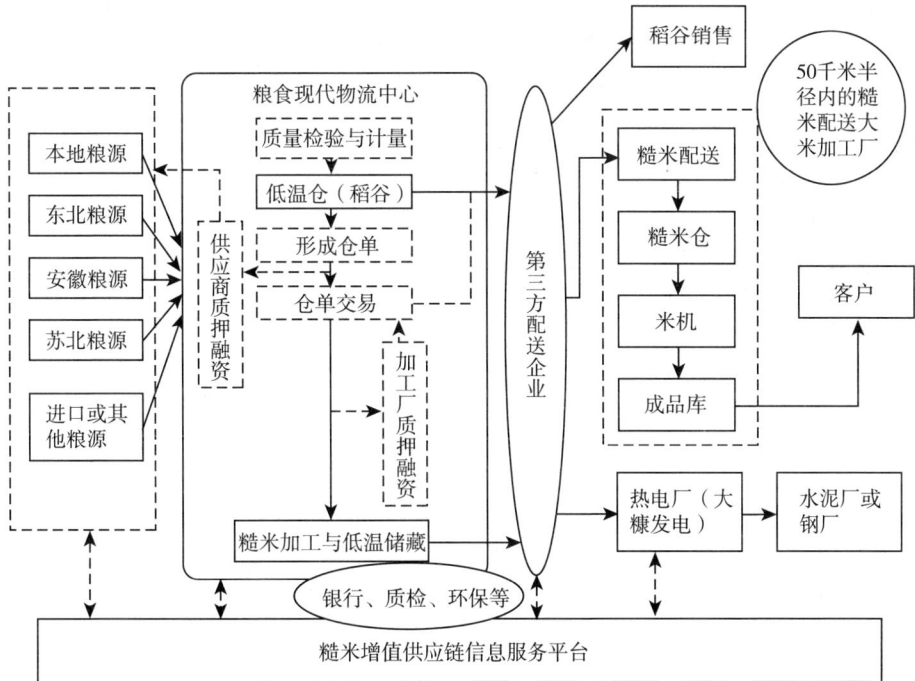

图 2-12　常州粮食现代物流中心糙米增值供应链整合

（三）创新业务模式：基于物流中心的第三方供应链服务

创新业务模式，主要是指在以往大米加工经营链中引入粮食现代物流中心这一主体，且使现代物流中心在整个链中发挥核心企业层面的供应链服务作用，即在整个糙米增值供应链中，粮食现代物流中心的核心功能是在运用信息服务平台为供应链上所有成员提供供应链的增值服务。主要包括：建设码头作业区，为到达的稻谷供应商和大米加工企业提供散装粮食或包装粮食的装卸服务；建设多种类型的粮食仓储区，为稻谷供应商和大米加工企业提供稻谷和糙米的低温散粮仓储服务；建设现代化程度高的粮食规模加工区，为大米加工企业提供糙米加工服务；引入第三方质量检验与计量机构，为相关成员提供全过程的品质检验和计量服务，以保证仓单形成与交易的客观公正性；整合金融机构为仓单持有者（稻谷供应商或大米加工企业）提供仓单质押融资服务，金融机构通过第三方监管人——粮食现代物流中心对质押物进行监管，粮食现代物流中心通过与金融机构的合作扩大物流业务，稻谷供应商和大米加工企业获得物流服务的同时又获得了融资服务。

　　除此之外，还包括整合第三方配送企业，为相关成员提供稻谷、糙米、谷糠的集装箱配送服务；通过信息技术的应用，整合供应链所有成员的相关信息，为合作伙伴提供物流供应链信息体系对接服务、为入驻物流中心的企业提供门户导航服务、商务服务与衍生开发服务；经由供应链合作进行以谷糠为原料的生物质能源发电等。

　　（四）实施共赢机制：互利共赢的供应链增值及返利机制

　　图2-13揭示了糙米增值供应链的增值环节及各环节之间的再分配关系。主要内容包括：

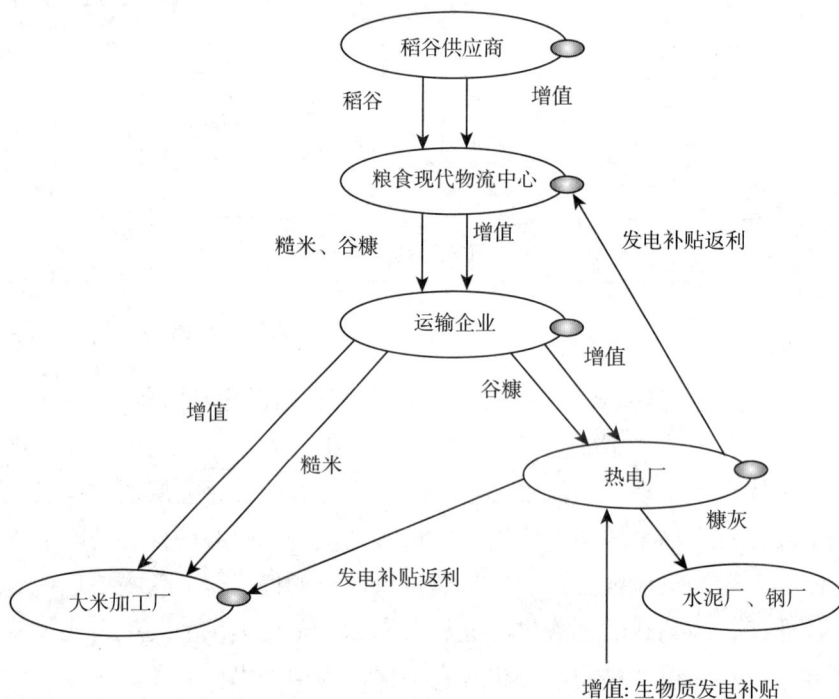

图2-13　糙米增值供应链物流、增值流

　　1. 确保供应链各主要环节的系统增值

　　首先，稻谷供应商根据粮食现代物流中心不同仓单规模要求进行批量采购，相对于大米加工企业小批量、多批次的采购来讲，能有效降低稻谷的单位采购与储运成本。

其次，粮食现代物流中心依靠运河水源，采用浅层地能冷藏保鲜系统提供稻谷和糙米的低温仓储服务，可减少虫害和储藏期间药物杀虫药剂的用量和污染，减少储藏期间的水分损耗，能大大提高稻谷和糙米的品质，从而有效地实现销售环节的增值。

第三，粮食现代物流中心根据客户要求集中加工糙米，并在此基础上通过供应链重要成员——第三方运输企业对糙米与谷糠进行集中配送，能够带来运输效率的提高等。

第四，热电厂得到稳定的规模谷糠来源，不仅可以获得政府有关生物质发电项目的电价补贴[①]，而且还可以降低规模生产成本等。

2. 确保供应链整体运作的客观、公正与透明

这包括引入相对客观公正而更具权威性的第三方粮食品质检验和数量计量机构；把仓单形成过程、仓单交易过程及结果及时上网；实行供应链成员理事会制度，聘请第三方学术机构进行供应链各环节成员的成本费用测算，以及供应链各成员都必须遵照执行的行事规则与利益分享制度等的设计。

3. 返利制度

供应链各成员的整体合作可以保证热电厂谷糠来源的规模化和稳定化；且只有实现谷糠供应的规模化与稳定化，热电厂才可以申请到国家有关部门关于生物质发电项目的电价补贴等。而这增值的公共部分会在发电环节得到集中体现，但必须在热电厂、大米加工企业、粮食现代物流中心等相关机构间进行重新分配。鉴此，供应链各相关成员共同酝酿了有关公共增值部分的测算与返利制度，受到了合作伙伴的一致赞同。

二、案例评价：大米供应链整合的增值性分析

（一）新建糙米增值供应链的主要环节分析

1. 稻谷供应商

在糙米增值供应链模式下，稻谷供应商可以将稻谷存放在粮食现代物流中心低温库并形成交易仓单。其增值主要表现在：物流中心所具有的专业化程度很高的规模型散粮装卸设施及散存仓库，有助于减少粮食物流损耗，提

---

① 　具体参见国家发改委《可再生能源发电价格和费用分摊管理试行办法》。

高装卸效率等；低温仓储可以提高稻谷品质，实现所储稻谷的质量增值；仓单在交易之前可以用来质押贷款，提高资金周转率、扩大销售规模；简化稻谷贸易与物流的环节，降低交易成本。

2. 物流中心

在糙米增值供应链模式下，物流中心处于核心主体的位置，它连接上游和下游，通过自有的优势资源以及可能整合的外部资源，为供应链上下游成员提供集中配套服务，其增值空间表现在：加快仓储周转，提高仓库利用率，增加装卸收入和仓储收入；实现糙米加工规模化，取得规模加工服务收入；增加企业信息服务收入；因有利于区域粮食安全保障与产业化经营开展，而比较容易获得政府及有关部门的财力支持与优惠政策；有助于建立食品安全可追溯体系等。

3. 大米加工企业

在糙米增值供应链模式下，大米加工企业增值的空间是明显的。主要体现在：经营链的缩短可以使其集中资金和人力做大做强优势业务环节，降低原粮采购的交易成本等；购买仓单后可以用来质押贷款，提高资金周转率；低温仓储可以提高稻谷和糙米品质，实现质量增值；散粮装卸设施、散存仓库、散粮集装箱配送可减少粮食物流损耗；采用第三方运输企业集约化配送，且变稻谷运输为糙米运输[①]，可降低运输成本；采用第三方运输企业即时配送，不仅消除了对原粮仓、除杂机、砻谷机等设施、设备的需求，降低了土地、厂房、设备等基础设施投入，而且增强了生产计划性，降低缺货成本；降低劳动力成本[②]；获得谷糠综合规模利用后电价补贴的返利等。

4. 热电厂

在糙米增值供应链模式下，稻谷在物流中心集中加工成糙米，谷糠不再分散在各个大米加工企业，而是集中在物流中心，对热电厂而言，不仅保证了稳定的规模的谷糠来源，而且可以降低成本费用。具体表现在：获取稳定的规模的谷糠原料，在此基础上才可以申报生物质发电项目得到生物质发电

---

① 按照 1 吨稻谷产出 0.8 吨糙米计算，现行模式下运送 0.8 吨糙米（1 吨稻谷）的运力在糙米供应链模式下可运送 1 吨糙米。

② 消除了现行模式下的稻谷人工卸粮、人工拆包及稻谷清理除杂、谷糙分离加工流程对人工的需求。

电价补贴；降低谷糠采购的交易成本；第三方运输企业集装箱集约化配送谷糠，不仅运输成本降低而且配送效率提高（日配送率可以由 1 次提高为 4 次）；降低劳动力成本①；减少采购资金成本②；降低发电生产成本。

5. 运输企业

在糙米增值供应链模式下，第三方运输企业的加入使得整条链的物流得到优化，同时其自身实现了增值，主要表现在：降低业务联系费用；提高货物配载效率；提高运输设施设备的利用率；实现运输业务规模化，取得规模效益。

（二）新建糙米增值供应链的总体性评价

糙米增值供应链构建后可以实现 36 项增值项目，其中稻谷供应商为 6 项、物流中心为 5 项、大米加工企业为 12 项、热电厂为 8 项、运输企业为 5 项（表 2-7）。

表 2-7　糙米增值供应链增值项目

供应链主体	降低交易成本	降低运输成本	减少损耗	质量增值	加快资金周转	降低缺货成本	提高设施设备利用率	降低用工成本	降低缺货成本	减少固定资产投入	减少采购资金成本	提高配载效率	获取规模效益	获取信息服务收入	获得电价补贴	获得电价补贴返利	保障食品安全	增值项目数
稻谷供应商	★		★	★	★								★				★	6
物流中心							★	★					★	★		★		5
大米加工企业	★	★	★	★	★	★		★	★	★			★			★	★	12
热电厂	★	★				★	★	★			★		★		★			8
运输企业	★							★	★			★	★					5
合计	4	2	2	2	2	2	2	4	2	1	1	1	5	1	1	2	2	36

注：★表示增值项目。

此外，新模式下还会产生其他增值，如物流中心低温仓保管可以使质量增值 20 元/吨糙米；热电厂生物质发电，国家电价补贴 0.2 元/千瓦时，按照 1.5 千克谷糠可发 1 千瓦时电测算，补贴约 33 元/吨糙米，此外生物质能

---

① 消除了现行模式下的谷糠人工灌包、装车、卸车、拆包对人工的需求。

② 现行模式下，热电厂收购谷糠需向每个大米加工企业支付 20 万元人民币的押金。

源发电产生的糠灰售予水泥厂和钢厂可以获得利润。

（三）新旧模式下供应链物流成本的对比分析

旧模式下，大米加工企业自行到产地或其他粮食市场采购稻谷，然后加工成大米出售；新型模式下，大米加工企业在粮食现代物流中心购买仓单，并委托粮食现代物流中心加工成糙米后配送至自己的企业进行由糙米到成品米的加工。同样，旧模式下谷糠分散在各个大米加工企业，由热电厂自行联系运输企业运送谷糠至热电厂；新型模式下，谷糠集中在物流中心，通过第三方运输企业集约化配送至热电厂。因此，两种模式下糙米物流成本的对比分析及谷糠物流成本的对比结果，也就成了大米加工企业和热电厂是否愿意加入糙米增值供应链的关键，同时也是评价糙米增值供应链的重要依据。

本书通过对新旧模式下糙米和谷糠物流成本对比测算后发现：在糙米增值供应链模式下，由于规模化、集约化效应，谷糠物流和糙米物流共计节约成本 30.5 元/吨糙米。也较好地证明了通过供应链整合，发挥物流中心的供应链服务作用，将会为整条供应链产生增值利润，而这些利润是单个实体运作无法实现的。其主要的糙米物流成本、谷糠物流成本及其计算时都用到的配送成本测算如下（表2-8）：

表2-8　新旧模式下糙米物流成本和谷糠物流成本汇总对比

单位：元/吨

	糙米物流成本	谷糠物流成本	合计
传统模式下	56.25	23.00	79.25
新型模式下	38.00	10.75	48.75
节约成本	18.25	12.25	30.50

注：谷糠物流成本是指加工成1吨糙米所产生谷糠的物流成本。

1. 第三方运输企业配送成本

假设1：采用20英尺[①]标准集装箱运输，日配送1 000吨糙米，配送半径为50千米。

假设2：日运送率为4次。

---

① 英尺为非法定计量单位，1英尺＝0.304 8米。下同。——编者注

参数：20 英尺标准集装箱单箱装糙米 25 吨；20 英尺标准集装箱单箱装谷糠 9 吨。

表 2-9　新旧模式下第三方运输企业配送成本对比

单位：%，元/（吨·趟）

	比例	糙米配送	谷糠配送	旧模式
运费*	100	28～30	39	70
燃料费	30	8.40～9.00	11.70	—
工资成本（管理人员、维修人员、驾驶员等）	40	11.20～12.00	15.60	—
运具修理成本（易耗品价值、车辆保养维修等）	5	1.40～1.50	1.95	—
税率（营业税及附加）	4	1.12～1.20	1.56	—
其他（运具折旧、保险、利润加成等）	21	5.88～6.20	8.19	—
卸货费	—	0	3～5	10
包装材料费	—	0	0	8
总计		28～30	42～44	88

注：＊旧模式下，运费包含灌包装车费。

数据来源：根据实地调研相关数据及资料测算。

2. 糙米物流成本对比分析

假设 1：1 吨稻谷可加工成 0.8 吨糙米，即糙米的得率是 0.8。

假设 2：以大米加工企业获得 1 吨的糙米为计算点。

假设 3：旧模式下，稻谷采用包粮运输；新模式下，糙米通过第三方运输企业集约化配送至大米加工企业，采用集装箱汽车散运，日配送率为 4 次。

表 2-10 显示，传统模式下大米加工企业加工 1 吨稻谷（得 0.8 吨糙米）的物流成本是 45 元，折算成糙米单位，则糙米物流成本是 56.25 元/吨。在新型模式下，稻谷加工成糙米的过程发生在物流中心，大米加工企业购买仓单后，根据市场需求下达集装箱配送指令将糙米散运至大米加工企业糙米箱，减少了大米加工企业的用工费和仓储费，测得物流成本是 38 元/吨糙米。因此，两种模式下大米加工企业糙米物流成本减少了 18.25 元/吨。

表 2-10　新旧模式下大米加工企业糙米物流成本对比

单位：元/吨

名　称	运　费		用工费	加工费	仓储费	稻谷物流成本合计	折算成糙米的物流成本合计
	稻谷（船）	糙米（车）					
传统模式下	20	—	8	15	2	45	56.25
新型模式下	—	28	0	10	0		38.00
节约成本	20	−28	8	5	2	—	18.25

注：传统模式下成本单位为元/吨稻谷，新型模式下成本单位为元/吨糙米；大米加工企业用工费主要指旧模式下因拆包、装包等环节而必须支出的人工费用；新型模式下的运费详见表 2-9。

资料来源：根据常州实地调研所获数据处理计算所得。

3. 谷糠物流成本对比分析

假设 1：新型模式下谷糠通过第三方运输企业集约化配送至热电厂，日配送率为 4 次。

假设 2：1 吨稻谷可加工成 0.8 吨糙米，产生 0.2 吨谷糠，即谷糠与糙米的换率为 0.25。

表 2-11 显示，在传统模式下热电厂需要到分散的大米加工企业购买谷糠，主要采用包装运输：其中灌包装车费为 30 元/吨，短途运输费为 40 元/吨，卸车费为 10 元/吨，包装袋费为 8 元/吨，加之 4 元/吨的资金利息，合计谷糠物流成本 92 元/吨，折成糙米单位后为 23.00 元/吨；新型模式下，由于采用集约化集装箱散运，自动化装卸减少了相关费用，稳定的来源减少了资金利息，合计谷糠物流成本 43 元/吨，折成单位糙米后为 10.75 元/吨。因此，较传统模式，新型模式下的热电厂谷糠物流成本减少了 49 元/吨，折成单位糙米后为 12.25 元/吨。

表 2-11　新旧模式下热电厂谷糠物流成本对比

单位：元/吨

名　称	灌包装车费	运输费	卸车费	包装袋费	资金利息	谷糠物流成本合计	折算成糙米单位的谷糠物流成本合计
传统模式下	30	40	10	8	4	92	23.00
新型模式下	0	43	0	0	0	43	10.75
节约成本	30	−3	10	8	4	49	12.25

注：新型模式下的运输费包含了卸车费，详见表 2-9；包装袋费：1 吨谷糠需 100 个包装袋（0.4 元/只），包装袋可用 5 次，得包装袋成本为 8 元/吨谷糠；折算成单位糙米是指加工成 1 吨糙米所产生谷糠的物流费用。

资料来源：根据常州华伦热电厂实地调研所获数据处理计算所得。

三、理论创新：基于物流中心的粮食供应链整合

在小农户、弱企业难以适应全球粮食供应链竞争的今天，最重要的是找到一种互利共赢的供应链整合方式。常州糙米增值供应链的商业模式，在国内没有先例，在国际上亦难找到相同的样板，它来自于大米加工企业①等客户需求的推动和供应链整合的自我创新，两者互相影响，缺一不可；常州粮食现代物流中心借助于粮食供应链集成服务，构建糙米增值供应链，实现了降低成本费用与快速满足顾客需求的双目标，为粮食供应链整合提供了可供学习参考的范例。以下则是相关企业，尤其是许多正在规划粮食物流中心的粮食大企业可以考虑的一般范式，即抢抓转型机遇、搭建整合平台、实施共享机制。

（一）抢抓筹建粮食现代物流中心的转型机遇

由于粮食供应链整合涉及从田头到餐桌多环节的重组，因此它是一种革命性的变革。而能够得到政府大力支持的粮食现代物流中心规划与建设，就能为这种革命性变化奠定从先进理念、配套设施到政策制度的重要基础。关键是要根据企业内外情况进行以供应链整合为核心要求的战略转型，有效确定物流中心的类型、业务模式以及相应的软硬件设施、政策制度等，尤其要重点关注现代信息技术基础设施的超前预埋与系统建设等问题。因为先进技术越来越成为现代社会经济条件下供应链整合的关键要素，尤其是 RFID、互联网技术为供应链所有环节即时了解市场需要与供应链动态等提供了强大的信息支持。且从某种意义上说，供应链整合就是借用现代技术手段对从源头到消费者最终消费的全过程业务进行标准化、网络化与智能化的处理。为此，要注重发挥供应链各环节、尤其是核心企业的技术优势，且只有让技术优势在供应链整合中得到发挥与延伸，才能把既已形成的供应链整合共识转化为供应链竞争取胜的美好现实。常州粮食物流中心的创新实践也充分说明了这一点。

（二）实行由一般企业向专长优势服务的核心企业转变

现行企业与企业之间的竞争，已经转化成供应链与供应链之间的竞争，

---

① 众多大米加工企业面临着当地粮源不足的困境，而要到外地采购粮食，则面临着企业自身难以解决的人财物信息等问题。

供应链上所有企业整合能力的竞争，某种程度上，又表现为供应链核心企业自身核心竞争力的强弱及其对整条供应链的影响。习惯上，本书将粮食加工商与品牌零售商看做粮食供应链的核心企业，而把粮食物流中心看做在其导引下进行综合性服务的场所或平台。在这方面，常州粮食物流中心为广大企业提供了非常宝贵的经验——以服务而非挤占上下游的战略定位使供应链各成员企业（不管是政策性强的国有粮库还是市场参与欲强的民营粮食企业）取得了拓展业务和改善上下游关系的协同效果，是一种既利于拓展业务，又不与上下游主要客户发生冲突的两全之策，同时经由服务也取得了企业与外包两种形式的综合优势，以第三方供应链集成服务实行由一般企业向核心企业转变。

（三）不失时机地打造合作共赢的糙米供应链整合平台

张五常等经济学家认为，企业的诞生源于组织内部的交易效率高于中间产品的市场交易效率，而外包则源于中间产品的市场交易效率高于内部分工的交易效率。在以信息、通信与交通为代表的新技术发展，以及企业的竞争转变为供应链竞争的情况下，企业必须努力经由合作取得以上所说的企业与外包两种形式的综合优势——基于供应链合作的企业内外部优势，即通过以服务而非挤占上下游的战略定位，实行企业与外包形式的优势嫁接或集成①。也许是受根深蒂固的中国传统文化的影响，中国企业普遍表现出合作意识不强、各自为政的行事作风，人为地割裂了供应链各环节的衔接，相应地带来了诸如响应滞后、信息沟通不畅、成本居高不下等问题。常州粮食现代物流中心奇迹般地整合了大米供应链各环节，将许多原本属于外部市场交易"虚拟"转移到了企业内部。与此同时，实行了粮食供应链商流的整合——仓单交易、第三方质量化验与计量；实行了粮食供应链物流的整合——低温保管、糙米加工服务、第三方糙米与谷糠配送；实行了粮食供应链资金流的整合——仓单融资等；实行了粮食供应链信息流的整合——建立并分享基于 RFID 的区域粮食供应链信息服务平台，解决了当前单位职能体系不能与社会共享资源的问题，同时使得供应链成员及时了解市场交易信息，做到公平、公开、透明，享受信息化服务带来的益处，从而又从手段上

①　吴志华. 2008. 基于 OEM 的精敏供应链创新［J］. 经济管理（17）.

保障了糙米增值供应链价值的顺利实现。而这种在价值观上认同、经济上共赢的合作状态，又促使着整条供应链上的主要企业进行更深层次的合作。

(四) 实施多主体协同新产品开发的粮食供应链共赢机制

黄俊等指出供应商早期参与产品开发能够增强制造商的自主创新能力[①]，O'Grady 和 Chuang 将这种协同的关系扩展至所有产品开发相关的协同活动，如协同设计、协同雏形开发以及协同测试等，并称之为产品开发链[②]。但就总体而言，目前对于新产品开发过程的研究，大多是以大型企业内部的新产品开发活动为研究基础的 (Cooper，1979；Cooper，Kleischmidt，1993，1995；Huang 等，2002)，并没有特别注意到最终产品是由众多产品零件 (Components) 组合而成的情形，从而也忽略了新产品开发整合中的外部衍生与合作问题。而常州粮食现代物流中心通过供应链服务的有效提供，尤其是合作共赢机制的设计、完善，以及供应链成员的多方参与、协同商量，使粮食系统较为新颖的仓单交易、质押融资与第三方共同配送糙米等服务形式得到了较好的实现。另外，是选择短期暴利、依靠价格和速度打败竞争对手，还是选择长久互利、用系统网络构建竞争门槛，是开放你的商业平台还是反其道行之，以及是推崇合作文化还是奉行狼性精神，是核心企业在设计并完善供应链合作机制时必须做出明确选择的商业哲学。从案例也可以清楚看出，常州市粮食现代物流中心很明确地选择了前者，进而收到了多主体协同供应链合作方案的设计、实施与反馈的良好效果。

四、案例分析的基本结论及有关说明

综上可以看出，常州粮食现代物流中心立足当前搞建设，着眼长远谋发展，以供应链思想为基础，积极实行以构建糙米增值供应链为基本内容的粮食供应链整合，解决了目前大米加工企业普遍遭遇到的本地粮源少、外购粮源成本高、经济效益差等问题，收到了良好的合作共赢效果。它在理论上新颖——顺应了当今供应链发展的最新要求，在实践上可行——合作各方充分认识并真切地感觉到创新的价值，在技术上可行——3 个国家级课题在此扎

---

①　黄俊，等 . 2007. 供应商早期参与新产品开发的实证研究 [J] . 科研管理 (1)：167 - 172.

②　Peter O'Grady，Wen-Chieh Chuang. 2001. Research issues in e-commerce and product development [J] . International Journal Cybernetics and Systems，32 (8)：775 - 796.

堆以及相关软硬件条件的具备，在措施上得力——以调研为中介对先期合作各方进行了全方位的摸底与动员，并就运行过程中怎样保证客观公理等进行了不凡的探讨，理应得到各方的大力支持与顺利的推进。

需要说明的是，常州粮食现代物流中心作为粮食供应链整合的优秀代表，有着一般企业难以比拟的卓越条件，如国际化观念成熟、经济实力雄厚、企业制度健全、人员素质很高。也正因如此，常州粮食现代物流中心在机会出现时抓住了它们。另外，常州粮食现代物流中心具有有效承担中国北粮南运重任的许多有利基础，原因在于：一是本地偏爱质量比较好的东北米，需求量大；二是常州粮食现代物流中心规模大、层次高，可以解决北粮供应商分销成本高、资金周转慢等难题；三是常州粮食现代物流中心利用水运可以解决单个实体采购成本、运费高等问题；四是常州作为产销过渡带，加工后的大米能快速流向浙江和上海。因此，各企业面临着不同的内外部条件，在学习时切忌简单模仿。但由此体现出来的充分认识全球粮食竞争一体化以及粮食物流中心建设等所带来的机遇与威胁，不失时机地进行战略业务转型，尤其是如何经由专长优势发挥、集成服务服务谋求企业与供应链协同发展的思路与做法，值得借鉴。

第三章　主销区粮食安全的突出问题

粮食主销区没必要追求自给自足的绝对粮食安全，但必须考虑一般人所认为的相对粮食安全。相对粮食安全是指本地的粮食生产必须起到保障主要口粮与种子粮的需要，其他用粮则可以通过贸易来解决。这也是在目前社会信用条件不佳情况下，保障各种情况下粮食安全的基本举措。从供应链角度来讲，它要求主销区进一步稳定并增强粮食生产能力，要求不断增强以"广开粮源、快速响应"为重要内容的粮食流通能力，要求与时俱进地提高粮食消费质量，要求充分发挥粮食大企业对粮食供应链的核心组织作用。否则，就很难以合理成本可持续地保障粮食主销区的粮食安全，为此必须充分重视以下突出问题。

第一节　中国粮食价格剧烈波动问题

2004—2013 年中国粮食生产实现了连续 10 年增产。按理说粮食安全问题应该得到缓解，但事实恰好相反，人们对中长期粮食安全的担心并没有因此减少，反而有愈演愈烈之势。本书将从中国粮食价格长期、短期和特定期三个维度分析中国粮食价格波动情况，以便较好地概括出中国粮食价格波动的特点及其对粮食安全的影响。其中，长期波动是指 2001—2010 年价格总体波动趋势，短期波动是指 2001—2010 年相邻年份之间的价格变动，特定期是指由于各种原因，粮食价格在特定年份中的短期剧烈波动。

一、中国粮食价格长期波动分析

本书重点研究粮食主销区地区粮食价格剧烈波动，长三角地区主要包括上海、苏州、无锡、杭州、南京、宁波、绍兴、常州、嘉兴、台州、镇江、湖州、舟山、南通、扬州、泰州、温州、盐城、连云港、芜湖、马鞍山、合肥、铜陵等城市，核心区域主要是江苏省、浙江省和上海市，本书选取江苏省、浙江省和上海市为长三角代表区域，从 2001—2005 年和 2006—2010 年的纵向对比，长三角和国家以及国外的横向对比，不同品种的分类对比三个角度分析中国粮食主销区粮食价格长期波动情况。

（一）中国粮食价格长期波动纵向对比

本书选取 2001—2005 年中国粮食购销市场化改革的初期阶段和 2006—2010 年中国粮食购销市场化改革的成熟阶段两个时期作为对比期，对两个时期长三角地区粮食零售定基价格指数进行对比。

表 3-1　2001—2010 年长三角粮食零售定基价格指数对比

年份	2001	2002	2003	2004	2005	2006	2007	2008	2009	2010
定基价格指数	96.93	97.73	97.74	111.70	131.47	133.22	137.40	142.83	151.05	164.86
同比增长（%）	—	0.82	0.01	14.28	17.70	1.33	3.14	3.96	5.75	9.15

注：定基价格指数基年为 2000 年。

资料来源：根据国家统计局统计数据整理计算。

由表 3-1 可看出，长三角地区粮食零售价格在长期价格趋势上呈现在波动中增长的态势：2001—2003 年价格基本平稳，2004 年和 2005 年价格有大幅度增长；2006—2010 年的 5 年里，2006 年价格上升缓慢，2007—2009 年价格上升速度有所加快，2010 年价格增长幅度突然加大。中国粮食价格总体呈上升趋势，前 5 年和后 5 年价格增长基本相等，这基本符合中国国民经济发展情况，粮食价格与国民经济发展呈正相关关系。

近几年比较突出的一个现象是，2008 年以来，针对粮食生产成本上升较快的情况，国家连续 6 年提高粮食最低收购价格。2013 年稻谷、小麦最低收购价分别提高到每千克 2.78 元、2.24 元，6 年累计分别提高了 1.34 元、0.82 元，提高幅度分别为 92%、57%。2005—2006 年、2009 年和 2012 年，国家启动了籼稻最低收购价执行预案，2007 年、2012 年启动了粳稻预案，2006—2009 年、2012 年、2013 年启动了小麦预案。但与此同时，国外粮食价格却处于相对稳定的状态（图 3-1）。从而产生了因国内粮食价格高于国外粮食价格而导致的近年来粮食进口大幅上涨的情况。近年来，中国粮食进口量的快速增长一直深受各方担忧，2012 年中国粮食进口总量超过

7 000万吨，成为历史上粮食进口量最多的一年。而从 2013 年上半年数据来看，中国粮食进口增长趋势仍在持续。商务部最新数据显示，2013 年 1—4月稻谷和大米进口 100 万吨，同比增长 83.6%。进口粮食增加在保证国内供应的同时，确实也对中国部分农产品产业链带来明显影响。以大米为例，中国自然年度进口量达到 400 万～500 万吨，湖南、江西的大米企业遭受冲击。一位湖南米厂老板透露，来自越南、巴基斯坦、缅甸的进口米价格是3.44 元/千克，而当地的米价是 3.60～3.80 元/千克。国内的粮农和粮食企业在这样的价格面前没有竞争力。不仅如此，据江西省粮食局相关负责人表示，从广西、宁波、广东进口的越南大米，通过公路、铁路运输返销到南昌的价格为 2.90 元/千克，而本地大米为 3.56 元/千克，为此造成了不少农民将手中粮食以托市价卖掉，然后自己买米吃的不正常现象。

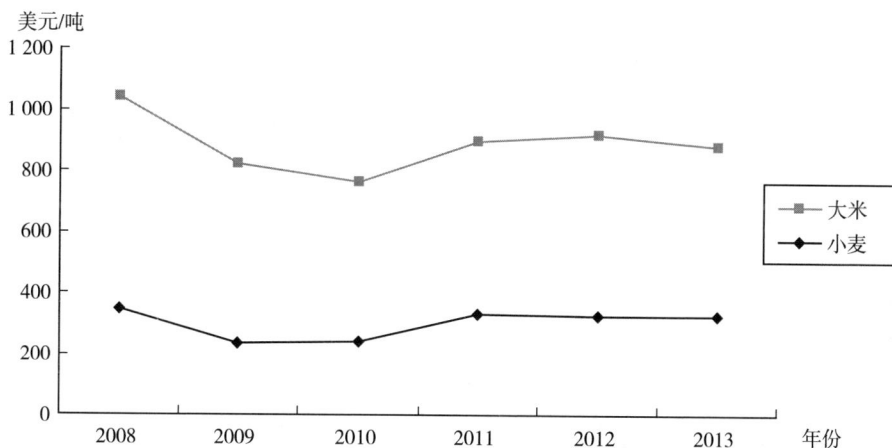

图 3-1 2008—2013 年国际大米与小麦年度平均价格

注：①小麦，指 US, No. 2 Hard Red Winter (Ordinary Protein)，US Gulf, f. o. b.，(Tuesday)；Source：International Grains Council.

②大米，指 Thailand, 100% B, 2nd grade, White rice broken, Bangkok, f. o. b.，(Wednesday)；Source：Jackson Son & Co. (London) Ltd.

（二）中国粮食价格长期波动横向对比

中国粮食自给率低，一旦出现粮食安全问题，首当其冲的就是中国粮食主销区。也就是说，主销区会对引发粮食安全的价格波动格外敏感。所以，中国粮食价格长期波动横向对比也能很好地反映主销区长期波动特点。

本书根据国家统计局发布的年度数据，测算出长三角地区 2001—2010 年粮食零售价格定基指数，并和中国粮食零售价格定基指数以及国际粮食零售价格定基指数进行对比。由图 3-2 可知，长三角地区粮食零售价格长期波动趋势和全国粮食零售价格波动趋势一致，比国际粮食零售价格波动平缓：国际粮食零售价格波动在 2007—2009 年经历了剧烈上涨和剧烈下降，这是由于 2007—2009 年金融危机的影响，加之国际粮食市场垄断现象比较严重、粮食巨头在金融危机关头进行投机等加剧了粮食价格的大起大落；中国粮食零售价格长期趋于平稳上升，这主要得益于中国粮食自给能力较强，在金融危机时期也能较好地满足国内消费需求；中国粮食零售价格波动长期发展趋势和全国粮食零售价格波动保持一致。

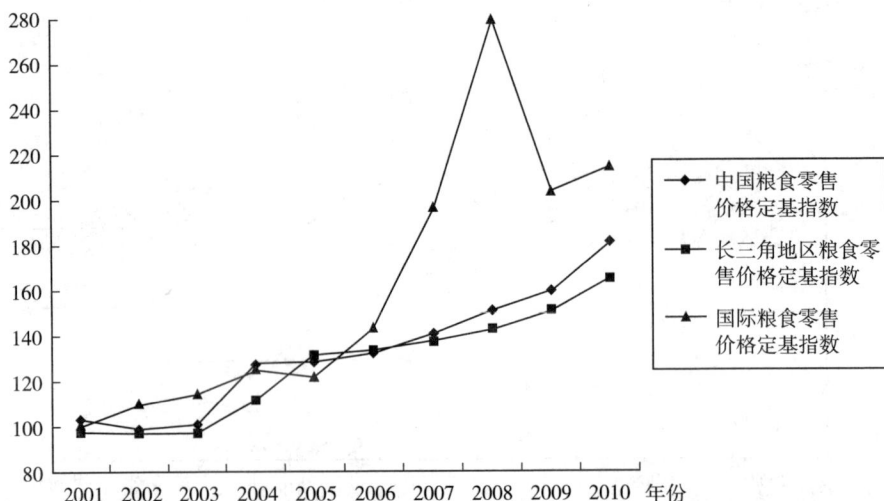

图 3-2　长三角地区、中国和国际粮食零售价格定基指数对比
资料来源：根据国家统计局和联合国粮农组织数据整理。

（三）中国粮食价格长期波动分品种分析

中国粮食消费从品种上看主要包括小麦和大米口粮消费，以及非口粮消费的玉米和大豆，这也是中国粮食的 4 种主要品种。由于主销区主要分布在粮食主销区地区、珠江三角洲地区等沿海大中城市，为了更好地反映主销区主要粮食价格分品种的价格波动，本书选取全国 36 个大中型城市的集市平均零售价格来分析中国粮食价格水平（图 3-3）。

元/500克

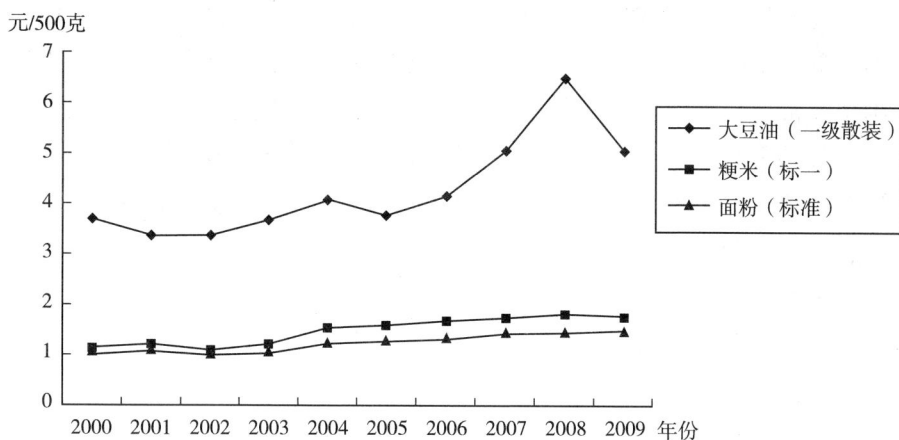

图 3-3 全国 36 个大中型城市 2000—2009 年粮食平均零售价格
资料来源：《中国物价年鉴》。

通过对几种主要粮食品种进行数据对比发现，以稻谷、小麦为原料的粳米和面粉价格变动相对平稳，而以大豆作为原料的大豆油价格波动幅度相对较大。这是因为中国稻谷和小麦自给率较高，主产区供给量基本满足主销区的需求，因此价格相对稳定；而中国大豆的对外依存度较高，近 10 年外国大豆的价格波动较为剧烈，中国 36 个城市的大豆价格波动和外国大豆价格波动趋向一致，而玉米进口率也较高。所以，主销区小麦和稻谷长期价格保持平稳，而大豆和玉米价格波动幅度较大。

通过对中国粮食价格的纵向、横向对比分析以及各主要品种的分析可知，中国粮食价格长期波动平稳，价格一直处于平稳增长中，粮食长期价格剧烈波动不明显。

二、中国粮食价格短期波动分析

中国粮食价格长期剧烈波动趋势虽然不明显，但短期内价格波动幅度是否比较大呢？它对主销区粮食安全产生怎样的影响呢？从中国实行粮食购销市场化以来，为了保障粮食生产和保护种粮农民的利益，对粮食主产区采取高度行政干预，致使中国粮食主产区表现出较多的政治特点、较少的市场特点。这就使得主产区偏行政化和主销区偏市场化之间会产生利益摩擦，例如国家实施的最低价收购政策会使得短时期内价格持续上涨。2001—2010 年，中国粮食主销区中国粮食价格短期波动幅度较为明显，为了体现粮食主销区中国粮食价格短期波动特征，本书以长三角地区为例，从 2001—2005 年和 2006—2010 年的纵向对比，长三角地区和中国以及国外的横向对比，不同品种的分类对比三个角度分析中国粮食主销区中国粮食价格短期波动情况。

（一）中国粮食价格短期波动纵向对比

本书选取 2001—2005 年和 2006—2010 年两个时期作为主销区实行粮食购销市场化改革（即新形势）的初期阶段和成熟阶段，由于环比指数能够很好地反映价格的短期波动幅度，因此，本书对两个时期的长三角地区粮食零售价格环比指数进行对比（表 3-2）。

表 3-2 2001—2010 年长三角地区粮食零售价格环比指数

年份	2001	2002	2003	2004	2005	2006	2007	2008	2009	2010
价格环比指数	96.93	100.97	99.97	113.33	120.83	101.2	103.13	103.83	105.8	108.6

注：长三角地区粮食零售价格环比指数基年为上一年。

数据来源：根据国家统计局统计数据整理。

由表 3-2 可以看出，粮食购销市场化改革的初期阶段，长三角地区粮食零售价格在 2001—2003 年出现的波动幅度很微弱，可以看做正常价格波动，2004 年价格相较于 2003 年出现大幅度上升，这种上升持续到 2005 年；在 2006—2009 年粮食购销市场化改革区域成熟阶段，长三角地区粮食零售价格短期波动情况不明显，处于平缓上升阶段。因此，中国粮食价格短期波动平稳，但由于各种外界因素，个别年份里江苏粮食价格出现了较大的波动。

（二）中国粮食价格短期波动横向对比

粮食主销区中国粮食价格在个别年份短期波动幅度剧烈，但与国内平均水平以及国外比较，又会呈现怎样的关系呢？通过上文分析可知，主销区由于粮食自给能力较弱，对粮食市场依赖性较大，从长期价格波动看，其波动幅度稍大于国内平均水平，从短期价格波动的横向对比看，本书搜索国家统计局网站和联合国粮农组织数据库，整理出长三角地区、中国和国际粮食零售价格环比指数对比图（图 3-4）。

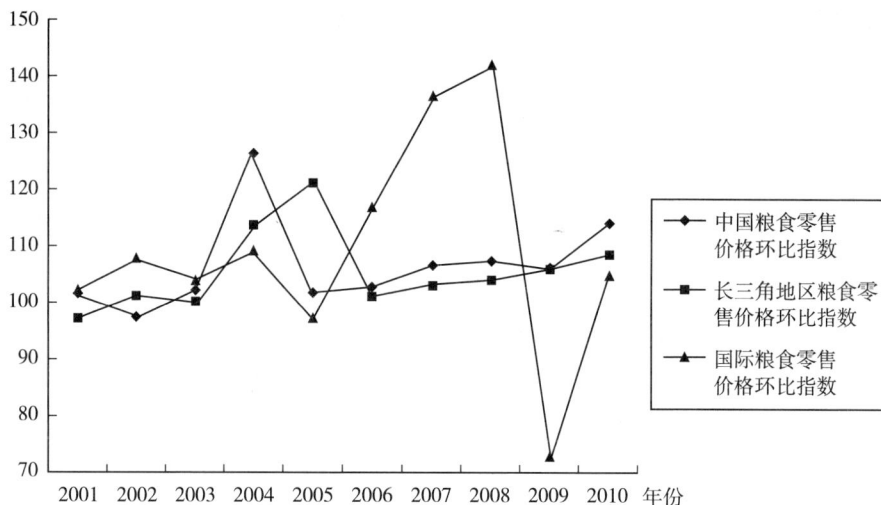

图 3-4　长三角地区、中国和国际粮食零售价格环比指数对比

数据来源：根据国家统计局和联合国粮农组织数据整理。

　　由图 3-4 不难看出，国际粮食价格短期波动非常明显，2001—2005 年波动幅度稍小，2006—2008 年粮食价格出现剧烈上涨，且波动幅度每年递增，2009 年又出现了价格的大幅下降，2010 年又稍微上升。而中国粮食价格在 2001—2003 年波动幅度不明显，保持平稳态势，2004 年价格大幅上升，上升幅度达 26.49%，2005—2009 年基本处于平稳状态，2010 年价格又出现较大幅度的上升，比上年价格同比增长 14.01%。长三角地区粮食价格在 2001—2003 年出现微弱振荡，但幅度很弱，保持在正常水平，2004 年和 2005 年价格保持较为明显的增长态势，2006—2009 年价格保持平稳增长，波动幅度不明显，2010 年在国际粮食价格大幅波动背景下，长三角地区粮食价格出现小幅度上升。所以，中国粮食价格波动和国内价格波动趋势一致，但波动幅度又明显高于国内平均水平，因此，从短期粮食价格波动看，主销区粮食安全问题尤其需要特别关注。

　　通过对粮食主销区粮食短期价格波动进行分析发现，中国粮食价格波动相对于国内平均价格波动更为剧烈，相对于粮食价格长期发展趋势，短期价格波动更为明显。因此，影响主销区粮食安全问题的主要价格因素在于短期价格的剧烈波动，因为这种短期价格的剧烈波动会迫使政府采取紧急措施进行宏观调控，加之中国粮食市场化发展缓慢、粮食供应链各节点企业之间合作程度较低、牛鞭效应系数较大、政府宏观调控有一定的时滞，而波动较快，最终导致宏观调控出现完全相反的作用，即逆调控。因此，中国粮食价格短期波动剧烈是主销区粮食安全面临的一个主要问题。

三、中国粮食价格特定期波动分析

(一) 第一次波动：2004 年粮食价格恢复性上涨

1. 第一次粮食价格波动的特点

受 1999—2003 年粮食连年减产、供求关系趋紧等因素的影响，2003 年 10 月中旬开始，包括主销区在内的全国粮食价格普遍上涨，粮食安全问题变得十分突出。鉴于数据可得性，本书选取全国 36 个大中城市的平均粮食零售价格作为粮食主销区的参考，表 3-3 是自 2003 年 10 月至 2004 年年底的主要粮食品种价格监测数据。

表 3-3　2003—2004 年中国 36 个大中城市分品种粮食价格

单位：元/500 克

时　　间	面粉（标准）	粳米（标一）	大豆油（一级散装）
2003 年 10 月	1.06	1.15	4.05
2003 年 11 月	1.12	1.22	4.06
2003 年 12 月	1.15	1.23	4.11
2004 年 1 月	1.15	1.33	4.10
2004 年 2 月	1.10	1.34	4.24
2004 年 3 月	1.21	1.41	4.32
2004 年 4 月	1.22	1.43	4.32
2004 年 5 月	1.22	1.42	4.29
2004 年 6 月	1.23	1.41	4.26
2004 年 7 月	1.23	1.55	4.03
2004 年 8 月	1.22	1.56	3.90
2004 年 9 月	1.23	1.56	3.86
2004 年 10 月	1.24	1.57	3.82
2004 年 11 月	1.25	1.55	3.70
2004 年 12 月	1.24	1.54	3.90

数据来源：《中国物价年鉴》。

由表 3-3 可以看出，2003 年 10 月至 2004 年年底面粉价格上涨了 16.98%，粳米价格上涨了 33.91%，大豆油价格下降了 3.7%，其中面粉和粳米价格上涨幅度较大；从时间节点来看，粮食价格在 2004 年 3 月上升幅度较大，之后面粉价格基本平稳，粳米价格在 7 月份又经历了一次价格飞跃，之后逐渐恢复平稳，大豆油价格在 6 月份突然下降，之后一直处于下降状态。2004 年年初开始的粮食价格上涨的主要原因是供求变化，因为 2004 年的前几年中国自然灾害严重，粮食连年减产，供不应求。

2. 第一次粮食价格波动的原因

2004 年粮食价格上涨的主要原因有以下几点：一是随着连续几年粮食减产，粮食供需格局出现供求趋紧的新变化，库存持续下降导致供需双方行为发生变化，市场行情看涨；二是化肥、薄膜、柴油和良种等主要农用生产资料价格上涨较多，加大了农民的粮食生产成本；三是国家实施粮食购销市场化改革，粮食经营主体多元化，市场收购竞争加剧；四是国家出台稻谷最低收购价政策，为新粮上市后粮价维持高位运行提供了重要支撑；五是 2003—2004 年国际市场粮食库存下降，价格上涨。

3. 第一次粮食价格波动的影响

以小麦为例，2004 年 4 月国内小麦总产量 9 195.2 万吨，国内消费量 10 088.4 万吨，进口量 728 万吨。2005 年 6 月国内小麦总产量 9 744.5 万吨，国内消费量 10 243.2 万吨，进口量仅为 107.4 万吨，国内需求得到有效的满足。

首先，粮食价格上涨有利于农民增收。2004 年，中国出台了粮食最低收购价政策，作为一种引导性和保护性价格，当主要粮食品种的市场价格低于国家制定的最低收购价时，国家在粮食主产省份委托中储粮总公司按照最低收购价收购。同年 3 月起，国家发改委、财政部、国家粮食局、中国农业发展银行等先后发出通知，宣布 2004 年早籼稻、中籼稻、粳稻和晚籼稻的最低收购价分别为每千克 1.40 元、1.44 元、1.50 元和 1.44 元，当年全国粮食生产价格指数上升 28.1%。在各项惠农政策的支持下，2004 年前三季度全国农民出售农产品的现金收入人均 958 元，比上年同期增加 191 元，增长 24.9%；出售粮食得到的现金收入人均 257 元，比上年同期增加 64 元，增长 32.7%，因为粮食价格上涨人均增收 56 元，粮价上涨增加的现金收入成为农民增收的重要来源。

其次，粮食价格上涨激发了农民种植积极性，粮食产量大幅增加，国内粮食供求状况随之大为改善。粮食播种面积与粮食产量数据见表3-4。

表3-4 2003—2005年中国粮食播种面积与粮食产量情况

年份	农作物播种面积（万公顷）	粮食作物播种面积（万公顷）	粮食产量（万吨）
2003	15 241.5	9 941.0	43 069.5
2004	15 355.3	10 160.6	46 946.9
2005	15 548.8	10 427.8	48 402.2

数据来源：《中国统计年鉴》。

（二）第二次波动：2006年粮食价格异常波动

1. 第二次粮食价格波动的特点

表3-5 2006—2007年中国36个大中城市分品种粮食价格

单位：元/500克

时　间	面粉（标准）	粳米（标一）	大豆油（一级散装）
2006年1月	1.31	1.62	3.92
2006年2月	1.31	1.59	3.93
2006年3月	1.31	1.61	3.92
2006年4月	1.31	1.61	3.90
2006年5月	1.31	1.61	3.92
2006年6月	1.31	1.61	3.99
2006年7月	1.31	1.62	3.98
2006年8月	1.32	1.63	3.92
2006年9月	1.32	1.65	3.98
2006年10月	1.33	1.66	4.01
2006年11月	1.37	1.66	5.18
2006年12月	1.41	1.70	4.49
2007年1月	1.41	1.70	4.57
2007年2月	1.42	1.69	4.61

数据来源：《中国物价年鉴》。

受 2005 年粮食丰产的影响，2006 年 1—10 月中国粮食价格呈现温和上升态势，国内粮价总体一直在低位振荡运行。但到 11 月中旬，伴随着国际粮价的飞速上涨，国内粮油价格突然快速上扬，出现了短时间大幅上涨的迅猛势头，部分地区粮价呈现较快上涨态势。据国家统计局最新发布的数据显示，2006 年，全国粮食价格同比上涨 2.7%，涨幅比全国居民消费价格总水平高出 1.2 个百分点，比 2005 年粮价涨幅高出 1.3 个百分点。其中，2006 年 11 月份，全国粮价涨幅达到了 4.7%。全国粮食价格在 12 月份平均上涨 6.6%，主销区粮价上涨幅度更大。

2006 年 1 月至 2007 年 2 月间，全国 36 个大中城市粮食价格普遍上涨明显，从品种来看，面粉在 2006 年 1—10 月价格保持稳定，在 2006 年 11 月至 2007 年 2 月呈现连续上涨趋势，不过上涨幅度不太明显；粳米价格在 2006 年 1—8 月处于微弱变化状态，自 2006 年 9 月出现增长态势，但同样增长趋势较缓慢；大豆油相较于其他两个品种，波动较为剧烈，2006 年 1—5 月波动较弱，6—7 月价格明显上涨，8 月份价格又明显回落到 1 月水平，9 月份又再一次上涨至 7 月价格水平，但 2006 年 10—11 月，大豆油价格快速上涨，上涨比率达到 25%，12 月份又快速回落，价格下降比率为 13.3%，之后价格处于平缓上升阶段（表 3-5）。

2. 第二次粮食价格波动的原因

第二轮粮价异常波动发生在 2006 年年底。总体来讲，国内粮食供求关系、品种结构和国际市场三大因素共同造成了此轮粮价上涨。首先，在国内粮食供求关系方面，据统计显示，2006 年全国粮食产量超过 4 900 亿千克；2005 年粮食产量为 4 840 亿千克，增长 3.1%；2004 年粮食产量为 4 695 亿千克，增长 9%。但此前连续 5 年，中国粮食产量下降。从总量看，虽然实现了连续三年增产，但这是在 2003 年粮食产量落到低谷基础上的恢复性增长，中国粮食供求关系还处在紧平衡状态，当前的粮食增产并没有使粮食供求关系发生逆转，并没有出现供大于求格局。其次，从粮食品种结构来讲，虽然粮食生产总量在增加，但部分产品供求上还存在较大缺口，加之流通环节衔接不畅、单个产品价格的上涨，传导和影响了其他产品价格，带动了粮价上涨。再次，加入世界贸易组织之后，中国粮食价格受国际市场走势的直接影响日益明显。2006 年，世界粮食减产 1.6%，其中谷物减产 2.1%，小麦减产 5.2%，而世界粮食总需求增加了 1%。国际市场供需形势的变化，引发了芝加哥期货市场小麦、玉米期货价格大幅上升，到 2006 年 11 月份，小麦期货价格已经涨了 30%，玉米涨了 52%，稻谷涨了 16%，使得中国进口粮价上涨。

3. 第二次粮食价格波动的影响

首先是对粮食收购数量的影响。尽管 2006 年中国首次实施小麦最低收购价政策，但由于各方面的积极性都十分高涨，收购数量出乎意料地庞大。不仅在收购市场最低收购价政策成为了一道亮丽风景线，而且在第四季度，最低收购价成为了国内小麦市场行情的标杆。以最低收购价所收购小麦的出库进度、出库数量、成交价格等都对国内小麦市场行情起到了不可忽视的作用。据了解，2006 年由于最低收购价预案执行较早，农发行资金到位及时，收储企业收购热情高涨，农民交售积极性也相当高，据统计，中国 10 个主产省共收购小麦 5100 多万吨，其中国有粮食企业收购 4 600 万吨，托市 6 省执行最低收购价收购量为 4 093.1 万吨，有效地保障了主销区粮食安全。

其次是对粮食市场总体供需形势的影响。受政策和价格等因素的影响，2006 年之后，粮食播种面积稳中有增。据统计，2006 年农作物播种面积为 15 214.9 万公顷，其中粮食作物播种面积达 10 495.8 万公顷，比 2005 年增加 68 万公顷，粮食产量 49 804.2 万吨，同比增长 2.9%；以小麦为例，2006 年 7 月，国内小麦总产量 10 446.6 万吨，国内消费量 10 286.8 万吨，进口量仅为 33.8 万吨，在 2003 年之后，中国小麦进口量达到历史最低点。

这次粮价上涨的背景是粮食连续 3 年增产丰收，单产迭创新高，粮食开始出现阶段性过剩。粮食丰收而粮价上涨，令许多人对此轮粮价上涨备感困惑。尽管政府采取快速有力的措施很快平抑了粮价，但问题值得人们深思。如果说第一轮粮价上涨取决于市场供求关系变化，即由供过于求向供不应求转变的话，那么第二轮粮价上涨尽管是由多种原因造成，但其导源为政府的宏观调控，即最低收购价政策在执行和粮食投放节奏上出现了问题。

（三）第三次波动：2010—2011 年粮食价格快速上涨

1. 第三次粮食价格波动的特点

2010 年，粮食价格出现了快速上涨，与粮食价格紧密相关的食品价格指数上涨幅度达到了 7.3%，而居民消费价格指数上涨幅度为 3.3%。从月

度价格指数对比来看，2010 年 5 月份以来，粮食价格指数与上年同期相比
上涨幅度均在 10％以上，粮食价格上涨幅度显著高于居民消费价格指数与
食品价格指数上涨幅度。

2. 第三次粮食价格波动的原因

首先，粮食种植成本上涨。2009 年粮食价格呈现上涨趋势，在这种趋
势的影响下，2010 年粮食作物的种植成本明显增加。（1）由于柴油价格上
涨和机械作业化的提高，农业机械作业费上涨。（2）由于这些年国家逐步加
大对农民的补贴力度，并不断提高农产品的价格，种植粮食的土地成本也不
断增加。中等水平流转地的租金在 3 500 元/公顷左右。（3）随着农民工工
资的提升以及城市打工机会的增加，农民用工的雇工费用也在大幅增加，导
致人工成本增加。（4）农业生产资料价格居高不下，种子、农药等价格上
涨。成本压力的增大，促进了粮食价格的上涨。

表 3-6　2010—2011 中国 50 个大中城市分品种粮食价格

时　间	面粉（标准）（元/千克）	粳米（标二）（元/千克）	大豆油（一级散装）（元/升）
2010 年 1 月	3.39	4.17	9.90
2010 年 2 月	3.41	4.21	9.79
2010 年 3 月	3.46	4.35	9.75
2010 年 4 月	3.43	4.48	9.79
2010 年 5 月	3.46	4.56	9.75
2010 年 6 月	3.45	4.62	9.79
2010 年 7 月	3.49	4.66	9.76
2010 年 8 月	3.51	4.71	9.79
2010 年 9 月	3.60	4.75	9.83
2010 年 10 月	3.66	4.80	10.30
2010 年 11 月	3.62	4.93	11.39
2010 年 12 月	3.73	5.05	11.32
2011 年 1 月	3.94	5.23	11.61

（续）

时 间	面粉（标准） （元/千克）	粳米（标二） （元/千克）	大豆油（一级散装） （元/升）
2011 年 2 月	3.95	5.21	11.62
2011 年 3 月	4.02	5.36	11.82
2011 年 4 月	4.06	5.37	11.65
2011 年 5 月	4.04	5.35	11.64
2011 年 6 月	4.07	5.39	11.59
2011 年 7 月	4.09	5.43	11.60
2011 年 8 月	4.10	5.45	11.83
2011 年 9 月	4.12	5.43	12.11
2011 年 10 月	4.14	5.51	12.12
2011 年 11 月	4.14	5.52	12.11

数据来源：《中国物价年鉴》。

其次，周边国际环境与国内环境的影响。从国际环境看，2010 年，俄罗斯、乌克兰等世界主要产粮国普遍出现减产、绝收情况。且俄罗斯政府 8 月初提出 2010 年年底前暂时禁止粮食及其产品出口之后，又提出关于取消粮食出口禁令的问题至少要等到 2011 年粮食收割结束后才能讨论。这意味着俄罗斯粮食出口禁令将至少延续至 2011 年 9 月。也就是说国际粮食价格至少要等到 2011 年末才有可能出现回落。从国内环境看，中国遭遇了西南大旱，南方、北方多个粮食主产区又遭遇水灾，使部分省区夏粮、早稻减产，秋粮农时推迟，粮食价格因此被推高。

最新一轮的粮食价格飞涨主要是受国际粮食价格波动的影响。随着中国开放程度越来越高，国内粮食价格受国外粮食价格影响程度越来越深，尤其是粮食进口主要所在的粮食主销区，2010—2011 年，国际粮食价格迅速上涨，而中国大中城市也相应地出现粮食价格的攀升。

第三，粮食价格的金融炒作。近年来，继石油、金属、能源等大宗商品不断成为国际游资的追逐对象之后，粮食也逐渐成为国际资本家谋取暴利的一种手段，而中国随着对外贸易开放程度越来越大，亦逐渐成为外国资本家

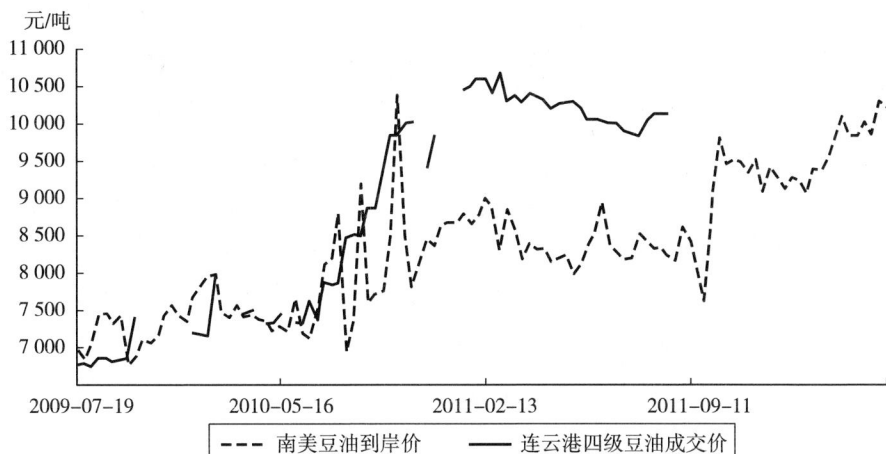

图 3-5 南美豆油到岸价与连云港四级豆油成交价对比

看重的一块福地，近年来，四大粮商逐渐开发他们在中国的领地，因此，中国粮价一方面受外国资本家操控，另一方面受国际经济环境的影响越来越明显，最终导致中国粮价随着外国粮价的波动而波动。图 3-5 是南美豆油到岸价和连云港四级豆油成交价的价格对比图，由此不难发现中国豆油的价格和南美豆油价格有一定的关联性。

3. 第三次粮食价格波动的影响

首先，粮食作为大宗物资，其价格波动会影响到其他物品价格的联动上涨，进而导致 CPI 上涨，CPI 上涨反过来又会促进粮食及其他物品价格上涨，这种现象如果不加以控制，有可能会引发恶性通货膨胀，从而造成金融危机。

其次，粮食价格剧烈波动会致使老百姓恐慌，从而过多存粮，从而造成粮食供不应求，加剧这种粮食价格波动趋势。

第三，粮食价格反复波动，会使粮食市场自我调节变弱，加大政府宏观调控成本。

第二节 粮食供应链柔性问题

一、粮食供应链柔性的特征分析

Slack 于 1987 年首次提出了供应链柔性的概念。他认为，供应链柔性是指供应链对顾客需求做出反映的能力。Jordan（1995）和 Sabri（2000）将供应链柔性定义为在高度不确定性的市场需求环境下，供应链根据环境的变化而改变其产出水平的能力，并且应用供应链经营资源的富裕能力来计量供应链柔性。Garavelli（2003）将供应链柔性定义为系统正确而快速地应对内外部环境变化的能力。美国供应链协会（Supply - chain Council）在其设计的供应链运作参考模型（Supply Chain Reference - model，SCOR）中将供应链柔性定义为：为获取或保持竞争优势，供应链对市场变化做出反映的灵活性程度。

还有一些学者仅从供应链的某一个方面来定义供应链柔性。Das 等（2003）从订单批量和交货期角度衡量供应链柔性并将其定义为供应链上下游企业之间的关系在不确定性环境下所表现出的鲁棒性。Vickery 等（1999）则强调应该以消费者为导向的观点来定义供应链柔性，指出柔性是对组织内外部环境不确定性和多功能的反应。Rao（2002）从产品生产及其转换、过程、资源的相互依赖性方面来理解供应链柔性。Lummus（2003）和 Prater 等（2001）认为供应链柔性是为应对顾客需求变化所具备的敏捷调节其速度、目标和数量的能力。这些学者都仅关注供应链的某一个方面，并没有概括出供应链的全部特征。

国内学者在此方面的研究主要有：马士华等（2000）指出，供应链柔性对于需求方而言，代表了对未来变化的预期；对于供应方而言，它是对自身所能承受的需求波动的估计。张守凤等（2003）认为供应链管理中的柔性涉及众多因素，包括技术柔性、人力资源柔性、运营柔性、融资柔性、战略管理柔性，并对各种柔性的特征进行了分析。柏顺等（2004）认为供应链柔性为整个供应链以尽可能低的成本和尽可能高的服务水平，快速响应市场和顾客需求的变化。

由于供应链自身的复杂性与柔性的多维性，对供应链柔性的定义至今还没有统一，这给深入研究供应链柔性要素分类及其测量带来了很大的困难。但以上诸多供应链柔性定义都涉及了以需求为导向、快速应对不确定性外部环境的适应性。也就是说，现代供应链是一个十分复杂的网链系统，在外部环境不确定、企业内部各种要素不断变化的情况下，供应链各种风险随之而出，而控制各种供应链风险，最行之有效的手段之一就是提高供应链的柔性。据此，本书认为粮食供应链柔性是指以合理的成本、较高的服务水准，快速响应粮食市场需求变化，特别是危机或应急需求的能力。其核心是在金融危机、自然灾害等引起粮食市场价格剧烈波动时，能持续根据粮食市场需求变化，快速组织各种资源，以合理成本，及时、高效地满足剧烈变化的粮食市场需求，即增强粮食供应链柔性。它具有以下3个特点：

1. 准确识别性

粮食需求识别能力，是粮食供应链柔性的重要组成部分。及时、准确识别粮食需求，是实现快速响应的基础。借助强大物流信息平台，实时了解中国粮食需求信息；建立危机条件下粮食采购保障措施，尽量缩小实际需求与期望需求之间的差距，提升中国粮食需求的识别能力。

2. 快速协调性

突发情况下，粮源的稳定保障主要是通过应急企业完成的，故粮食企业供应链柔性是在粮食应急企业领导下，多个企业共同协作的基础上实现，不是特指某个粮食企业的市场响应能力，是以应急企业为核心的粮食供应链一体化的综合体现。中国粮食需求变化具有很大不确定性，根据需求变化快速协调、组织物流各环节，使物流系统具有强大的适应力和迅速的反应力，从而提高其灵活性。粮食供应链柔性的实现必须依赖粮食企业（尤指应急企业）强大的协调能力和快速的组织能力。它既要求响应速度与合理成本，还要确保粮食质量，它的实现必须综合利用现代信息技术、物流技术，引入新的管理理念，优化业务流程，实现技术支撑层集成、决策支持层集成和运作控制层集成。

3. 满足需求性

满足需求性是指以合理成本满足行情变化下的各种粮食需求。实现物流快速响应消费者粮食需求的坚实基础，是有可供调出的各种粮源、品种。各地区一定量的粮食储备、摆布、品种、结构，是确保粮食市场稳定与供应链柔性提高的基础。应努力根据各种情景下中国粮食需求量制定并实施科学合理的粮食储运、加工及配送方案，并借助于以上所述粮食需求的准确识别、快速响应协调等使其得到更加有效的体现，可持续地实现以合理成本保障粮食安全的目的。

二、粮食供应链柔性问题分析

从上可以看出，粮食供应链具有准确识别、快速协调与满足需求的特性，但在实际工作中却表现出以下突出的粮食供应链柔性问题。

（一）粮食部门对粮情变化缺乏敏锐的感觉机制

伴随市场竞争的加剧，企业的营销信息化将无法避免，尤其是当企业规模扩张、从区域市场面向全国市场、客户信息变得重要时，如果没有信息管理系统的辅助，企业容易陷入经营困境。中国粮食供应链中各节点运用信息（信息网络）管理技术的程度不高，像古船、汇福等知名度较高的品牌粮油加工企业在内部也没有建立相应的信息管理系统，依然以手工台账管理方式处理所有销售渠道商的订单。

在信息化建设和建立供应链整合的信息平台方面，企业可根据自己的经济实力与规模，选择企业资源管理计划（ERP）、客户关系管理（CRM）和电子汇报系统高中低三种档次的信息系统。目前中国粮食企业信息化建设滞后，同粮食企业（行业）自身发展历史、企业价值观念、同行的信息化实践密不可分。另外，目前大部分信息技术提供商对当前粮食产业的原粮收购、贮存、生产加工、成品粮销售流程缺乏足够的认识，更难以把握未来趋势，因而他们只能完全按照一般制造企业提出的要求来进行软件设计和开发，甚至以一种模式来应对不同的粮食企业。这就导致了信息系统软件设计者与使用者的脱节，这也是引发其他同行惰于在信息系统投入的一个重要原因。

另一方面，由于对供应链合作认识不足，忽视主要客户群的信息反馈和主要伙伴关系的建立。很多经销商认为粮食企业遇事协商水平低，缺少信息沟通能力。这对于要把品牌做大做强的大型粮油企业的确是负面信号，反映了这些企业很少从供应链整体目标出发进行规划，偏重商品管理，忽视流程优化，偏重成本导向，忽视顾客导向，偏重单品或大类的成本和价格管理，忽视存货的订货成本、存储成本、交付成本，偏重数据处理，忽视信息共享和集中控制，偏重业务管理，忽视决策分析。

（二）粮食部门快捷响应应急需求变化的能力偏弱

为加强中央储备粮管理，中国于 2000 年建立中央储备粮垂直管理体制，组建中国储备粮管理总公司，实行垂直管理体制。如此，使中央储备粮权属清晰、职责明确、管理统一，直接掌控覆盖全国、布局合理的购销网络与仓储物流体系，具有政令畅通、步调一致、雷厉风行的体制优势以及管得好、调得动、调得快、用得上的保障能力与执行能力。但由于粮食安全首先是省长负责制，且一般层面的粮食经营与政府层面的粮食安全在实际工作中呈现水乳交融的态势，特别是由于中国粮食行业部门分割、地区封锁现象仍然严重，全社会资源整合度较低，直接影响到粮食供应链的快捷响应。中国政府对国有粮食批发和储运企业限制太多，既有粮食订购任务与粮食保护价的限制，又有各地工商部门对跨地区粮食购销的限制，还有粮食主管部门对粮食企业面向市场跨行业经营的限制，这不仅导致粮食流通链萎缩、经营机制不灵活、服务功能单一，而且造成大量剩余生产能力闲置、资源浪费、市场分割，难以满足日益多样化的市场需求。

曾经作为国家粮食供应主渠道的国有粮食企业，目前在粮食供应链中占有较大比例。政府还应积极发挥其作用，通过产权制度改革，激活经营机制，使之发展成为现代化的粮食流通企业。尤其要研究如何把它改造成为现代粮食供应链中的一个重要主体。

（三）粮食部门的应急变化往往带来较大的副作用

与传统的粮食收购到销售不同，完整的粮食供应链应该是从包括种子及生产资料供应开始的粮食生产直至消费者消费最终产品为结束的复杂网络链。同时，粮食供应链也跨越了农业、制造业及服务业三大产业，是由分别属于这三大产业的不同单位或组织构成的网链。粮食供应链是一个涉及多产业、多部门的复杂网络链，在中国又存在行业部门分割、地区封锁的现象，一旦粮食供应链确定要快捷响应市场需求，响应效率较低，同时还影响到其他行业或者其他部门。特别是行政干预性的粮食救急，一般都会收到平抑粮价、安定人心等作用，但它往往带来了有关市场配置资源的机制弱化等问题。

三、粮食供应链柔性影响因素及权重分析

本书通过对供应链柔性影响因素相关研究文献的阅读、梳理和研究，整理出32个供应链柔性原始影响因素（表3-7）。

表 3-7 粮食供应链柔性原始影响因素

序号	原始影响因素	序号	原始影响因素
1	客户服务	17	快速生产能力
2	物流费用	18	产品质量
3	合作伙伴关系	19	信息共享模式
4	电子交换技术	20	供应链库存管理
5	商业财务指标	21	物流服务能力
6	社会经济环境	22	信息控制力
7	自然环境	23	快速销售能力
8	结构因素	24	体制制度
9	物流硬件	25	外来竞争者
10	时间管理	26	现代先进技术
11	信息系统	27	物流服务水平
12	协调控制	28	速度
13	员工素质	29	资产
14	高效决策能力	30	流程机制
15	研发能力	31	现代管理技术
16	政策法规	32	成本控制

分析原始指标可发现，有些因素含义重叠或相近，有些指标对粮食供应链柔性影响不大，予以删除。原始指标中，由于应急情况下，粮食企业主要职责是高效、快速的供应粮食，企业之间相互配合，不存在竞争，故外来竞争者不影响粮食供应链柔性，将此指标剔除；社会经济环境和自然环境是企业所在生存环境的两个方面，遵照概括性原则，将其归纳为经济自然环境；体制制度、政策法规都是指国家宏观政策环境，对粮食企业来说，一旦出现突发情况，国家粮食政策、地方应急预案及相关粮食行业政策法规都将起到重要指导作用，并促进粮食快速响应能力的提升，故本书将其概括为粮食应急政策。

物流硬件和资产都是描述企业硬件基础的指标。粮食产品对设施设备专用性要求较高，故本书将这两个指标进行合并，调整为粮食物流硬件；电子交换技术、信息系统、信息共享模式、信息控制力这几个指标意义重叠，可概括为现代信息技术。同时，本书认为，"四散"化运输等现代粮食物流技术对物流快速响应的实现起到重要作用，再综合有些学者提出的现代管理技术，本书将以上指标概括为现代先进技术；客户服务、物流服务水平、物流服务能力、产品质量、快速生产能力这些指标从不同方面反映了企业的服务水平，但在突发情况下，消费者最希望的是粮食企业有充足粮食储备，快速、高效、高质量地保证粮食供应，故本书将此指标调整为粮食供应质量；时间管理、速度及高效决策能力都体现了应急情况下对时间的要求，故本书将其归纳为时间管理；物流费用、商业财务指标、成本控制、供应链库存管理几个指标含义重叠，将其归纳为成本控制；合作伙伴关系、协调控制、流程机制、结构因素几个指标都反映企业粮食供应链的构建情况，对中国粮食企业来说，要保证粮食的充足供应，必须和主产区粮食企业建立良好的合作伙伴关系，故本书将其调整为产销区合作关系。另外，在突发情况下，粮食企业研发能力、快速销售能力对粮食供应链柔性明显没有太多影响，故予以删除。在此基础上，本书基于粮食企业视角，最终得出影响粮食供应链柔性的 9 大因素：粮食物流硬件、现代先进技术、粮食供应质量、时间管理、成本控制、产销区合作关系、人员素质、粮食应急政策、经济自然环境（表3-8）。

表3-8 粮食供应链柔性影响因素及测度项

影响因素	测度项
粮食物流硬件（B_1）	完善的交通基础设施（B_{11}）、运行情况良好的粮食物流园区（B_{12}）现代化粮食物流工具、设备（B_{13}）、良好的网络通信设备（B_{14}）
现代先进技术（B_2）	"四散"化运输等现代粮食物流技术的应用（B_{21}）、EDI、物联网技术等现代信息技术的应用（B_{22}）、ERP等现代先进管理技术的应用（B_{23}）
粮食供应质量（B_3）	充足的粮食储备（B_{31}）、高粮食产品质量保证（B_{32}）、较强临时粮食物流满足能力（B_{33}）、较强粮食加工能力（B_{34}）、低粮食产品耗损、丢失率（B_{35}）
时间管理（B_4）	合理的运输时间（B_{41}）、合理的加工配送时间（B_{42}）、快速处理客户订单（B_{43}）、对意外事件能较快制定应急规划（B_{44}）
成本控制（B_5）	较低粮食物流管理成本（B_{51}）、较低运输、配送成本（B_{52}）、较低库存、流通加工成本（B_{53}）、较低信息处理成本（B_{54}）、较低仓储成本（B_{55}）

（续）

影响因素	测度项
产销区合作关系（B_6）	高信息共享度（B_{61}）、合理的风险分担机制（B_{62}）、较好的利益共享机制（B_{63}）
人员素质（B_7）	作业效率高、专业化水平高且遵守操作标准（B_{71}）、扎实的物流理论知识和实际业务知识（B_{72}）、强大的组织文化（B_{73}）、积极性和责任感（B_{74}）
粮食应急政策（B_8）	优惠税收政策和投融资政策（B_{81}）、完善的粮食应急预案（B_{82}）、完善的粮食物流业管理体制（B_{83}）
经济自然环境（B_9）	优越的自然环境（B_{91}）、较高区域经济发展水平（B_{92}）、较高粮食行业发展水平（B_{93}）

为了扩大调研范围，便于被调查者填写问卷，本书采用如下两种方式发放问卷：（1）打印版问卷，此问卷主要针对被调研粮食企业的管理者和粮食局政府人员，当场发放问卷并回收；（2）电子版问卷，此类问卷主要针对粮食物流方面的专家，通过电子邮件进行发放和收取。为提高调查问卷有效性，被调查者需了解粮食行业并有物流知识背景，从事相关方面工作或研究；有一定文化程度和语言理解能力，能读懂问卷并顺利回答。对因素进行分析时，测度项与测试样本数量比例应在1∶5到1∶10之间[①]。共发放问卷210份，回收205份，有效问卷为189份，有效回收率90%，被调查者多为本科以上学历，其中从事粮食企业管理工作者和粮食物流管理研究者居多，问卷有效性较高。问卷调查基本情况如表3-9所示。

表3-9　被调查者基本情况

	基本情况	人数（人）	百分比（%）
性别	男	124	65.6
	女	65	34.4
年龄	20～29岁	56	29.6
	30～39岁	65	34.4
	40～49岁	48	25.4
	50岁及以上	20	10.6

---

① 吴明隆.2003.SPSS统计应用实务问卷分析与应用统计［M］.北京：电子科学出版社.

（续）

基本情况		人数（人）	百分比（%）
学历	专科及以下	23	12.2
	本科	86	45.5
	硕士	65	34.4
	博士及以上	15	7.9
职业	粮食企业管理者	108	57.1
	教育科研者	40	21.2
	政府人员	10	5.3
	相关专业学生	16	8.5
	其他	15	7.9

　　本书运用 SPSS 软件统计调查数据，并进行项目分析、因子分析、信度分析、效度分析，得出修正与优化构建的影响因素指标体系（图 3-6）。

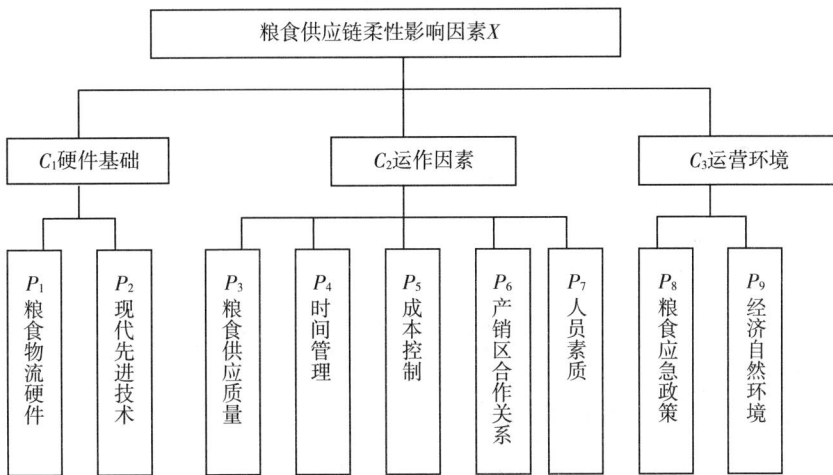

图 3-6　粮食供应链柔性影响因素模型

　　为进一步研究粮食供应链柔性的重点影响因素，本书又通过层次分析法，确定各指标的权重。层次分析法（Analytical Hierchy Process，AHP）是对一些较复杂、较模糊的问题做出决策的一种简易方法，它特别适用于解决一些难于完全定量分析的问题[①]。它是在 20 世纪 70 年代初，由美国运筹学教授 T. L. Satty 提出的，是一种灵活且较为实用的多准则决策方法，比较适合于定性与定量分析相结合的研究。应用层次分析法对问题进行分析时，首要是建立层次结构模型。本书构建的层次结构模型，最高层是粮食供应链柔性影响因素（X）；中间层包括硬件基础（C_1）、运作因素（C_2）和运营环境（C_3）；最低层是本书分析的具体各影响因素，包括 P_1、P_2、P_3 等 9 个指标。通过邀请有关 8 位专家对二级指标及每个二级指标下的三级指标两两比较打分（专家打分问卷详见附录 2），以及 Yaahp 5.0 软件的运用，得出粮食供应链柔性影响因素权重结果（表 3 - 10），其核心内容为影响粮食供应链柔性的重要性排序依次为现代先进技术、产销区合作关系、人员素质、粮食物流硬件、粮食应急政策、时间管理、粮食供应质量、经济自然环境与成本控制。

表 3 - 10　各指标权重及排序

A	C_1 0.294 2	C_2 0.543 1	C_3 0.162 7	$W_总$	总排序
P_1	0.340 0			0.100 0	4
P_2	0.660 0			0.194 2	1
P_3		0.144 6		0.078 5	7
P_4		0.158 6		0.086 1	6
P_5		0.124 8		0.067 8	9
P_6		0.299 5		0.162 7	2
P_7		0.272 6		0.148 0	3
P_8			0.573 9	0.093 3	5
P_9			0.426 1	0.069 3	8

四、粮食供应链柔性问题的主要原因分析

下面将主要从影响粮食供应链柔性前几位的影响因素方面分析原因：

---

① T L Saaty. 1988. 层次分析法［M］. 北京：煤炭工业出版社.

（一）现代先进技术运用不足

与粮食供应链柔性直接相关的技术主要包括现代粮食物流技术、信息技术及管理技术。现代粮食物流技术，特别是粮食"四散"化运输技术，是提高粮食物流效率、供应链柔性水平与减少粮食损耗的关键技术。目前发达国家已基本实现了粮食"四散"化运输，粮食流通最高费用不超过售价的四分之一。但中国目前原粮以包粮运输为主，粮食运输中平均散运量大约在12％；粮食耗损在3‰以上，每年耗损相当于3万亩粮田产出；国内粮食从产区运往销区的物流费用占销区粮食价格的三分之一，远高于发达国家的平均水平。

现代信息技术（如EDI、EPC、POS、互联网、电子商务等）是粮食供应链信息集成实现的关键技术，其将信息滞后及信息扭曲问题降到最低。现代信息技术特别是"数字粮库"技术、FRID技术在粮食物流中的应用，是实现整条粮食供应链高效率工作的基础；迅速、准确、及时、全面的粮食物流信息，是对粮食供应链各个企业的计划、协调、顾客服务和控制活动进行有效管理的重要依据。部分学者甚至认为应将信息流置于供应链管理框架中的最高位置。为推动中国粮食信息化发展，政府出台《国家粮食局政府网站信息报送考评管理办法》《国家粮食局政府网站内容保障方案分解》等文件，要求各级粮食部门加强网站建设；为推动信息网络体系的完善，各地粮食批发市场、粮食物流中心及交易中心尤其注重信息化建设，如中国郑州粮食批发市场创办的集集中竞价交易、场内协商交易、网上竞价、网上协商和全方面配套服务为一体的中华粮网，是粮食行业信息化建设的典范，常州粮食现代物流中心是粮食物流信息化技术集成示范工程，无锡对基于RFID技术的粮食仓储物流作业系统的研发及实施等；另外，为培养粮食信息化人才，粮食信息化培训越来越受到重视。中国粮食物流快速响应的实现离不开现代信息技术的支持，没有粮食物流信息系统的支持，则根本不可能实现物流的快速响应。

粮食物流活动的正常运转离不开管理，没有现代管理技术（如ERP）特别是供应链管理做支持，粮食物流各环节就会出现混乱，粮食物流快速响应就没办法实现。跨国粮商冲击中国粮食市场，威胁主销区粮食安全的一个重要手段就是其先进的管理技术，国际四大粮商采用粮食供应链运作模式①，实现全球化经营、全环节利润、全市场覆盖。企业是市场的主体，随着中国粮食市场的放开，粮食企业供应链柔性的提高主要依靠粮食企业，中粮、中储粮、中谷是中国的三大国家粮食企业，中粮承担中国 95％以上的粮食进口贸易业务；中储粮负责中央储备粮的收购、储存、调运、销售及进出口接运业务；中谷以粮油经营为主，涉及粮食物流上下游，具备较完善的粮食供应链。现代先进管理技术的引入，将大大促进企业的快速响应能力的提高。

（二）产销区合作关系不够密切

产销区合作关系，是指中国粮食企业为满足最终用户需求，与主产区粮食企业达成的长期合作协议，此协议规定各企业一定时期内利益共享和责任共担的关系，包括信息共享、利益和风险共担等②。中国粮食物流特点是产销区划分明显，一旦出现突发情况，粮食主销区就有可能出现粮食供应不足，只有与主产区企业建立良好的供应链合作伙伴关系，才能保证充足粮源供应，进而保证企业粮食物流快速响应的实现。另外，物流快速响应是一个基于速度、时间、效率三方面的综合问题，但环节的时间压缩、高效率并不一定能提高整条供应链的快速响应，甚至追求单环节的时间和效益，可能会导致整个系统的低效率。Douma 提出，伙伴合作能否取得成功的关键是双方能否有效结合③。故产销区合作伙伴关系的建立，将促进中国粮食企业物流快速响应的实现。

粮食行业牵扯到政治、经济、社会、民生、外交 5 大关系，是具有特殊战略性的行业。中国的粮食行业市场开放较晚，随着 WTO 后过渡期的结束，粮食市场才彻底放开。目前中国粮食企业特别是粮食加工企业呈现小、散、多特点，2010 年全国入统规模以上的粮油加工企业为 8 546 个，其中日

---

① 吴志华，徐艳丹，胡非凡.2011. 跨国粮商冲击下的粮食流通安全问题探析 [J].南京财经大学学报（5）.

② 王许斌，马士华.2003. 缩短供应链多阶响应周期的一个判断模型 [J].工业工程与管理，8（1）：22～25.

③ M U Douma，J Bilderbeek，P J Idenburd，J K Looise. 2000. Strategic alliances：managingthe dynamics of fit [J].Long Range Planning（33）：579－598.

加工能力在 100 吨以下的 6 400 个，占到 74.9%（表 3-11）；同时核心竞争能力弱，大型粮食企业一般都是国有企业，如中粮、中储粮、中谷等，但随着国际四大粮商进军中国，粮食市场竞争加剧，具体情况如图 3-7 所示，故目前中国粮食行业具有垄断和竞争并存的特性。基于中国粮食行业现状，建立良好的粮食产销区合作伙伴关系，进行粮食供应链整合，将大大提高粮食供应链柔性。

表 3-11　2010 年中国粮油加工企业统计

生产能力（吨）	<100	100～200	200～400	400～1 000	>1 000
粮油企业（个）	6 400	1 401	466	207	72
所占百分比（%）	74.9	16.4	5.5	2.4	0.8

资料来源：中国粮食行业协会。

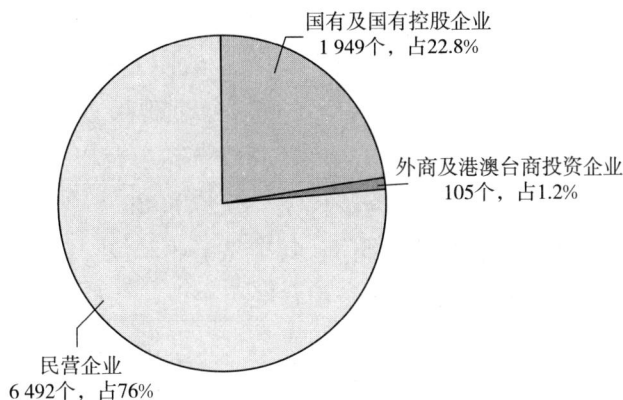

图 3-7　2010 年粮食加工企业所有制分布
资料来源：中国粮食行业协会。

供应链合作关系可以定义为供应商与制造商之间，在一定时期内共享信息、共担风险、共同获利的伙伴关系[①]。粮食产销区合作伙伴关系的建立，意味着中国粮食企业间的信息共享、决策的统一性。根据有关时间管理专家分析，粮食物流 98% 的时间浪费和运作低效率是由于物流各环节协调不够、

---

① 马士华.2005.供应链管理［M］.北京：机械工业出版社：147-148.

合作不畅引起的。故产销区合作关系的建立将大大促进中国粮食企业的供应链柔性。

（三）人员素质偏低

人员素质是指粮食企业拥有的既有扎实粮食物流理论基础，又懂经济、法律、粮食仓储各项技术的专业技术人员和高层管理人员的情况。归根结底，管理的一切问题是人的问题，无论粮食物流设备多完善、多先进，没有相应专业知识的人才和高素质的管理人员，同样很难实现粮食物流快速响应。如前文所述，物流快速响应的实现需要物流企业内部协调和供应链成员合作，而协调合作不仅仅指仪器、设备设施之间的对接，更重要的是需要通过人员之间沟通与合作实现的。粮食物流企业和粮食企业的人员素质直接决定粮食物流系统内部协调的程度，是粮食企业供应链柔性的重要组成部分。

与高附加值产业、IT 高科技产业等相比，中国粮食行业对人力资源的重视程度有待提高。中国粮食企业特别是大型粮食企业多是国有企业，在人才引进方面还存在严重的"论资排辈"现象，致使人才流失，影响产业发展进程。据《2007 中国粮食发展报告》，2006 年全国粮食行业的从业人员为113 万多人，其中研究生、本科、大专、高中、初中及以下学历人员所占比例分别为 0.17％、3.93％、13.39％、52.87％和 29.64％。在粮食行业内部，学历层次最高的是行政管理部门，其次是事业单位，粮食经营企业最低。从数据资料看，中国粮食行业特别是粮食经营企业，从业人员文化素质较低，大部分人员在大专及以下水平，这将阻碍粮食企业供应链柔性的提高。同时，中国粮食行业从业人员年龄结构偏老，据资料显示，中国 36 岁以下青壮年粮食行业从业人员占 31.97％，36～45 岁人员占 41.11％，45 岁以上人员占26.92％。从业人员年龄结构偏老，对中国粮食物流现代化的发展及粮食企业供应链柔性的提高起到阻碍作用。人员素质可从知识能力、组织文化、服务效率、表达理解能力、操作规范性和积极责任感 6 个方面衡量。故人员素质特别是管理人员素质必是企业粮食供应链柔性的重要影响因素之一。

（四）粮食物流硬件建设缺乏衔接性

粮食物流硬件是指企业为维持粮食物流活动正常运行而具备的各种粮食物流设施设备及可利用的公共物流基础设施。粮食物流系统是一个多层次的复杂系统，按环节可将其划分为粮食储存体系、粮食装卸体系和粮食运输体系。粮食物流硬件设施是粮食物流系统的运作基础，可划分为：交通基础设施（公路、铁路、航班等）、物流基础设施（通信设备、计算机网络设备等）、基础设施维护设备、物流工具（散粮火车皮、散粮汽车、集装箱、叉车等）、现代物流设备（现代仓储、物流中心等）、网络通信设备等。

粮食物流发达国家，如美国、澳大利亚、加拿大等，基于完善的粮食物流基础设施，构建了健全粮食物流体系，实现了粮食物流的高效率、低成本。以加拿大为例，其拥有略多于粮食产量的仓容；粮食集散主要依托于 7 万多千米铁路和 85 万多千米公路；散粮汽车运输公司约为 600 家；加拿大太平洋铁路公司（Canadian Pacific Railway，CPR）和加拿大国家铁路公司（Canadian National Railway，CNR）两大铁路公司 2.6 万节车皮负责粮食港口库运输。完善的粮食物流基础设施使加拿大粮食物流实现了高效率和低成本。

为促进粮食物流的发展，中国政府、粮食企业对粮食物流硬件建设也重视。交通基础设施方面，2010 年年底，全国公路总里程达到 400.82 万千米，内河航道通航里程达 12.42 万千米，铁路网的总长度达到 9.1 万千米。粮食仓储方面，"八五"期间投资建设 18 个机械化粮库，形成 100 万吨粮库仓容；1992 年，中国政府重点在东北和长江地区建设 64 个中转库、8 个港口库和 202 个收纳库，形成 484 万吨粮库仓容；1998 年，利用国债投资，中国又分三批建立 1 130 个粮库，形成 5 565 万吨仓容，至此基本形成收纳库、中转库、港口库和储备库的网络体系，与长江、东北、西南和京津四大粮食通道形成锥形，实现公铁水运输方式一体化，保证粮食供应，提高粮食物流效率。近年来，为促进粮食现代化建设，新一轮粮食储运基础设施建设快速增长，并且以"四散"化流通为主要要求，以粮食物流中心、粮食专用码头、粮食中转库及粮食铁路专用线项目为主[①]，如上海外高桥粮食储备库建设项目（包括 35 万吨储备库、20 万吨植物油库和铁路专用线）、浙江宁波港项目（10 万吨仓容港口中转库及一批 300～5 000 吨级散粮运输船、散粮火车皮、散粮集装箱等散粮运输工具）、常州粮食现代物流中心项目（储备能力 15 万吨）、无锡粮食科技物流中心项目（10.6 万吨储备库、立筒仓 2.3 万吨、两条铁路专用线及 1.2 万米^2 内港池等）等。得益于粮食物流基

---

① 吴志华，朱传福，胡非凡 . 2007. 粮食物流发展回顾与展望 [J] . 中国远洋航务（5）：54 - 57.

础设施建设，中国粮食物流得到迅速发展。但中国粮食物流基础设施建设缺乏衔接性，利用不足，粮食专用码头较少，"散粮"火车配套设施不足，国内还没有较专业的散粮运输公司，这意味着与发达国家相比中国粮食物流基础设施建设还较为落后。

粮食物流基础设施的先进程度，其与物流设备的配套程度，物流网络能否有效衔接等，是提高粮食供应链柔性的重要因素。目前，粮食"四散"化运输是运输效率高、成本低、耗损小的比较先进的粮食物流方式，特别是顺应中国"北粮南运"格局，粮食物流基础设施设备的建设是要实现粮食的"四散"化运输的重要条件；粮食流通网络的科学合理化，是解决中国当前粮食物流瓶颈的关键。

（五）粮食应急政策不完善

粮食应急政策是指国家、地方政府为保证应急情况下，粮食市场稳定运作、粮食物流正常运行而制定的一系列制度法规和出台的一系列促进粮食企业发展的政策。政策的推广实施及相关法律法规的确立决定了粮食物流的结构、组织、领导、管理方式，有了国家政策法规的支持，才能确保粮食物流系统在国民经济中的重要地位；粮食物流系统的运作，不可避免地会涉及各种产权纠纷，法律、规章制度一方面限制、规范粮食物流系统活动，另一方面保障粮食市场和粮食物流正常运行；同时，一旦出现粮食危机，国家粮食政策、地方粮食应急预案能有效促进粮食物流快速响应的实现。粮食物流不同于一般物流活动，关系到国家粮食安全，故政策、法规常常是粮食物流系统正常运作的重要支撑。

为促进粮食市场健康发展、保证突发情况下的粮食供应，近年来中国还出台了《粮食流通管理条例》《中央储备粮管理条例》《国家粮食应急预案》等多项条例，各地方根据以上条例，依据地方特点，也相应出台多项管理办法，如《江苏省粮食应急预案》《无锡市地方储备粮管理运作办法》《无锡市突发公共事件总体应急预案》等，以上条例对保证中国粮食供应、提高粮食企业供应链柔性的提高起到重要作用。从中国目前粮食行业运行情况看，国家政策对粮食市场干预较强，粮食价格是在政府主导期望值范围波动，这就造成企业机会成本较大，故粮食政策对粮食企业供应链柔性的提高起到重要影响作用。

（六）时间管理比较落后

时间管理是指粮食企业运输时间、加工配送时间、订单处理时间、规划时间及各环节协调时间的管理情况。时间管理是粮食供应链柔性提高的一个基本衡量单位，突发事件发生时，只有迅速为群众提供粮食，才能保证他们的基本生存。Birtxistle（2006）提出快速响应是基于准时生产方式（JIT）和信息技术（IT）系统的。物流前置时间是将粮食进行加工并送到消费者手中的总时间。从粮食物流系统的角度看，粮食企业供应链柔性主要体现在时间管理上。物流快速响应思想源于时间竞争思想，通过对粮食物流各环节的时间进行有效管理，实现对市场和顾客需求的快速响应，离开时间谈粮食物流快速响应毫无价值。

中国粮食供应链环节众多，且涉及粮食、财税、铁道、工商、交通、信息等多个政府部门，部门在管理职能、管理方式及制度体系等方面存在较大不同，协调难度较大，管理效度低，特别是地方保护主义严重[①]；中国粮食"四散"化运输程度较低，即使是发达的东北地区粮食散运量也仅在40%，而包粮运输的装卸作业时间是散粮作业5倍以上，这些都造成中国粮食物流时间管理方面与发达国家存在较大差距，影响粮食企业供应链柔性的提高。

从物流本身属性看，任何形式物流运作都有一定时间限制，区别只在于时间限制是否宽松。在规定时间内，提前过多时间，就意味着时间浪费，同时可能造成相关物流成本和管理成本的增加；如果超过了规定时间，则会造成重大的损失，导致市场供应不稳定。因此，粮食物流快速响应要求对粮食物流的各环节时间进行有效的管理，在恰当时间窗口内满足顾客粮食需求。时间管理直接影响粮食企业的供应链柔性。

Barker（1993）提出5个快速反应的时间衡量指标：新产品开发时间、新产品导入市场时间、生产前置时间、配送的速度和准确性及对顾客需求响应性[②]。基于此及粮食供应链柔性特点，本书的时间管理主要从运输时间管理、加工配送时间管理、顾客需求响应与确认时间管理、突发事件的紧急规划时间管理几方面衡量，很好地处理各环节时间管理，将大大提高响应速度。

---

① 廖佑莲. 2011. 现代粮食物流体系建设的探讨 [J]. 物流工程与管理（1）：26-27.

② B Barker. 1993. Value-adding performance measure: a time-based approach [J]. International Journal of Operations & Production Management（5）：23-40.

第三节 主销区粮食安全微观基础薄弱问题

目前国内关于粮食安全问题研究主要集中在国家和区域范围内的粮食生产、储备、贸易等方面，而对粮食安全中的微观基础（农户、企业及其供应链）的战略地位与巨大作用等却鲜有专门性研究。本书主要就主销区粮食安全微观基础薄弱问题及原因进行探讨，以期有效促进粮食专业化、规模化及其供应链整合。

一、粮食安全微观基础及其重要性

一般来讲，微观基础主要指政府辖区内的企业和居民，但本书认为，能够自主经营、独立核算并独立承担民事责任的主体都应该算做微观基础。具体到农村，微观基础的具体组织形式主要包括：独立经营的农民（农户）、个体户、私营企业、集体企业、股份制企业以及包括合作社、协会等在内的各种农村合作组织。本书中所提到的粮食安全微观基础具体是指农户、粮食企业（包括粮食收储企业、粮食加工企业、粮食配送中心、零售企业）以及它们所构成的供应链（图3-8）。

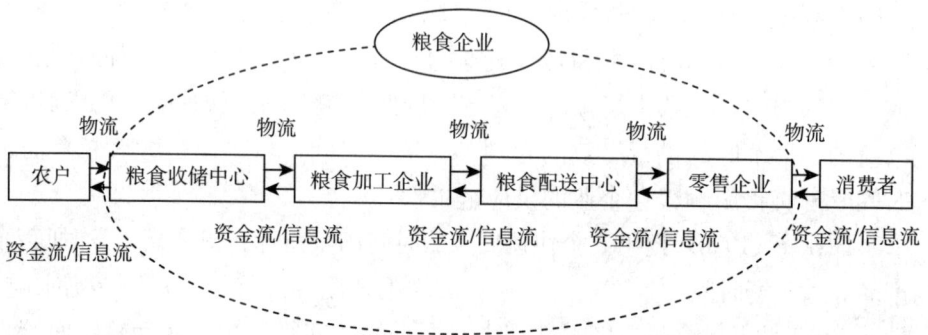

图3-8 粮食安全微观基础

由于粮食安全调控的实质是根据现有粮食供需状况与事先确定的发展目标，输入某种信号和能量，以引起某种粮食市场结构新状态，因此与粮食安全调控相联系的微观基础，就是指经济主体（企业或农户）对调整信号所做反应的强弱，也可以把它理解为由一个个企业素质为基础所形成的产业素质①。影响微观基础的因素很多，但最重要的是产业制度或企业制度。由于中国很多粮食企业至今实施的仍是一种财产约束软化的产业制度或不很完善的财产约束硬功化的产业制度，相对典型的企业来讲，具有利益边界模糊、利益约束软化、冲突调整较难等特点，因此应努力形成基于微观基础强化的主销区粮食安全调控理论与实践机制。

农户是农村经济社会发展的基本细胞，既是生活消费及社区活动主体，也是重要的生产经营主体。中国绝大部分粮食都来源于小农户，根据第二次《全国农业普查数据公报》，到 2006 年年末，全国共有农业生产经营户 20 016 万户，比 1996 年第一次全国农业普查时增长 3.7%。在农业生产经营户中，以农业收入为主的户占 58.4%，比 10 年前减少 7.2 个百分点。由表 3 - 12 可以看出，农业从业人员中男性占 46.8%，女性占 53.2%，农户已经显示出了女性化这一特点；40 岁以上的从业人员也占了 55.6%，呈高龄化趋势；农业从业人员中高中及高中以上文化程度的人员仅占了 4.3%，科学文化素质明显偏低。

表 3 - 12　农业从业人员数量及构成

		全国	东部地区	中部地区	西部地区	东北地区
数量（万人）		34 874	9 522	10 206	12 355	2 791
农业从业人员	男	46.8	44.9	45.7	48.6	49.7
性别构成（%）	女	53.2	55.1	54.3	51.4	50.3
农业从业人员 年龄构成 （%）	20 岁以下	5.3	4.2	4.9	6.4	6.4
	21～30 岁	14.9	13.5	13.8	16.5	17.2
	31～40 岁	24.2	22.0	24.5	25.3	25.4
	41～50 岁	23.1	25.0	23.5	20.6	25.3
	51 岁以上	32.5	35.3	33.3	31.2	25.7
农业从业人员 文化程度构成 （%）	文盲	9.5	7.7	8.9	12.8	2.9
	小学	41.1	38.5	37.0	47.0	39.0
	初中	45.1	48.8	49.2	36.7	54.6
	高中	4.1	4.8	4.7	3.3	3.2
	大专及以上	0.2	0.2	0.2	0.2	0.3

数据来源：第二次《全国农业普查数据公报》。

---

① 产业素质的基础是企业素质，但又不是各企业素质的简单加总，而是产业活动质量和水平的综合反映。

由表 3-13 可以看出，2006—2010 年农作物总播种面积逐年递增，粮食作物的面积亦是，但是总的说来增幅不大，而其他一些像油料、烟叶、茶园等面积增幅较大，在农户种植中较受欢迎。

表 3-13　2006—2010 年主要农作物播种面积

单位：万亩

年份	农作物总播种面积	粮食作物	油料	棉花	麻类	糖类	烟叶	蔬菜	茶园	果园
2006	152 149	104 958	11 738	5 816	283	1 567	1 189	16 639	1 431	10 123
2007	153 464	105 638	11 316	5 926	263	1 802	1 164	17 329	1 613	10 471
2008	156 266	106 793	12 825	5 754	221	1 990	1 326	17 876	1 719	10 734
2009	158 614	108 986	13 654	4 949	160	1 884	1 391	18 390	1 849	11 140
2010	160 675	109 876	13 890	4 849	133	1 905	1 345	19 000	1 970	11 544

数据来源：国家统计局。

虽然近年来农作物播种总面积逐年递增，但是按照比例来看，支撑国民经济的粮食作物面积并没有递增，甚至在 2005 年减少了（图 3-9）。在保证单位面积粮食产量的情况下，还应该适当保持粮食的种植面积，这是保障主销区粮食安全的基础。

中共十一届三中全会以来，农村改革强化了农户的地位与作用。在推进社会主义新农村建设的新时期，亿万农户的作用更加不容忽视。中国是一个农业大国，同时也是一个储粮大国，粮食年产量和常年储存量均居世界首位，而且各级粮食储备有较为完善的仓储设施和技术保障，在保证国家粮食安全方面发挥着重要作用。目前中国还有三分之二的粮食储存在农户手中，这些粮食的储藏安全是国家粮食安全的重要组成部分。因此，只有重视农户的粮食储藏，提高农户的技术水平，才能真正保证整个国家的粮食安全。

粮食企业在粮食安全微观基础中同样扮演着重要的角色。国有粮食企业作为国家粮食购销主渠道，在粮食购销市场化以后的经营运作，一方面要参与市场经营活动，另一方面又要贯彻执行国家方针政策，在农民出现"卖粮难"时想法"吞入"，在市场粮价上涨，社会粮食安全受到严重威胁时，必须及时"吐出"，以此缓解市场粮食供需矛盾的加剧。同时，近年来也呈现出民营企业占主导地位的加工主体多元化格局。2010 年，民营企业、外商

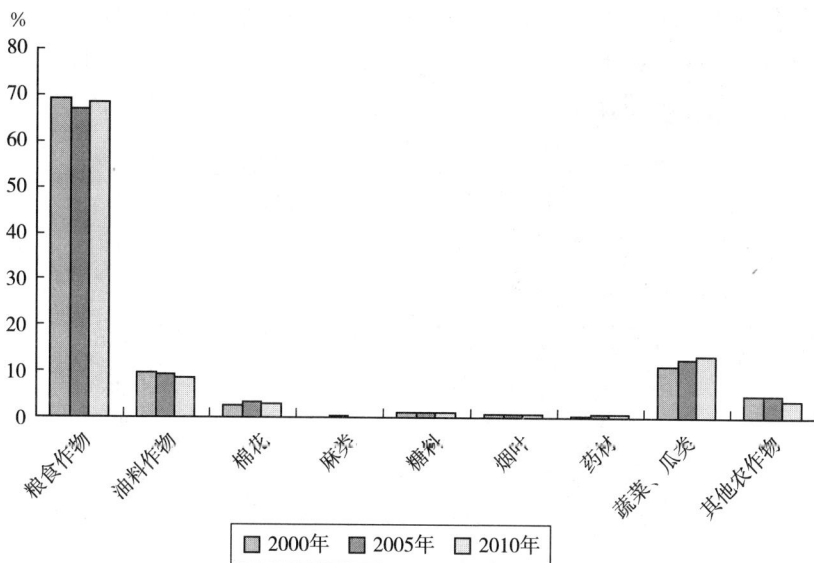

图 3-9　各类农作物近 10 年播种面积所占比例

数据来源：国家统计局。

及港澳台商企业、国有及国有控股企业实现销售收入分别占总量的 66%、25% 和 9%，大米产量分别占总量的 87%、1% 和 12%，小麦粉产量分别占总量的 87%、5% 和 8%，玉米加工产量分别占总量的 66%、26% 和 8%。2010 年，日处理稻谷 200 吨以上的大米企业达 11 29 家，是 2005 年的 3.9 倍；日处理小麦 400 吨以上的小麦粉加工企业达 427 家，是 2005 年的 3.1 倍；年产 10 万吨以上的饲料企业达 504 家，是 2005 年的 2.6 倍。大型粮食加工企业实力不断壮大，玉米加工业前 10 强企业销售收入占全行业的 38%，饲料加工业前 10 强企业（集团）销售收入占全行业的 21%，其中，最大的饲料生产企业年产量超过 1 000 万吨，进入世界饲料行业前 10 强。

现代物流发展到一定的水平，供应链管理就成为企业最基础、最核心的管理模式，随着粮食生产、加工、流通等方面工业化程度的不断提高，粮食供应链管理将成为各经营主体获取市场竞争优势的主要手段。粮食供应链是一个连接粮食生产、储存、运输、流通、加工和消费等各产业的完整体系，集成粮食产、加、销、储、运等多环节、多主体、多区域，以共生、协同、增值、共赢为核心，是一个由粮食相关产业组成的大系统，也是一种更为综合、更为系统、全方位、多层次的粮食安全。构建粮食供应链能有效兼顾农民和企业、产区和销区的利益，创新"以工补农、以城带乡"的实现形式，并以资源的循环利用带动高产、优质、高效、生态、安全农业的发展，促进资源节约型、环境友好型社会建设。

长期以来，国有粮食企业形成了一整套的系统网络，遍及乡村，直接成为执行国家政策、服务"三农"的重要组成部分，正是它的存在，才能使国家更多的惠农政策能够执行到农村，使种粮农民直接受益。只有基层国有粮食购销企业进入收购市场，才能推动市场有序的竞争，把最大的利益转让给农民。在平时的市场供应中，占有主导地位的还是基层国有粮食购销企业，他们根据市场的需求变化和自身的生存发展，而不间断地供应市场粮食，保证了人们对粮食消费品质的要求。目前，民营粮食企业在购、销、加工等重要环节也都占有较大的比重，成为社会经济生活中不可忽视的力量；在促进生产，活跃市场，更好地满足人们的生活需要等方面起到一定的作用；营造多元竞争、充满活力的市场氛围，促进粮食流通进一步搞活。从另一角度来讲，在构建供应链的过程中，总有一个企业（可以是制造商、供应商或零售商企业）充当发起者，成为供应链的核心。供应链运作的好坏以及整个供应链竞争力的大小，在很大程度上取决于供应链核心企业的协调能力。

在全球变化的背景下，近年来国际、国内粮食价格大幅上涨，世界粮食危机凸显，跨国粮商控制中国大豆等产业的进程日益深入，中国农户、粮食企业及其供应链等微观基础如果再得不到重视与发展，不仅会使粮食安全成本高、效率低等老问题恶化，还可能会产生粮食安全主导权旁落等严重的战略问题。再者，对于外来人口多、人口密度大、经济比较发达的主销区来说，粮食缺口较主产区更大，急需要通过粮食供应链整合，促进产销区粮食微观主体间的沟通和合作，提高外来粮源依赖下的主销区粮食安全保障度。因此，研究主销区粮食安全微观基础问题具有重大意义。

二、中国粮食主销区农户微观基础问题及原因分析

国土资源部发布的 2008 年度全国土地利用变更调查结果显示，截至 2008 年 12 月 31 日，中国耕地面积为 18.257 4 亿亩，比 2007 年 10 月 31 日的 18.26 亿亩净减少 19 万亩；1997—2007 年，中国耕地面积年均减少 1 132

万亩。在这种情况下，如何强化农户这一微观基础，就成了实行粮食安全战略制胜的关键之一。然而从主销区来看，还存在如下突出问题：

（一）主销区种粮农户的经营规模小

以一家一户为单位进行粮食生产与经营，迄今仍是中国农业经济的基本特征之一。在中国历史上，最早出现的是原始社会制。西周时期实行井田制，奴隶主将田分成若干小块，由奴隶或庶民以家庭为单位进行耕种。秦始皇统一中国后，"制民分土"，土地私有化得到国家承认，遂使"地主—自耕农制"成为中国封建社会的基本粮食生产制度。20 世纪 50 年代末至 80 年代初，中国实行政社合一的农村公社制度，成为粮食生产的主要制度。1978 年后，中国实行农村家庭承包经营制，由农户以一家一户为单位承包土地进行粮食生产。

进入 21 世纪，粮食主销区出现了土地股份合作制、家庭农场等新的粮食经营形式，粮食规模种植与经营有了一定程度的发展，但农户以一家一户为单位进行粮食生产的小规模经营方式的基本现状并没有得到实质性改变。粮食主销区农户往往是分散的小农生产者，是家庭经营而非企业化运作，生产规模小。根据《财富时报》和《中华合作时报》在 2009 年对 6 个不同区域的省（自治区）2 000 多个农户做的较大规模的调查问卷，可以看出农户的生产种植面积都不大，尤其是作为经济较为发达的江苏省，专业农户大田种植面积平均仅为 1.78 亩（图 3－10）。

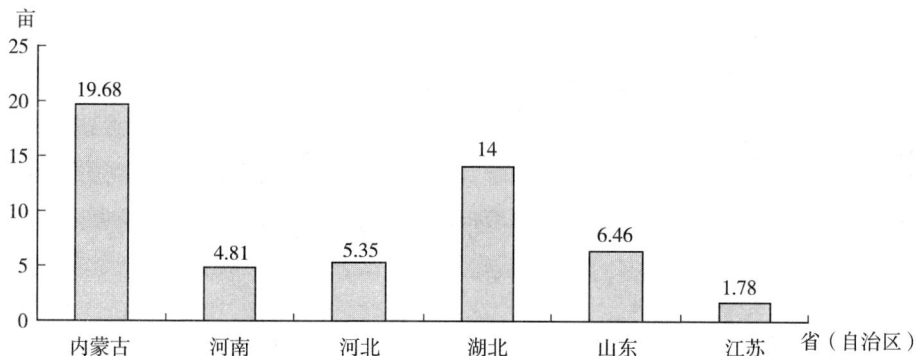

图 3－10　不同省（自治区）的大田种植面积

数据来源：根据《2009 年中国专业农户生产与生活调查报告》整理。

众所周知，20 世纪 80 年代以来，尤其是 90 年代乡镇企业的兴起、工业化与城市化、"民工潮"等社会经济背景下，农民非农就业行为普遍，农业劳动力转移速度明显增快，农户兼业现象十分突出，兼业农户[①]数量增加趋势明朗（余维祥，1999）。2009 年全国农民工总量为 22 978 万人，比 2008 年增长 1.9%，但是外出农民工总量 14 533 万人，比上年增长了 3.5%（表 3-14）。由于主销区农户的经营意识较强、种粮的比较效益更低、可选择的谋生余地更大，因此农户兼业[②]或放弃种粮的情况更加普遍。以下将结合江苏省常州市奔牛镇的情况对主销区农户种粮的结构情况进行典型分析。

表 3-14　农民工数量

单位：万人，%

	2008 年	2009 年	增加	增长
农民工总量	22 542	22 978	436	1.9
外出农民工	14 041	14 533	492	3.5
住户出农民工	11 182	11 567	385	3.4
举家外出农民工	2 859	2 966	107	3.7
本地农民工	8 501	8 445	−56	−0.7

数据来源：《2009 年农民工监测调查报告》。

江苏省常州市奔牛镇地处长江三角洲太湖平原中心，是一个有着 2 100 余年历史的古镇。全镇总面积 55.808 千米^2，下辖 14 个行政村、3 个居民委员会，拥有人口 52 000 余人。2010 年奔牛镇总耕地面积 25 483 亩，农户 8 665 个，户均耕地面积 2.94 亩。2010 年夏粮交易结束共有 3 356 农户交售了 2 995.7 吨小麦，总计 576.98 万元，户均 665.87 元。而本书课题参与调查的 2010 年江苏省常州市奔牛镇何家塘村门前沟组农户耕地与小麦种售情况，则更加悲观（表 3-15）。2010 年江苏省常州市奔牛镇何家塘村门前沟

---

① 农户兼业是指农户在从事农业生产的同时也从事非农产业。

② 农户兼业的动因是为了获得更多的收入，本是无可非议的。但在农户各方面能力均十分有限的条件下，农户向非农产业倾斜，必然引起人力（且是高素质人才）、物力、财力从农业产业转移出去，使本来就有限的人力、物力、财力更加分散，必然减弱农业生产能力；农户的兼业化还将进一步阻碍土地规模的扩大，兼业经营使土地流转和集中困难，从而形成小规模农户经营的固化，甚至导致农业生产的副业化，不利于农业生产的发展。

组共有 30 家农户、耕地 55.46 亩，人均耕地面积为 1.85 亩。就拥有耕地并
种植小麦的 15 家农户来讲，2010 年实际种植小麦的最大面积为 3 亩，最小
为 1 亩，户均 2.39 亩，共种植小麦 35.86 亩，除掉口粮与种子留粮等，实
际及可望出售的小麦收入为 17 575 元，户均 1 171.67 元。而这收入在相对
发达的苏南来讲，是较少的，也必须通过项目增加收入来保障生存及改善
之需。

表 3－15　2010 年江苏省常州市奔牛镇何家塘村门前沟组农户耕地与小麦种售调查

序号	户主名	自有耕地面积（亩）	实际种小麦面积（亩）	小麦出售（斤）	价格（元/斤）	口粮留粮（斤）	种子留粮（斤）	小麦待售（斤）	小麦出售收入（元）
1	熊杨炳	16	2	1 000	0.95	200	100	0	950
2	王建明	6	6	3 000	0.95	300	200	1 000	3 800
3	王裕强	4.2	1.6	800	0.95	300	100	0	760
4	刘维德	4	4	2 000	0.95	500	100	600	2 470
5	诸新南	4	4	1 100	0.95	500	100	0	1 045
6	张志东	4	1	400	0.95	100	100	0	380
7	胡文清	3.1	3.1	1 400	0.95	500	100	0	1 330
8	熊金炳	2.4	2.4	1 300	0.95	300	100	0	1 235
9	章细炳	2.24	2.24	1 200	0.95	400	100	0	1 140
10	王志仁	2.15	2.15	1 200	0.95	200	100	0	1 140
11	王建昌	1.8	1.8	1 000	0.95	300	100	200	1 140
12	章建荣	1.5	1.5	300	0.95	200	100	0	285
13	王国平	1.5	1.5	500	0.95	0	0	0	475
14	诸槐成	1.4	1.4	1 000	0.95	500	100	0	950
15	熊炳海	1.17	1.17	500	0.95	100	100	0	475
16~30	熊龙炳等	0	0	0	0	0	0	0	0
合计		55.46	35.86	16 700	0.95	4 400	1 500	1 800	17 575
平均		1.85	1.20	556.67	0.95	146.67	50.00	60.00	585.83
有地并种小麦户均		3.70	2.39	1 113.33	0.95	293.33	100.00	120.00	1 171.67

注：根据农户结算卡调查数据整理而成，其中自有耕地面积含承包田、自留田与经济田。

（二）小农户与大市场对接的适应能力较差

现代粮食供应链对农户的知识水平和信息化水平有较高要求。然而，中国农民整体上科技文化素质依然明显偏低。据农业部调查，中国农民平均受教育年限仅为 7.8 年，其中，文盲半文盲占 7%，小学文化程度者占25.8%，初中文化程度者占 49.4%，大专及以上文化程度者只占 1.1%。农户生产经营过程中，技术和市场信息至关重要。中国政府自 1994 年启动农户信息化工程，经 20 余年的发展，农户信息系统硬件设施得到很大改善，但农业信息资源的开放利用依然十分落后。根据《财富时报》和《中华合作时报》在 2009 年对 6 个不同区域的省（自治区）2 000 多个农户做的较大规模的调查问卷，在这 2 154 个样本农户的生产经营信息来源中，排在第一位的是广播电视，利用率达 65.46%；其次是报纸和传单，利用率达 27.90%；再次是技术员介绍和邻里亲朋，利用率分别达到 23.82% 和 22.56%。相比之下，网络、培训讲座和手机短信目前在提供农户信息方面所起的作用还是有限的。信息化程度低和信息不对称，导致农户难以对市场需求变化做出快速响应，无法与市场进行有效衔接，从而难以生产出适销对路的农产品。

主销区农户的粮食基本上都储存在自家的货仓，而这些货仓通常都难以达到粮食储存的基本要求，例如没有保粮所必需的温度、湿度等设备设施，以及防止鼠咬虫蛀等设施，一般农户由此所造成的存放损失往往在 1%～5%；由于一般农户都处于"望天收"的境地，由于天气不好而得不到及时收割与烘干的损失往往也在 1%～5%。另外，由于货源在农村田头，其运销物流几乎均是以农用汽车、大货车、三轮汽车、摩托车等为主要载体，以传统"四散"（即散装、散卸、散存、散运）为主体方式，各种交通安全及"撒漏"现象对环境的破坏情况都比较严重（余波，2007），且由此所造成的损失往往又会转嫁给农户。

主销区种粮者基本都是老人、妇女，收获的粮食无力整晒，且每逢粮食收获季节，往往是降雨比较集中的时候，所以烘干条件等缺乏易导致粮食水分偏高，从而影响正常安全储存或直接出售。总之，主销区农户所表现出来的人财物等素质或条件较差，在经销谈判与供应链合作中处于弱势地位，各种为农服务方式难以落实到实处，从而决定了主销区农户与大市场对接的适应能力较差，当引起各方重视。

（三）主销区农户的种粮意愿较差

主销区农户的种粮意愿较差，几乎是一个路人皆知的事情，而产生这一情况的基本原因还是从事粮食生产的比较效益远远低于非粮生产。根据浙江省物价局对全省17个调查县（市、区）195个农户2011年的早籼稻成本收益调查（以下简称农本调查），每亩早稻的平均售价为997.62元，而生产成本就有745.37元。农本调查数据显示，2011年早籼稻每亩净利润为252.25元，与此相比，种植甘蔗（糖蔗）每亩的纯收益均过千元。至于种植蔬菜、花卉等的收入则会成倍提高。这表明，浙江粮食生产在总体上不仅难于使农户获得正常的经济收入，反而出现亏本现象。农民人均农业收入占总收入的比例越来越低。2001年江苏农民人均农业收入占总收入的比重为33.15%，而到2008年时已下降到16%，2008年与2001年相比，浙江农民农业收入占总收入比重下降了近6%。

表3-16　2001—2008年江浙农民人均农业收入占总收入的比重

单位：元,%

项	目	2001	2002	2003	2004	2005	2006	2007	2008
江苏	农业收入	1 254.6	1 157.2	759.2	957.6	946.4	1 000.7	1 084.8	1 175.8
	总收入	3 784.7	3 995.6	4 239.3	4 753.9	5 276.3	5 813.2	6 561.3	7 357.0
	比重	33.15	28.96	17.91	20.14	17.94	17.21	16.53	16.00
浙江	农业收入	720	734	754	805	810	879	898	923
	总收入	4 582	4 940	5 431	6 096	6 660	7 335	8 265	9 258
	比重	15.71	14.86	13.88	13.21	12.16	11.98	10.87	9.97

数据来源：江浙相关年份统计年鉴整理而得。

主销区农户的种粮意愿较差不仅表现在一般家庭农户，也表现在一些种粮大户上。下面着重从农户结算卡项目试点后揭示的一个现象来进行阐述。农户结算卡项目试点期处于夏粮收购高潮，但平台数据显示，奔牛镇上报的150户种粮大户中，刷卡交易参与率仅为20%，刷卡交易数量仅占大户上报可售商品粮总量的11.2%。为弄清大户小麦生产、出售及参与刷卡交易的情况，农户结算卡试点项目办公室组织开展了奔牛镇种粮大户小麦生产出售情况专项调查。对81户种粮大户小麦生产情况调查的结果显示：实际种植小麦的户数为48户，占本次调查户数的59.3%；实际种植小麦面积为

1 608 亩，占上报种植小麦面积的 52.9%，与上报的小麦种植面积 3 040 亩相比，减少小麦种植面积 1 432 亩。产生这一情况的原因除了种粮收入低，还有相关服务体系不完善的问题。

随着农业新技术的应用，粮食生产能力、生产效率、农产品产量与质量等都得到了不断提高。在这种情况下，种粮农户在满足和扩大自身消费的基础上，不仅有越来越多的产品需要到市场上销售，而且对粮食商品化生产技术的获取、生产资料的供应、金融服务等方面的服务要求越来越强烈，为此能否确保从采购农业生产资料，到粮食的收购、运输、储存、销售等各个环节的快速高效，就成了新时期农民增收、内需增加的重要环节。但目前的基本情况是：农民对粮食生产之外的很多环节并不擅长，如生产资料购买、粮食销售、粮食种植品种选择等；农户的分散性，使得农业生产资料采购与原粮销售等难以达到规模经济的数量要求；粮食登场与种植的时间相对集中，而与之相配套的许多粮食储存、运输、烘干等设施往往难以及时满足产后服务的需要，最终导致农民"增产未必增收"的情况。与此同时，致力于为农户服务的企业数量较少，粮食流通部门又常因农民种植与具体交售粮食的具体时间、数量、质量、价格与竞争情况等不清楚或不确定，而造成资源配置上的严重浪费以及粮食储备调控的效率；致力于为农户提供农技、资金、生产资料与财政补贴的农技部门、金融部门、供销社与财政局等部门，又因对农户生产、生活需求情况把握不准或不及时，而难以提供针对性强的及时服务、有效服务。虽说家庭承包制改革以来，中国农户服务体系一直在发展，但"条块分割"式的"部门化"农户生产服务体系弊端仍然严重：公益性服务不能有效提供（陈锡文，2006），而商业性服务因缺乏充分竞争而呈现质次或价高的状况；农户难以分享服务体系所产生的利润，反而可能因接触服务体系而降低了本应得的利润份额。

三、中国粮食企业微观基础问题及原因分析

除农户以外，粮食企业更是粮食安全的微观基础不可忽视的一个环节。粮食企业包括以执行国家粮食政策性收购、储存业务为主的粮食购销企业，以粮油加工业务活动为主的粮食附营企业两部分。粮食的特殊性与企业的经纪人特征，使粮食企业既要反映国家主体经济利益，确保市场的

供应与稳定，又要反映市场经济运行的要求，体现企业盈利的本质特征。2004年，中国全面实现了粮食购销市场化，以此突破了中国传统计划经济体制最后一个顽固堡垒——粮食计划购销体制。迄今，虽然粮食流通体制改革已经经历多年，但是受整体经济环境因素及企业历史遗留问题等影响，国有粮食企业还存在很多问题亟待解决。同时，作为粮食供应链的关键环节及核心力量，中国粮食企业与国外粮食企业巨头相比还存在较大差距。

（一）市场竞争力不够

规模化、集约化是现代企业的发展方向。中国的粮食企业大多是分散经营的个体组织，规模也较小，处于无序竞争、分散经营、各自为政的状态，造成粮食产业各个环节效率和效益的双重低下。根据2005—2007年的《粮油加工业统计报告》可以看出，粮油加工企业数量逐年递增，且企业规模都在扩大，2007年日加工能力400吨以上的企业已达到491家，占总数的4.1%，比2005年的3.3%增长了0.8个百分点（图3-11）。

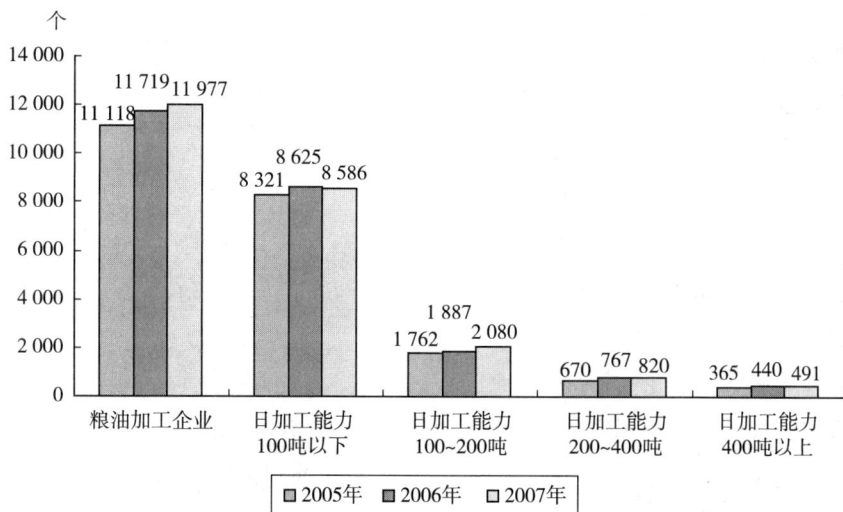

图3-11 2005—2007年粮油加工企业情况

资料来源：根据2005—2007年《粮油加工业统计报告》整理。

2007 年粮油加工企业中日生产能力在 100 吨以下者占总数的 72%，虽然较 2006 年的 74% 有所下降，但是仍然占了绝大部分；400 吨以上的企业仅占了 4%，大型企业较少，规模化程度比较低（图 3－12）。

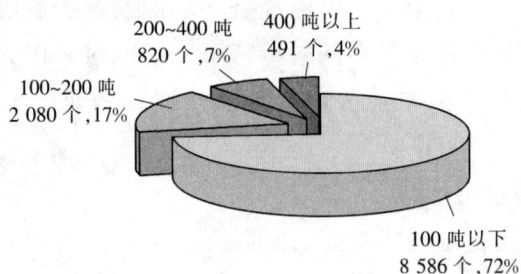

图 3－12　2007 年粮油加工企业生产能力分布情况

数据来源：《2007 年粮油加工业统计报告》。

稻米、小麦、玉米、大豆等加工业的生产、集约化经营是发达国家发展粮油加工业的成功经验。美国年产面粉 1 800 万吨左右，面粉企业仅有 195 家，目前美国最大的 4 家面粉公司的日产能力占全国总日产能力的 22%，生产能力占全国总生产能力的 63%。日本、美国以及大米出口量世界第一的泰国，大米加工企业的规模都在日产 500～1 000 吨；美国和巴西豆油厂的规模也多在 1 000～3 000 吨/日。而中国的粮食加工企业，日处理能力在 100 吨以下的稻谷加工企业占 65.2%，200 吨以下的小麦加工企业占 90.4%。布局分散，区域发展不平衡，初加工产能相对过剩，稻谷、小麦加工行业产能利用率分别只有 43% 和 60% 左右。在这种情况下，外资的进入将会加剧粮食市场的供给矛盾和价格波动，同时将会不断弱化国家对农业的控制。

近年来，外资正悄无声息地进入国内农产品市场，其所占比例在一些行业迅速扩大，其中，中国食用油对外依存度已达到 70% 以上。根据中纺集团发布的一份研究报告显示，目前在国内油脂油料加工行业，外资企业油脂油料压榨产能占到国内市场份额的 47.2%；以中粮、中纺为代表的中央企业油脂油料压榨能力占压榨产能的 42.9%；其余近 10% 的市场份额则由民营企业分得。中国规模以上的油脂压榨企业中有相当一部分被外资购买或有外资背景，这也造成发改委对小包装油市场的调控感觉力不从心。

中国粮食企业基本没有形成带动力强的龙头企业，缺乏"航空母舰""特强舰队"。通过近年来的不断整合，国内相继筹建的四大中央级粮油集团（即中储粮、中粮、华粮、中纺），已成为中国对抗跨国粮商在国内肆意扩张的重要屏障。但是，目前中储粮作为全国最大的粮源控制企业，具有较强的实力，却没有粮食加工业务；中粮集团有加工业务，却不能掌握粮源，销售网络也不够广；华粮集团虽然在全国属于比较大的企业，但实力根本不能与跨国粮商相提并论。

（二）机制体制不优

中国的粮食企业镌刻着计划经济时代的烙印，政出多门，政企不分，涉及的部门庞杂，冗员较多，包袱沉重，企业内部矛盾也较为突出。尤其是国有粮食企业，从主观上来讲，是想灵活地适应市场变化要求的，但多年来深受国家政策性影响的陈旧体制以及连年的企业亏损，决定了它难以在安全调控中发挥灵活、高效地吞吐粮食、平抑物价作用。如图3-13、图3-14所示，中国粮食企业的利润总额在不断增长，这是一个不错的势头，但是从图中可以看出两点：（1）民营企业和外商及港澳台商发展迅猛，利润总额增长幅度较大，国有企业发展缓慢；（2）虽然民营企业发展不错，但是它们以89%的数量分享了56%的利润，而外商及港澳台商以1%的数量占了41%的利润，而国有企业以10%的数量仅仅占了利润的3%。

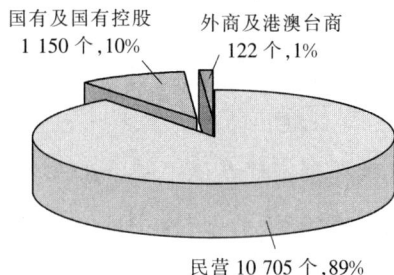

国有及国有控股 1 150个，10%　　外商及港澳台商 122个，1%

民营 10 705个，89%

图3-13　2007年中国粮食企业所有制情况
数据来源：2007年《粮油加工业统计报告》。

国有粮食企业大量资产闲置，不要说资产增值，连保值都很困难；冗员膨胀，管理不善，费用有增无减，流通成本上升；粮油、食品工业间同构现象严重，产品结构不适应市场需求结构和消费结构变化的需要；增长方式粗放，投入多，产出少，效益滑坡。

现行粮食企业普遍感受到了比以往任何时候都严重的产品销售难的问题，企业越来越感受到以往营销工作的局限性或背时性。面对日趋激烈的市场形势与顾客需要的变化，过去行之有效的方式方法，极可能成为现在拓展

亿元

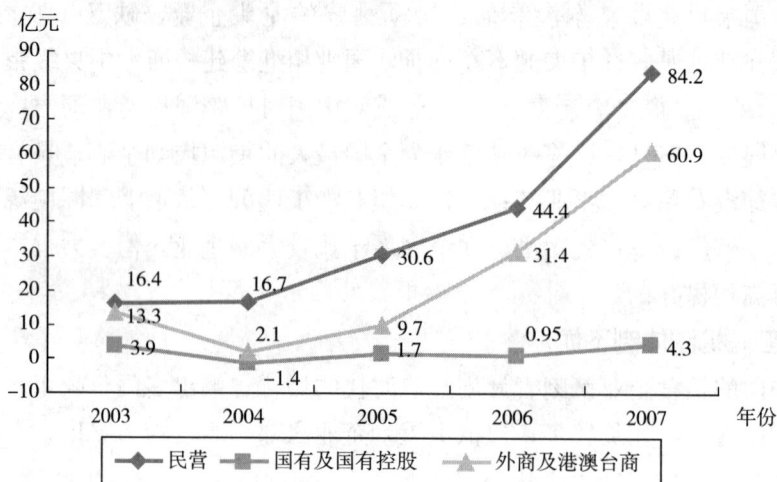

图 3-14　2003—2007 年不同所有制企业利润总额情况
数据来源：《2007 年粮油加工业统计报告》。

市场的桎梏。从总体上看，中国目前粮食企业决策层的营销能力太弱，大多凭经验传统展开直观营销，营销中的理性行为和有深度、有影响的策划较少，营销行为的系统性、超前性、战略性不够。计划经济中的粮食企业经营行为单纯而直观，消费者需求和市场变化则是经营中很少考虑的因素，在这种情况下，企业无需竞争思维，进行营销创新与策划促销纯属多余，几十年来的经营习惯使经营者感到经验比知识重要、埋头苦干比勤奋思考重要。但是，市场经济的不断发展使得市场和消费者呈现出多样化与复杂化的特征，在这种情况下，粮食企业要把握市场的主动权和消费者的脉搏，动态地满足消费者的需要。而且粮食企业带有垄断性质的收购，限制了其他市场主体的进入与发育，也直接影响到了粮食企业的转型与粮食市场体系的完善。因此，根据目前粮食企业活力不够、后劲不足、效益不高等情况，粮食企业必须在经营上多下功夫。

长期以来，粮食企业处于产业链的中端，上游种植源头和下游销售终端的缺失，给企业经营带来很大制约，给粮食经营带来极大风险，给企业效益带来重大影响，造成企业发展空间狭隘、发展半径过小，对企业可持续发展产生极为不利的影响。国内外的农产品供应链管理实践表明，流通控制权逐渐向农产品供应链终端发展是一个必然趋势，在整个供应链中占据主导地位的核心企业通常是经销商和农产品加工企业，而非生产者。

（三）基础设施不完善

粮食仓储设施是粮食企业最主要的资产。仓库条件是科学保粮的基础，在现有的总仓容来看，20世纪五六十年代建成的仓库仍占相当大的比重，规模较小，房屋破旧，设施老化，仓型结构不尽合理，相当一部分已不能存储粮食。对于这些旧仓仓库，各级粮食部门每年都投入大量资金进行维修，但要彻底解决上漏下潮、墙体裂缝、气密性差等问题，资金上存在很大困难。由于粮食企业自身财力有限，政府对仓储设施的投入严重不足，国有粮食企业的仓储设施近年来基本没有得到改善。

过小规模的仓储设施和过于分散的仓点布局，不利于产业聚集效应的发挥，因而不少地方出现了一方面乡镇仓储设施大量闲置浪费，另一方面城市应急设施又严重不足的怪象。与此同时，大部分粮库现在主要采用机械通风、药剂防虫等传统的储粮方式，效果差，农药残留大，不符合当代环保、安全的消费理念。仓房条件差、储粮技术落后，使得储存的粮食品质老化快，在粮食经过一定时间的储备之后，基本上已经不能进入中高档口粮市场。粮食的品质决定了粮食的价格，储粮企业无法卖得好价钱，使企业经济受损。

粮食企业对于粮食加工科技研发重视也不够，投入不足。2010年，粮食加工业科技投入仅占销售收入的0.2%左右，大大低于发达国家2%～3%的平均水平。基础研究薄弱，国家工程技术中心、工程实验室和企业研发中心等创新平台数量较少，自主创新能力不足。创新人才和经营管理人才不足，关键技术装备的开发大多处于仿制阶段，科技成果储备少、转化慢，产品技术含量低，高品质产品少，制约粮食加工产业升级。

目前，中国三分之二的大中型粮食企业没有自己的科研开发机构，75%的企业没有科研开发动力，中国99%的企业没有任何专利，对外技术依赖已成为了企业提高竞争力和经济实力的发展瓶颈。根据中国粮油榜之中国百佳粮食企业的榜单，从上榜企业提供的资料中也可看来，中国粮食企业在技术创新中的缺失，其中仅有不到34%企业有自己的科研团队，技术上有创新的更是凤毛麟角。

此外，稻壳、米糠、麸皮等粮食加工副产物综合利用率较低，产业链不完整，缺乏深度开发利用，产品附加值低。稻壳用于发电和直接填烧锅炉的比例仅为 30％左右；米糠用于制取食用植物油的比例不足 10％，杂粮、大豆等加工副产物的有效利用率低。

（四）缺乏相应的粮食安全预警能力

在一般情况下，粮食属于实用性产品，满足人们日常生活水平需要，但是粮食又是一种敏感性商品，很容易受金融性因素（如国际投机资本炒作、国际粮商试图垄断粮食等）影响，在特殊情况下，它需要转变成应急性产品，以面对环境的不确定性。例如，2008 年年初的雪灾和 5 月的汶川大地震，粮食就以应急性产品的身份通过军事物流送到受灾人民手中。中国军事物流在这种情况下发挥了重大作用，但付出巨大的人力、财力代价，即原先的粮食供应链管理体系没有发挥应有的效用，而采取军事物流进行快捷响应的成本很高。归根到底是现行粮食供应链不能有效地应对粮食行情变化的不确定性需要，即不能及时实现粮食从功能性产品向应急性产品的转变。具体表现为：

（1）粮食安全预警理论的基础研究和应用研究非常薄弱。目前国内粮食安全预警研究主要借用宏观经济预警系统原理给出理论模型，但在指标选择、数据标度及警度分析指标等方面尚存在较大争议，特别是现有的理论模型没有经过数据检验，可靠性较差。粮食主销区各省市在这方面的研究也处于起步阶段，对实际工作缺乏指导。

（2）信息采集制度不完善。目前粮食信息主要集中在批发市场和集贸市场的价格采集和播种面积统计方面。对国内外的粮食生产、供给、需求、流通等信息的全方位动态实时收集和加工整理分析还很不充分。这些问题不仅是国民经济信息化和电子政务建设方面的问题，更反映出中国粮食企业信息采集方面的制度缺欠。

（3）粮食应急体系不健全。在国家颁布《国家粮食应急预案》后，粮食主销区先后出台了粮食应急预案。粮食应急预案是保证发生严重自然灾害或重大突发事件等特殊情况时的粮食有效供给，确保粮食安全的重要措施，但各预案在粮食价格波动干预目标的可操作性，市场管制的法律法规支持，加工、运输、销售的配套体系等方面还需要进一步完善，特别是成品粮应急保供还难以达到预定要求。

（五）协作关系不牢

粮食主销区很重视粮食的供需平衡，积极与主产区建立粮食购销协作关系。但就目前来讲，这种协作关系还不稳定，难以经受起"粮食行情突变"与山海关"粮食运输瓶颈"的双重压力。事实表明，出现地区性粮食供给偏紧的时候，也往往是粮食调运特别困难的时候，这时，即使能从国内或国际市场买到粮，也可能发生"远水解不了近渴"的现象。这主要是因为虽然粮食主销区的粮食运输基础设施较完备，但是与之配套的辅助设施落后，比如卸货设备，基本是以前的设施，不能满足不同品种粮食的装卸，无法实现无缝衔接。资料显示：2004 年浙江省为充实地方储备进口了 1 亿千克小麦，是散运进来的，到了宁波港后，先是由于无法卸货而压港，需支付滞港费，同时由于港口没有散卸散装自动化设施，只能用大斗抓到漏斗里，再装进麻袋，然后过磅称、缝包，结果 1 亿千克小麦前后装卸了近 4 个月，非常辛苦，还动用了部队。而且，装粮用的麻袋都要到 4 个省去采购，一只麻袋的成本要 6 元。不难想象，一旦粮食供给出现问题，靠这样的调粮肯定是不行的。

另据了解，粮食主销区粮情紧张时的一般做法是动用政治力量，以快捷响应的铁路运输从东北地区调粮，以良好的汽车运输条件从周边省份运粮。为此，就会打乱通常情况下的粮食运输结构与秩序。2003 年受粮食短缺的影响，主要由铁路、公路构成的陆路粮食运输大量增加，江苏省陆路粮食运输所占比重达到 60%。而在一般情况下，江苏省的粮食运输以水路为主，公路、铁路为辅，陆路粮食运输所占比重一般不超过 40%。

尤其值得一提的是，从东北地区调粮或"北粮南运"的通道狭窄。山海关是"北粮南运"铁路运输的主通道，但是每天只能通过各种货车 60 列左右，还存在原煤、原油、原木和原粮运输相争的问题，尤其是按照铁路运输政策，散粮专用列车目前尚不允许入关，严重影响了"北粮南运"效率。因此，在真正出现粮食紧缺时，主产区很难及时保证主销区的用粮需求，且即使能保证，也会因受到铁路运力限制而出现"抢车皮运粮"的现象，难以及时发挥"北粮南运"对粮食安全的保障作用，从而反过来又直接影响了产销区之间的协作，进一步加剧了本已非常紧张的铁路运输。

（六）粮食物流资源地区分割

粮食物流是粮食供应链的重要组成部分，是一条涵盖了粮食运输、仓储、装卸、包装、配送、加工和信息应用的完整的环节链，与商流、信息流、资金流共同构成了粮食商品流通的完整体系。目前，中国粮食物流资源分属于不同的行政区域，并分散于不同所有制性质的粮食企业中，难以按物流要求进行无缝化链接，不但表现在设施运作方面，而且表现在信息、需求、管理、体制等很多方面。多年来，粮食主销区与全国其他地区一样，忽略了粮食安全微观基础（农户、企业及其供应链）的战略地位与巨大作用，对一些普惠制政策措施所可能带来的负效应（如不利于耕地向种粮能手集聚等）长期不予重视，使得多年来推动的粮食专业化、规模化及其供应链管理举步维艰。随着WTO后过渡期的结束以及跨国粮商控制中国大豆等产业进程的日益深入，农户、企业及其供应链等微观基础如果再得不到重视与发展，不仅会使粮食安全成本高、效率低等老问题恶化，还可能会产生粮食安全主导权旁落等严重的战略问题。

当前，粮食主销区各城市从保障本地区粮食安全出发，几乎都投巨资兴建或正在兴建以粮食物流中心为重要形式的仓储设施等，不免造成了许多低层次的重复建设，也影响了粮食主销区一体化过程中的专业化分工与合作，尤其不利于粮食核心大企业的成长与粮食供应链的建设。如今，世界跨国粮商已加快了对中国粮食产业的布局，而经济发达的粮食主销区又是它们主攻的区域，为此，目前中国粮食物流资源地区分割以及难以形成与跨国企业竞争的问题，值得高度重视。除此之外，粮食储备仓储设施落后、接发设施不配套、综合利用率低等问题也不可小视。

（七）对跨国粮商图谋缺乏应有的警觉及措施

随着WTO后过渡期结束，中国在实行关税减让、取消非关税壁垒的基础上，逐步取消外资进入的地域限制、数量限制和股权限制，国内粮食市场逐渐向外资全面开放。在这样的宏观背景下，以美国ADM、美国邦吉、美国嘉吉、法国路易·达孚为代表的四大跨国粮商正以前所未有的速度和规模进入中国粮食产业，无论是对于经济相对发达的粮食主销区，还是粮源相对集中的粮食主产区，或是粮食产业基础较强的区域，都成为外资觊觎之地。而且跨国粮商对江苏粮食产业的冲击呈现"从大豆产业的深度掌控到粮食产业的全面冲击、从粮食供应链的个别环节介入到所有环节的渗透、从一般参与到粮食价格话语权的蚕食"等特征，业内普遍存在"跨国粮商高价收粮，是否会加剧国内粮价波动，并引发粮食危机？外资粮商的强势进入，是否将挤压国企和民企的生存空间？本土企业到底怎样才能与跨国粮商抗衡？怎样才能可持续地应对跨国粮商的冲击"等急需解决的问题。

目前，中国粮食市场迅速发展，但是粮食安全微观基础并没有与时俱进，这就使得中国的粮食供应链难以有效构建，或者即便能构建也难以与跨国粮商主导的粮食供应链竞争。相对于跨国粮商主导的粮食供应链，中国粮食种植是以农户为基础的小规模经济，很难实现生产的规模效益及产后的标准化、工业化流程；中国粮油加工企业数量多，规模小，竞争力弱，呈现"小、散、低"现象，缺乏核心竞争力。也就是说，相对于美国 ADM、美国邦吉、美国嘉吉、法国路易·达孚这种实力雄厚且生产力先进的国际性大企业，中国中小型粮食企业规模小、技术落后，没有核心竞争力，特别是在跨国粮商高价收粮的冲击下，存在严重的开工不足等问题。

第四节　跨国粮商冲击下的中国粮食安全问题探析

跨国粮商冲击中国粮食市场具有从大豆产业的深度掌控到粮食产业的全面冲击、从供应链的个别环节介入到全球供应链整合的竞争、从一般参与到粮食价格话语权的蚕食及跨国粮商对粮食产业的渗透具有针对性、超前性、战略性与整合运作性的特点四大特性，造成中国粮食安全问题充分暴露：供需紧平衡下仍然面临粮食安全危机或威胁，粮食收购市场无序且调控低效，粮食安全微观基础在跨国粮商冲击下显得异常薄弱。

一、引言

随着 WTO 后过渡期的结束，中国在实行关税减让、取消非关税壁垒的基础上，逐步取消外资进入的地域限制、数量限制和股权限制，国内粮食市场逐渐向外资全面开放。在这样的宏观背景下，以美国 ADM、美国邦吉、美国嘉吉、法国路易·达孚为代表的四大跨国粮商正以前所未有的速度和规模进入中国粮食产业，无论是经济相对发达的粮食主销区，还是粮源相对集中的粮食主产区，或是粮食产业基础较强的区域，都成为外资觊觎之地。而且跨国粮商对江苏粮食产业的冲击呈现从大豆产业的深度掌控到粮食产业的全面冲击、从粮食供应链的个别环节介入到所有环节的渗透、从一般参与到粮食价格话语权的蚕食等特征，业内普遍存在"跨国粮商高价收粮，是否会加剧国内粮价波动，并引发粮食危机？外资粮商的强势进入，是否将挤压国企和民企的生存空间？为什么我们不可以兼并世界级的跨国粮商？本土企业到底怎样才能与跨国粮商抗衡？怎样才能可持续地应对跨国粮商的冲击"等急需解决的问题。

从国内外现有的研究来看，对粮食安全的研究基本从以下几方面展开：一是从国际贸易视角研究，如朱晶（2001）、刘剑文（2003）、Kelly（2005）、Robert W. Herdt（2006）、郑少华（2009）、Robert Goodland（2010）等从国际之间相关利益冲突分析了粮食贸易问题和粮食安全问题；二是从粮食政策视角研究，如林毅夫（1994）、Keith Marsden（1998）、Belum V. S. Reddy（2008）、周雷（2009）、张芳芳（2009）、Louise Sperling（2010）等从粮食法制建设、产业政策、流通体系等角度分析了粮食安全问题；三是从粮食生产科技开发视角研究，如朱希刚（1997）、黄季焜（2000）、Cary Fowler（2008）、P. W. Mathenge（2009）等分别从粮食生产科技创新、科技进步对粮食产出影响等角度分析了粮食安全问题；四是研究粮食安全评价、预防与预警，如 Luan（2001）、顾焕章（2003）、肖国安（2005，2009）、蒋毓新（2009）、曹历娟（2009）、Rattan Lal（2010）、杨学利（2010）等分别从不同角度采用不同方法研究了应对能源危机、应对气候变化、应对生态保护、应对自然灾害的预防以及粮食安全评价体系和预警系统；五是研究粮食安全与农民增收，如赵文先（2009）、王放（2007）等。这些研究对确保中国粮食安全等具有重要的理论意义与实践价值，但也存在着明显缺陷：几乎都从粮食供求平衡与影响因素角度分析粮食安全问题，很难对"2007—2008 年中国粮食形势为极高度安全（顾海兵等，2007），但同时又特别担心粮食安全"的现象进行富有说服力的解释；几乎都没有考虑 WTO 后过渡期结束后跨国粮商及其供应链的全球竞争，而这一新情况会使国内外粮食安全要素的流动性不断增加，一个国家或地区的粮食安全问题可能由粮食价格主导权表失而引起。

因此，本书充分考虑新形势下的"新"，从跨国粮商冲击这一背景和视角出发，探讨中国粮食安全存在的问题及相关对策，对于在跨国粮商冲击这一新形势下如何弥补以往研究的不足，以及不断提升中国粮食安全的内在素质与外部适应性等都具有十分重要的理论意义，对如何应对跨国粮商冲击、促进本土企业竞争力提升与粮食安全保障等，具有现实针对性与实践指导价值。

二、跨国粮商对中国粮食产业影响的特点分析

外资企业进入中国粮食流通领域的过渡期到 2008 年已经结束，近几年跨国粮商不断进入中国粮食市场，其对中国粮食产业影响的特点主要有以下几方面：

（一）从大豆产业的深度掌控到粮食产业的全面冲击

大豆作为国内最早全线开放的农产品，目前整个大豆市场和大豆产业已面临被外资控制的局面。据悉，全球四大跨国粮商已控制中国 66％的大型油脂企业，控制产能达 85％。外资控制中国大豆企业不仅仅是为了获取加工利润，主要目的是形成一个庞大的"巴西、阿根廷种大豆，美国卖大豆，中国买大豆"的全球战略布局，并通过控制美国和南美大豆低价卖给美国贸易公司，高价卖到中国企业，从而将利润主要留在贸易环节。

从图 3-15 可以看出，中国大豆进口量连年增长，中国已由世界最大的大豆原产国变成世界最大的大豆进口国。目前，国内三分之二以上的大豆需求依赖进口，其中转基因豆油占据了 80％以上。2009 年全年大豆的进口量是 4 200 万吨，占到了全国大豆油市场的 90％，国产大豆对于食用油市场的定价权完全丧失。在此基础上，外资粮商掌握了中国植物油销售的终端渠道，对中国的大豆产业达到了深度掌控的程度。

大豆产业掌控权的丧失，也为跨国粮商全面进入中国粮食产业打下了基础。跨国粮商借助其掌控的植物油终端销售渠道，通过建立或收购面粉厂、大米加工厂，逐渐进入上游原料仓储、粮食加工、粮食销售各个领域，冲击中国粮食产业：跨国粮商布局中国化肥市场，嘉吉在华已经建立了全资的山东嘉吉化肥有限公司，以及合资的云南三环中化嘉吉化肥有限公司；在种子

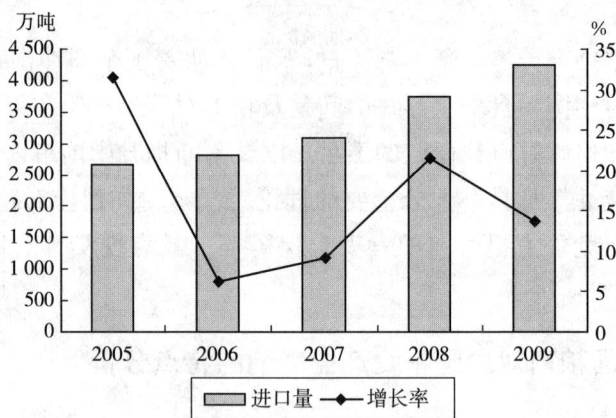

图 3-15　2005—2009 年中国大豆进口量及增长率

资料来源：根据中国海关总署公布数据整理。

研发领域，先锋公司 2005 年推出第一个玉米品种——先玉 335 以来，在吉林省迅速掀起抢种狂潮，种植面积不断扩大，到目前已超过吉林省玉米播种面积的 10%；从北方抢购小麦到南方高价收谷，跨国粮商正全面进入中国粮食收购市场；2010 年 9 月 17 日，美国农业部在东北中心城市沈阳设立的农业贸易处揭牌，这是继北京、上海、广州和成都之后，该部门在华设立的第五家办公室，至此，美国对华农产品战略布局已经进入到中国最核心的粮仓。

（二）从供应链的个别环节介入到所有环节的渗透

大豆产业的掌控是跨国粮商进入中国的第一步，粮食收购、加工等单环节的运作是跨国粮商全面冲击中国粮食市场的前奏，其觊觎的是整条粮食产业链的利益。从 2008 年开始，很多跨国公司开始通过并购龙头企业、投资办厂、参股控股方式控制粮食加工环节，采取品牌战略、物流控制、资本运作等模式、依托加工、流通向粮食全产业链渗透，逐步形成从粮食产业技术研发到粮食种植、到粮食产业下游的供应链全程渗透（图 3-16）。

目前，跨国粮商的运作模式，已经做到了"三个全"：全球化经营，全环节利润，全市场覆盖。在此运作模式下，跨国粮商在中国粮食产业的扩张已不容小觑。以益海嘉里为例，其在粮食收购、仓储、加工、销售等各个环节进行了渗透：（1）粮食收购。2006—2009 年，与农民合同种植水稻的面

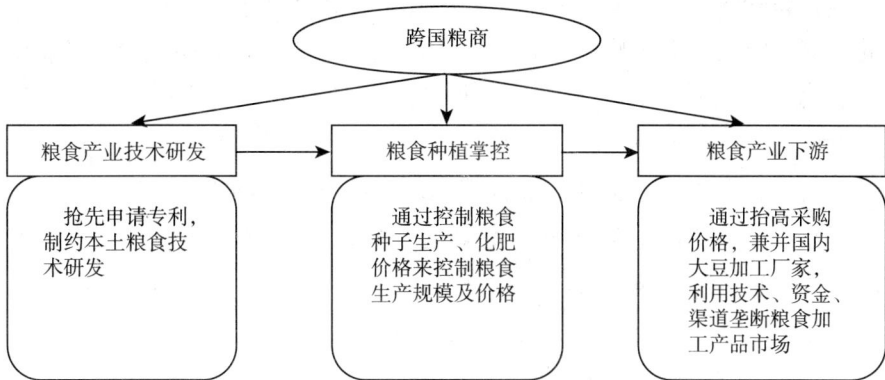

图 3-16　四大跨国粮商粮食供应链运作模式

积已经达到 28 万亩。（2）粮食仓储。在山东已经建立了嘉祥、清运、武城等粮食仓库。（3）粮食加工。在国内直接控股的工厂遍布河北、山东、江苏、福建、广东、广西等沿海主要省份及四川、湖北、湖南、新疆、宁夏、黑龙江等内陆地区，贸易公司及办事处已覆盖除西藏和港澳台地区外的全国各省（自治区、直辖市）。（4）粮食销售。上市不到两年，金龙鱼大米的销量已经是中粮集团旗下福临门的两倍。2008 年，金龙鱼大米销售量约 200 万吨，市场份额占 30%～40%。

（三）从一般参与到粮食价格话语权的蚕食

与发达国家农业生产相比，中国农业基础薄弱，粮食生产效率低下，市场集中度低。随着跨国粮商的进入，粮食调控、粮食价格等各方面都受到不同程度的影响，粮食产业话语权也在逐步削弱。在粮食调控方面，2007 年国内食用油价格猛涨期间，中储粮抛出的 20 万吨食用油中的 70% 进入了一家跨国粮商的仓库，对油价的调控作用甚微；粮食收购方面，2010 年的小麦收购，法国路易达孚、丰益国际等一些外资企业相继进入到中国的粮食收购环节，并日益影响价格的确定，对于早稻的收购，位于抚州金溪县的外资粮商益海嘉里粮油食品有限公司早在 2010 年 8 月 1 日就率先挂牌收购早稻，每 50 千克出价 98 元，既高于 2010 年国家制定的每 50 千克 93 元的最低收购价，也高出 2009 年同期江西早稻收购价，还高于当前市场早稻的平均收购价。

随着 2008 年中国关于限制外资企业进入粮食流通领域的 WTO 后过渡期的结束，跨国粮商已牢牢掌控了中国的大豆定价权，同时觊觎其他粮食产业。数据显示，至今中国 70％油脂加工厂是外资或合资企业，80％大豆压榨能力为跨国粮商控制，在中国目前大豆加工行业排名靠前的企业中，大多为外资企业，中国基本丧失了大豆产业的话语权。跨国粮商逐步进入中国粮食收购环节，企图通过粮食价格竞争抢夺粮食收购市场，2010 年夏季跨国粮商中原"抢粮"只是开始。

跨国粮商依靠其强大的资金优势及先进的运作模式，对中国粮食供应链各环节全面入侵，削弱中国粮食调控的能力，同时进一步蚕食粮食产业话语权。

（四）对粮食产业的渗透具有超前的战略性

跨国粮商在对粮食产业逐步渗透的过程中体现了其在战略上的针对性、超前性及整合运作的特点。跨国粮商之所以能进入并迅速渗透并控制其他国家的粮食产业，除了强大的竞争实力，最重要的原因就是其先进的粮食供应链管理模式：从全球供应链范畴开展一体化运作，考虑其战略布局；在粮食行业运用先进的物流技术，减少损耗，降低粮食物流成本；针对粮食供应链各个环节的不同特点，采取不同的管理方式。

四大跨国粮商都拥有百年历史，垄断世界粮食市场的 80％，其成功离不开技术的超前和战略的超前：在技术上，跨国粮商控制种子研发、信息网络等世界领先技术；在战略上，采用全球供应链整合运作战略。供应链整合策略使其采购成本、研发成本、销售成本等达到全球最低；通过在销售市场和销售价格上的配合，做到产业利润全球最高；供应链整合使其业务贯穿整个产业链，并采用参股、控股、联盟、上下游整合等诸多方式，控制了从研发、投资、生产到下游所有的加工、销售等粮食供应链的各个环节。此外，"本地化战略"是跨国粮商冲击国际粮食市场的主要法宝，针对各国粮食产业的不同特点，采取不同战略。针对中国粮食产业"两头散"的情况，跨国粮商通过与农民签订收购合同、高价收粮进一步扩大其在粮食收购市场的份额。

三、跨国粮商冲击下中国粮食安全问题分析

中国的粮食生产和消费呈现明显的区域分割，这对粮食物流提出了更高

的要求，以保障在粮食供需平衡下实现粮食安全。但就目前而言，中国粮食物流水平普遍偏低，粮食微观主体及其供应链比较薄弱，粮食物流成本占粮食价格的 20%～30%，这些都严重影响中国粮食安全的保障。特别在跨国粮商冲击下，粮食产业竞争加剧，使得中国粮食安全问题，尤其是流通安全问题更为突出。

（一）供需紧平衡下仍然面临粮食安全危机或威胁

粮食价格波动是粮食安全危机的一个重要表现。粮食作为生活必需品，关系国计民生，其价格大起大落将严重影响人们生活，甚至引起恐慌，影响粮食安全。2004—2010 年，中国粮食连续大丰收，但是粮食价格却持续上升，而粮食价格的剧烈波动不仅仅是因为粮源，粮食物流水平低是当前粮价剧烈波动的重要原因（图 3 - 17、图 3 - 18）。

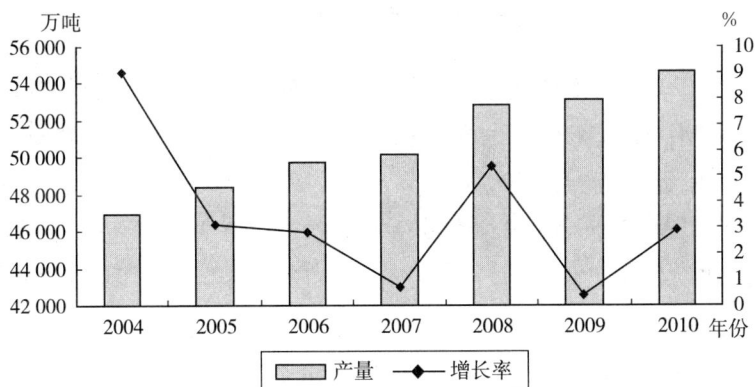

图 3 - 17　2004—2010 中国粮食产量及增长率

资料来源：根据国家统计局公报整理。

首先，中国粮食连年丰收的机会成本日益巨大，与此同时粮食流通的问题众多。中国粮食存量的 60% 左右集中在 2.4 亿户农民手中，储、运、装等过程的损耗也很严重；一些专家估计农户储粮的损耗率为 8%～10%，损耗量达 150 亿～200 亿千克；国有粮食仓库杂质比例在 2.5%～5%。

其次，日益加剧的外资并购与热钱炒作加剧中国粮食安全隐患。国际热钱对中国粮食产业的投资兴趣高于世界上任何一个国家，原因就在于中国有世界上最大的消费市场；粮价洼地催生了投机行为，2008 年 5 月以来，国

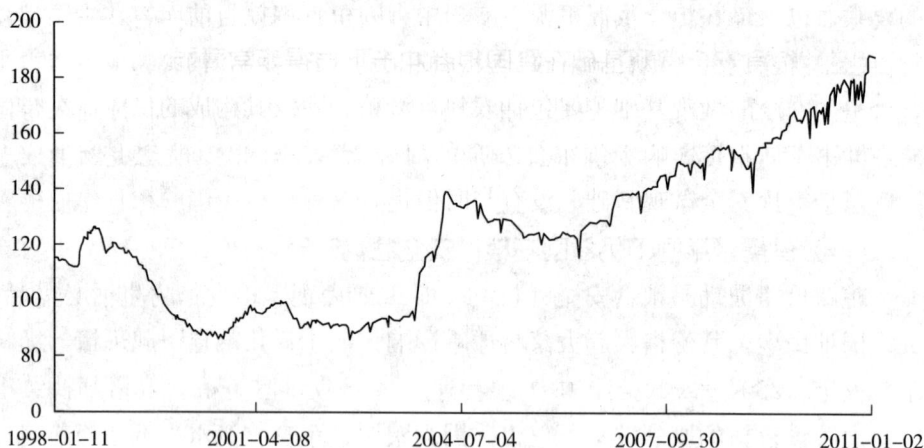

图 3-18　粮食价格指数变化趋势

资料来源：中华粮网。

际市场上 1 千克大米的价格超过了 12 元，而同期国内市场还普遍在每千克 3 元左右徘徊；除大米外，国内面粉价格每吨大约 5 800 元，国际市场价每吨接近 7 000 元，相差约 20％。

最后，跨国粮商对中国粮食流通的冲击日益巨大，并对粮食生产具有很大反作用。以大豆产业为例，由于跨国粮商的控制，转基因大豆进口量连年增长，大大影响了中国豆农的种植积极性，2006 年黑龙江的大豆种植面积比 2005 年减少 25％，2007 年又比 2006 年减少 12％。

（二）粮食收购市场的无序与调控的低效

随着粮食流通体制改革的逐步推进，中国粮食收购市场逐步放开，这促进了经济发展，但也带来粮食收购市场的无序；由于跨国粮商的介入，国家粮食调控力度加大，但调控效果不尽如人意。2010 年 1—11 月，中国政策性粮食收购量不到企业全部粮食收购量的三分之一，同比下降 66％；有关部门要求中储粮直属企业暂停一切与储备吞吐轮换直接相关业务以外的其他商业经营活动；2010 年 11 月 22 日，黑龙江向市场投放 24.6 万吨的地方储备大豆，以远低于市场成交价（3 840 元/吨）的 3 633 元/吨价格进行拍卖，但是由于拍卖量小，对市场影响不大。

实力雄厚的跨国粮商通过高价购粮，将严重影响中国粮食收购市场的秩序，并通过大量购粮，掌握粮源，减弱中国的粮食调控力度。

（三）粮食安全微观基础在跨国粮商冲击下显得非常薄弱

粮食安全的微观基础主要包括农户、涉粮企业及其构成的供应链等，其能否健康发展直接影响中国粮食安全的保障。目前，中国粮食市场迅速发展，但是粮食安全微观基础并没有与时俱进，这就使得中国的粮食供应链难以有效构建，或者即便能构建也难以与跨国粮商主导的粮食供应链竞争。相对于跨国粮商主导的粮食供应链，中国粮食种植是以农户为基础的小规模经济，很难实现生产的规模效益及产后的标准化、工业化流程；中国粮油加工企业数量多，规模小，竞争力弱，呈现"小、散、低"现象，缺乏核心竞争力。因此，在跨国粮商冲击下，中国粮食安全微观基础显得非常薄弱。

中国粮食收购市场具有"小农户大市场"的特点，相对于"大市场"，农民缺乏对粮食市场的判断力，据此跨国粮商在直接或间接收购（委托收购等）粮食时，依赖其资金雄厚和机构设置灵活等优势，通常采取高价购粮，这就使得中国本土粮食购销企业的粮食收购量下降。据了解，浙江、安徽、福建等 8 个早籼稻主产省各类粮食经营企业累计收购 2010 年新产早籼稻 507.8 万吨，比上年同期减少 175.3 万吨，其中国有粮食企业收购 324.1 万吨，占收购总量的 64%，比上年同期减少 173.7 万吨。此外，跨国粮商抬高粮食价格，将进一步控制粮食定价权，在此情况下，农户这一粮食产业的微观基础显得更加薄弱，同时粮食产量、消费量等数据的采集难度增大，影响中国粮食调控。

对于粮食企业，有关人士表示"跨国粮商将击垮中国粮食中小企业"。相对于美国 ADM、美国邦吉、美国嘉吉、法国路易·达孚这种实力雄厚且生产力先进的国际性大企业，中国中小型粮食企业规模小、技术落后，没有核心竞争力，特别是在跨国粮商高价收粮的冲击下，粮源保障也成为中小企业面临的一个难题，存在严重的开工不足问题，很多中小型加工厂被迫停产。在跨国粮商的冲击下，中国粮食企业将面临重新洗牌。

第四章　主销区粮食安全与
供应链整合对策

主销区存在着粮食价格剧烈波动、粮食供应链柔性缺乏和粮食安全成本高等粮食安全问题，而产生这些问题的主要外因为相对客观的复杂多变的国内外粮食形势，而内因则是农户、企业及其供应链等微观基础薄弱。对此，应力求探讨出一种既治表又治根的粮食安全可持续办法。从粮食安全与供应链所涉及的基本主体来讲，则主要为综合藏粮、科学调控、强农服务与协同整合，即构建以综合藏粮为基础的可持续粮食安全体系、注重粮食宏观调控改善、构建物联网条件下粮食主销区的强农服务体系、积极开展以核心企业作用发挥为特征的供应链整合，以及使这些体系或整合作用得以良好发挥的供应链信息共享促进平台建设等（图4-1）。

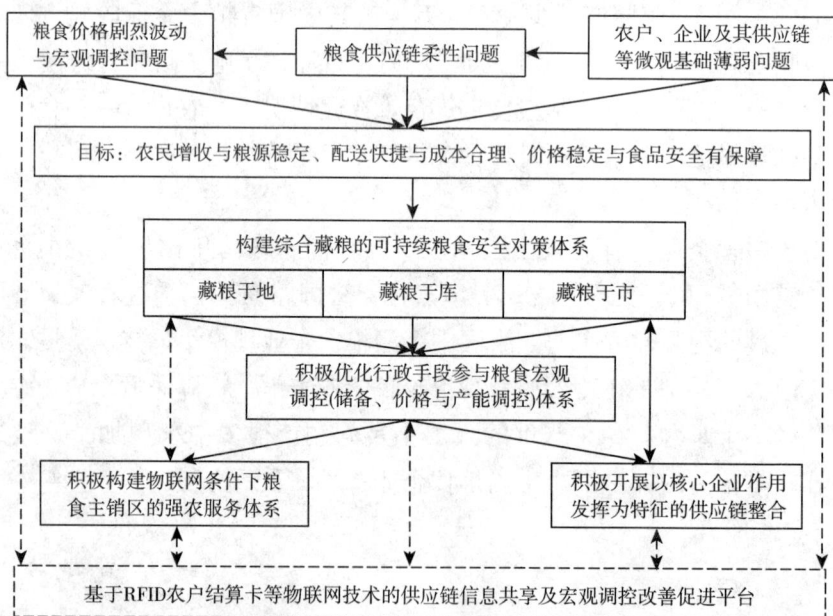

图4-1　以供应链整合谋求主销区粮食安全问题的表根兼治

第一节　强化以综合藏粮为基本内容的粮食安全调控体系建设

一、藏粮于地与粮食产能调控

藏粮于地的基本要求是平衡种粮用地与非种粮用地，确保基本的耕地面积与质量，以便为粮食安全提供重要的中长期产能调控基础。它主要包括：

(一)主销区必须考虑一般人所认为的相对粮食安全

相对粮食安全是指主销区的粮食生产主要保口粮与种子粮，其他则通过贸易来解决。由于重视粮食生产需要与发挥粮食比较优势、相对优势结合起来，因此重视区内外粮食生产基地的规划建设，就成了增强粮食产能、保障粮食安全的基本举措（这也是目前社会信用条件不佳情况下，解决粮食危机时期粮源问题的基本举措）。其基本要求是根据粮食安全层层负责、主要粮食通道与流向的要求以及水稻种植的生态效用，各镇至少应在本镇或出钱在邻镇建立一块连片面积不少于400亩的永久性水稻生产基地，与此同时鼓励各镇龙头企业去省外、国外建立1~2个能为本市提供稳定、优质粮源的粮食商品生产基地——农田标准化（连片面积达1 000亩以上）、农艺科技化、作业机械化、水利现代化、环境生态化、运作企业化。

除了严把土地发包审批关与大力推广水稻高产栽培新技术，还可以将蔬菜种植计划分为两部分。一部分为水生蔬菜，可以连年种植，另一部分为旱作蔬菜，约占蔬菜种植总面积的70%，两至三年轮种水稻。蔬菜的产量和质量都能得到保障；同时，菜地轮种水稻可以减少施肥，降低种粮成本，提高稻田发包价，增加集体收益，又能维持种粮面积相对稳定。

(二)合作发挥主销区永久性水稻种植基地等相对优势

在2009年4月8日国务院公布的《全国新增1 000亿斤粮食生产能力规划（2009—2020年）》中特别提到"提升非主产区产粮大县的区域自给能力"，这是由新时期的粮食安全特点与要求决定的。它意味着必须改变粮食"非主产区"的"路径依赖"模式——通过尽可能多的粮食贸易而非生产来保障粮食供应，必须从排斥粮食生产转变到尽可能挖掘粮食生产潜力上来。以往有关主产区、主销区的划分，实际上就是让相对落后地区多生产粮食，多承担公共的粮食安全责任，而发达地区则搭国家粮食安全的"便车"。这样做，不仅会导致中国东西部发展差距的进一步扩大，而且还会因"搭便车"的愈演愈烈而影响国家粮食安全。如果不能激发 1 200 毫米年均降水量的粮食主销区等地种植水稻，那么也难以激励已经"觉醒"起来的主产区农民多生产余粮。

一般主销区都非常适合水稻种植，这是由它的湿地生态系统、优良的种植条件以及国家粮食安全的最新发展态势所决定的。如果主销区一味减少水稻种植面积，不仅保障粮食安全的根基越来越脆弱，而且从长期来看，地面的沉降、城市热岛效应的增强、饮用水的变质等问题也将难以避免。主要内容包括：（1）从主销区范围，统一考虑水稻种植基地的选择、规划、实施与奖励问题；（2）主销区各市都应规划、发展与当地种植条件和需求人口相匹配的永久性水稻基地或其他品种基地；（3）鼓励各市在国内外粮食主产区建立一批能为主销区提供稳定、优质粮源的粮食商品生产基地；（4）积极通过粮食产销区协作以及龙头企业作用发挥等，在粮食主产区甚至国外建立一批商品粮订单收购、加工与储备基地。

（三）刚化任何市场条件下的口粮供应

大粮食安全战略是重要的，但就粮食安全的基本特点与城乡居民的饮食习惯来讲，保障主销区粮食安全的核心工作是确保任何情况下都与居民需求相适应的口粮供应。多少年来，主销区形成了以稻米为主的主食习惯。这种消费习惯具有极强的刚性，其他品种的粮食无法对它进行替代。而解决了主销区城乡居民的大米供应，就基本完成了政府从人权角度考虑的粮食安全保障。

（四）重视有形规模与无形规模种植的扩大

任何生产经营活动都是在一定规模下进行的，粮食种植也不例外，合理规模经营是提高农民种粮收益及积极性的重要前提。如果经营规模不能充分利用各要素的潜力，但仍能保证经营者实现最低利润目标，这种经营规模称为临界经营规模。介于临界规模与最佳规模之间的就是适度规模，它是在一定的自然技术与社会经济条件下所形成的某种合理规模组合，而某一条件的变化又可能使适度规模的范围发生改变。另外，小于临界规模，则称为小规模不经济，大于适度规模的经营规模属于规模不经济。

　　由于小规模不经济的粮食种植是目前中国农户进行粮食生产所存在的普遍现象，因此，如何通过体制创新而使这一问题得到解决，就成了中国粮食生产能否再创辉煌的关键之一。但在这种规模经营难以一步到位或有所改变的情况下，还可以强调另类规模经营，其主要意思是指，在现有种植规模相对不变或难以改变的情况下，应鼓励农户把非核心的种植与经营业务外包给社会性服务企业，以达到农户可以更加专注核心业务（如精耕细作）以及企业可以扩大为农服务规模的良好效果。如果称一般的规模经营为有形规模经营，则这种主要着眼于社会性为农服务规模扩大的做法为无形规模经营。本书认为，这种无形规模经营对中国小农户的家庭经营方式来讲，具有较好的自我调整经营规模与兼业活动的优越性，可以保持非常合理的投入产出比。因为不变投入的相对稳定性，农户可以通过调整可变投入的数量来保持规模的合理性，并通过有关合理互补的兼业活动取得相对可观的总体收入，而不是像经典规模经济理论那样强调以规模的变动来适应成本的变化。例如，如果一个农民经营 2 亩土地，每亩地每年需投入 40 个劳动日，他就只投入 80 个劳动日，如果他把期间涉及的有关非专长或核心业务，如防止病虫害、收割等业务外包，则可以减少一半的劳动日，则他需要 40 个劳动日就能种好 2 亩地，然后可以将更多的剩余劳动力用于其他经营，也可以是利用某种特长向其他农户提供社会化服务，用兼业方式来补充收入。由于规模化的社会性为农服务是政府大力扶持的，因此即使要支付一些社会性服务费用，也将远小于可能挣到兼业收入，特别是在市场经济比较发达的主销区。该例子中，农民通过外包调整自己的劳动投入量，使生产要素的组合合理化，从而最大限度地降低了可变成本。由于西方规模经济理论没有农户兼业经营这个假设，因此中国小农户狭小的经营规模并不一定就是不合理规模，其关键是能否通过有关政策使农户的一些非核心业务得到较好的外包，使农户享受到规模的社会化服务的同时，还能从兼业中得到收入。也就是说，在重视一般规模经营的同时，还应该重视规模化社会服务的开展（图 4-2）。

（五）强化耕地保护与粮食产能调控

　　在一般情况下，通过以上方面的努力及必要的粮食价格调控与储备调控，就能够使主销区粮食安全得到保障。但真要发生了类似于遭出口国粮食禁运或出现了严重灾荒的情况，还可以通过产能储备转化来加以解决。它要

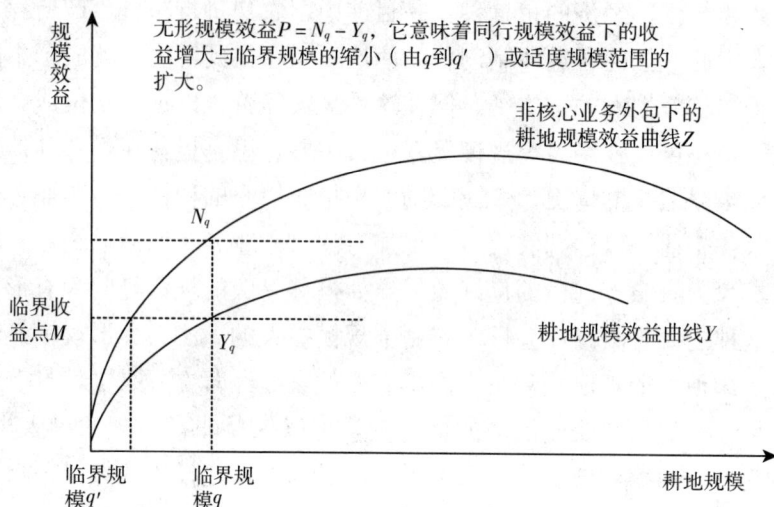

图4-2　有形规模效益与无形规模效益

注：无形规模效益 $P = N_q - Y_q$，它意味着同行规模效益下的收益国增大与临界规模的缩小（由 q 到 q'）或适度规模范围的扩大

求在调整产业结构、产品结构时，可以进行一定范围内的休耕与非粮作物的种植，但必须严格控制耕地的减少。与此同时，注重农田水利基本建设与科技的推广运用，以便需要时，迅速使之改种粮食，形成粮食产量（大多在南方的粮食主销区从种植到收获往往只要4个月的时间）。另外，积极进行"三色农业"的规划与开发，也是一种缓解粮食压力、化解粮食危机的重要对策。

二、藏粮于市与粮食价格调控

粮食主销区的产需缺口还在不断增大，需要找到一种平时能减少粮食库存，而在全国粮食形势紧张时又能广开粮源、稳定粮源的做法。其基本要求是，通过以供需平衡为重要目标的粮食价格调控，积极鼓励国内外粮商入市进行深购远销与产业化运作，为粮食安全提供重要的流通效率与抗风险能力；努力促进中国粮食产业整合，通过"打造全产业链粮油食品企业"，形成能与跨国粮食巨头抗衡的有利形势等。其主要内容包括：

（一）积极建立粮食生产者和经营者间的利益联结机制

首先，积极发展粮食订单生产和订单收购，建立粮食生产者、经营者间的利益联结机制，然后逐步向粮食生产领域延伸；其次，积极发展产、购、加、销一体化经营模式，推进企业技术创新，实现粮食资源重组和产业集聚；再者，促进粮食巨型集团的形成。粮食生产的全产业链管理模式要求企业控制粮食生产"从种子到餐桌"的全过程。即不仅要成为粮食产品原料的贸易商与提供商，还要成为综合性的粮食产品的收储、加工、流通以及食品的运营商。产业链是一个具有内在经济关联、相互依存的产业集合或者企业集群，它要求产业集合内部相互依存的各个业务单元之间通过共享与交换来实现交易成本降低和价值增值的经营目标。因此要求企业必须以经营效率与产业整个链条的成本控制、质量控制以及产品控制为核心，实现利润的最大化。只有形成这样的全产业链控制的巨型企业，才能在粮食和食品生产方面形成竞争力，才有可能与跨国粮食巨头抗衡与竞争。

（二）通过提高"绿箱"政策的支持力度等提高主销区的粮食可供能力

从长远来说，"绿箱"政策更有利于培植农业发展后劲，并能使保护的负面效应最小化。"绿箱"政策的内容很多，就目前来讲，则主要包括在增加农业基础设施建设与科技投入、加强科研推广和技术培训工作、完善农业的社会化服务体系、改善农业生态环境等方面努力。对中国农业进行边境保护是必需的，但最重要的还是在提高中国农业竞争力上下功夫。在目前国内粮食价格普遍高于国际市场的情况下，应积极探讨最低保护价格调控的替代方案，努力促使中国农业由现有产品的全面增长向有竞争力的产品非均衡增长转变，提高中国粮食可供量的可能扩大能力与物流的快速响应能力。

（三）对非理性的粮食需求进行引导

根据现有的粮食消费情况与远期的粮食消费压力来看，中国完全有必要进行以降低粮食安全的机会成本与防止高脂肪类膳食结构的盲目追求对身体的不良影响为其基本内容的粮食消费导向工作。如果简单地迎合广大居民尚不清楚或不理智的消费需求，那么粮食工作就势必会产生一定的盲目性。其主要表现在：迎合了居民的眼前利益而忽略了社会的长远利益；迎合了居民的个人利益而忽略了整个社会利益。为此，新世纪粮食可持续发展战略应充分考虑以节约原粮消耗、食物多样化与居民膳食结构优化为重要内容的需求导向。

（四）其他供求调节

它包括粮食加工、转化调节、非常时期的供需强制、进出口配额与品种结构调节及汇率调节等。粮食加工与转化调节，就是指通过对粮食加工与转化的鼓励或限制来平衡粮食余缺。非常时期的供求强制仅适用于严重的粮食危机发生时。如果非常必要，采取计划经济时代的凭票供应的做法等也未尝不可。除此之外，进出口配额与汇率变动也是很重要的调节手段。

三、藏粮于库与粮食储备调控

粮食储备的主要目的是保障粮食应急安全，防范粮食生产的自然风险和粮食流通过程中的市场风险以及各类突发事件。同时，粮食储备也是政府对粮食市场供求和价格波动进行调控的一种重要的经济手段。当粮食市场的价格过低或过高时，政府可通过专项储备粮的吞吐来增加或减少粮食的供给量，从而达到平抑市场价格，保持市场稳定的目的。因此，主销区政府必须做好粮食储备工作，确保储备粮的安全。

为此，首先要规划建设好储备粮库，主销区政府应充分重视粮库的规划和建设。在规划时综合考虑人口分布、交通运输等因素，合理布局，各地政府还要根据城市发展的形势变化，使粮库规划与建设适应当地城市发展总体规划。政府应加大对粮食仓储设施的投入力度，安排好预算资金。除了建新库，还必须切实解决传统粮食储备中确实存在的一些困难，如设施老化、仓容不足、资金被挤占挪用、效率低下等问题，并通过一些有效的改革促进粮食物流设施向富有效率的民营企业转移，对旧库进行维修改造，改善仓储条件，确保储粮安全。

其次，要积极促进粮食储备与市场相结合，在政府宏观调控下，逐步实现粮食储备的多元化是粮食市场化的要求。从实践中看，地方粮食储备完全由国有企业承担，存在一定的问题，如仓库容量有限、管理方式比较落后、激励约束机制不够健全等，造成储备损耗较大，管理成本较高。因此，粮食储备的运作应打破国有企业的垄断，探索利用社会力量和市场力量参与储备的方法，引入市场机制，设定经济效益目标，提高财政支出的效率和地方粮食储备的质量；同时，要充分考虑基于成本与收益的最优储备规模，即政府必须积极实施在现有地方储备粮规模基础上进行成品粮动态储备的创新做法；必须考虑优化储备粮的空间配置效率，尝试销区储粮于产区（品质保证且轮换成本比较低）的做法。

除此之外，还应通过"政府搭台与龙头企业唱戏"的方式与国内外一些有代表性的粮食主产区建立良好的销产区协作关系，并通过部分劳力的优惠安置，以及对不管市场波动都能平稳供粮的粮商进行鼓励或奖励等做法，不断密切粮食产销协作关系。

第二节　强化以粮食价格为重要指标的粮食安全预警体系建设

粮食预警与调控体系是主销区保障粮食安全的重要手段，而粮食预警与调控的重要依据是粮食价格，粮食价格的剧烈波动直接影响粮食产业安全，粮食预警与粮食调控体系的紧密配合将有效保障粮食安全。粮食安全预警体系涉及信息采集、信息传递与运用等方面的内容（图4-3）。粮食价格波动程度是反映粮食安全与否的重要警情指标，故一般考虑建立以粮食价格为重要指标的粮食预警体系，以期真实、客观、及时反映主销区粮食安全现状，为粮食调控提供可靠依据。粮食安全预警实施体系所涉及的信息量十分巨大，其撷取的方法是否精确及衡量粮食安全的指标体系的选择是否得当，直接关系粮食安全预警的效用与价值。下面主要就中国粮食应急计划与防范措施的体系进行阐述。

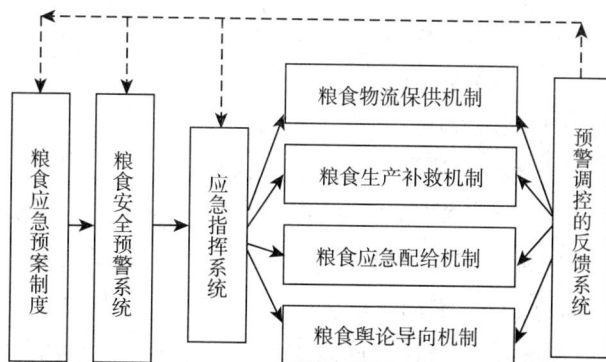

图4-3　主销区粮食安全预警实施体系

一、建立和完善应急指挥和实施等机构

在粮食安全应急系统中，地方政府应成立粮食安全应急指挥部，负责统一协调指挥。指挥部成员除粮食部门外，应包括宣传、计划、财政、农业、民政、交通、公安、物价、统计、工商、贸易、广电、电业、港口以及中国农业发展银行等部门的负责人。粮食行政管理部门应成立粮食安全应急领导机构，下设预警监测、协调、供应、市场监管、治安维护和综合等专门小组，由专人负责。同时要有效确定一批骨干粮店和骨干粮食加工厂作为应急供应的主要力量，并与之签订协议，明确粮食应急供应及加工的目标、任务和责任，确保加工与储备的配套。要完善应急供应网络，如浙江省温州市粮食局为进一步健全和完善粮食安全体系，提高应急处置能力，在调查研究的基础上，根据区域特点和人口布局等实际情况，确定了21个粮食供应网点作为粮食应急供应点，并与之签订了责任书。

二、完善粮食安全预警预报系统

通过与国内外粮食主产区信息系统的对接，充分掌握国内外粮食市场的行情，对本地区粮食主要集散地和粮食批发市场进行监测，及时掌握粮食价格波动情况、库存量等具体指标。监测指标应全面准确，并及时更新，不断完善指标体系。建立粮油信息监测点，可从粮食收购、加工、批发、零售等环节选择有代表性的粮食企业作为信息监测点，定期向粮食行政管理部门报送价格、经营量、库存量等粮油信息，确保信息准确无误。编制相关统计分析软件，实现信息的网上报送，提高信息传送的效率。建立价格信息数据库，提高综合分析、预测、预警能力。具体包括：

（一）粮食应急预案制度

粮食应急预案是政府提前制定的应对各种粮食危机状态的一揽子应急措施。在市场经济条件下，主销区要确保粮食应急预案的有效实施，就必须首先提供必要的制度保障，制定相关法律法规和工作制度，明确各有关行为主体的权利与义务，以及实施和终止应急计划的程序等，以保证实施措施的效率和合法性。同时要精心测算并规定粮食经营者最低和最高库存量。《粮食流通管理条例》规定，从事粮食收购、加工、销售的经营者，必须保持必要

的库存量，各地应根据实际情况规定粮食经营者最低库存量和异常情况下最高库存量标准，这是实现"藏粮于民"和防止囤积居奇的重要措施。政府及粮食行政管理部门要依法对企业库存状况进行经常性检查，督促这项措施的落实。一旦发生突发事件，政府启动粮食应急预案后，所有粮食经营者必须按政府要求承担应急任务，服从统一安排和调度，保证应急工作的需要。

（二）粮食安全预警系统

粮食安全预警系统就是通过综合分析影响粮食供求的各种因素走势，及时发出相应信号的自动判别系统。按其逻辑功能来看，可划分为信息源系统、信息分析系统和信息反馈系统。信息源系统的重要功能在于有效保障数据采集和供给，支撑粮食安全预警系统的信息产出和加工要求，其中一项重要内容是根据预警分析的目标要求确立预警数据库的基本内容和基本功能，并据此进行时间序列数据库的开发和维护。信息分析系统由预警分析指标体系、模型分析体系与专家评估体系组成，其功能直接影响到粮食安全预警信息产品的质量。信息分析系统通过预先设计好的一些经济指标，运用监测信息、统计数据或抽样调查资料，经过模型分析和专家评估对粮食安全运行状态做出判断性预测，从而能够及时、准确地把握粮食安全运行的趋势并做出超前判断和预报。信息反馈系统的主要功能是按确定的评价标准将预警分析结果运用现代化信息技术进行输出和表达。

（三）粮食应急指挥系统

粮食应急指挥系统的主要职责就是监测预测风险程度，并根据危机程度依法按规定程序进行应急组织指挥，调配应急资源，实施应急措施；在粮食紧张状况消除的情况下，按照程序解除粮食应急措施，特别是行政强制措施，并组织负责处理善后事宜。由于粮食危机发生的概率不大，在正常情况下，该工作系统并不投入运作，而在粮食危机即将来临时才启动运作这一系统，这就需要制定相应的制度作保障，如粮食应急预案启动制度和责任追究制度等。

（四）粮食物流保障机制

在市场经济条件下，粮食应急调控应以经济、法律手段为主，必须建立相应的物资保障系统。主要包括：建立稳定的可调配粮源渠道，以及应急加工、运输、供应等系统。在市场化条件下，粮食应急储运应努力借用社会资源。可以联合交通等部门，选择一些经营信誉好、运力调度能力强的运输企业，委托其承担应急运输任务，提前签订运输合同，设计好运输线路和运输工具等；同时建立相应的社会动员机制，确保系统在粮食应急调控时快速、准确地将应急粮食运送到指定地点供应市场。宜按照就近、方便的原则选择一些信誉好、实力强的商场、超市和连锁店等作为应急供应点，建立具有一定覆盖面的粮食应急供应网络。

（五）生产补救机制

应急讲究"速战速决"，尽可能在最短的时间内控制住局势。但如果出现范围大（如全国大部分地区）、时间长（3个月以上）的粮食紧张状态，则需要采取生产补救的办法。为此必须做到：一是严格保护粮食生产能力，同时建立迅速恢复用于粮食生产的转化机制。转化主要靠市场机制引导，特别紧急状态时可采取必要的行政调控措施。二是为防止粮食出口国或主产地可能对主销区实行封锁，应采取多元化的粮食贸易和投资政策，尽量把政治和经济损失降到最低。

（六）粮食应急配给机制

当出现粮食紧张状况时，有关部门必须依法从严打击囤积居奇、恶意抬高粮价等非法行为，切实维护粮食市场秩序。在出现难以应对的粮食危机、社会秩序开始混乱的特殊情况下，政府及有关部门应根据法律授权和规定程序，果断采取必要的强制应急措施，包括价格和市场管制、资源征用等。必要时对主要直接消费粮食品种实行临时配给。当紧急状态消除后，应视情况尽快解除有关行政强制和粮食计划配给，处理善后事宜。

（七）粮食舆论导向机制

从近年局部地方出现粮油抢购风波情况看，多数是因群众相信不实谣言以及从众和买涨心理所致。因此，需要通过权威机构和媒体在粮食应急预警信号发出的第一时间向社会披露粮食供求情况和传言的事实真相，以迅速稳定群众情绪，同时政府有关部门要依法严厉打击煽动、传播谣言的个人或单位。

（八）粮食预警调控的反馈系统

粮食应急调控体系和机制建设不可能一步到位，必须根据形势发展需要不断健全完善。因此，应在制度上做出相应的安排，明确规定各级政府的有关职责，根据改革开放和经济发展对粮食安全的需要，及时认真总结每次启动实施应急调控的经验与教训，针对存在的不足，不断完善粮食应急体系和措施。

三、明确划分应急状态等级

在建立粮食安全预警应急体系时，政府是主导者，政府和粮食行政管理部门在建立预警应急体系时应做到以下几个方面：

按照对粮食安全影响程度的不同，设置不同等级的预警应急状态，如紧张、紧急、特急。在这三种状态下，地方粮食储备库存及全社会粮食周转库存总量占年度本地区粮食消费总量的比重不同，市场粮价从开始出现上涨起，在一个月内持续上涨的幅度不同。在紧张状态下，应急措施的内容包括：加强对粮食市场的预测和监控，及时发布信息，做好宣传，安定人心；做好粮食加工、供应工作；积极组织采购粮食投放市场，增加临时应急粮食储备；保证粮食采购应急信贷资金、粮食调运、加工用电；加强市场监管，维护市场秩序。在紧急状态下，应急措施包括：加强对粮食市场的监控，及时向政府粮食安全应急指挥部准确报告信息；及时抛售储备粮；必要时，经上报同意后，可紧急动用存放在本地区的各级储备粮；对本地区所有粮食企业和个体粮商经营的主要粮食品种实施差率管理或销售最高限价；增加粮食进口等。特急状态下的应急措施包括：迅速实施粮食凭证限量限价定点供应；组织国有粮食企业敞开供应等。

粮食安全预警机制是指针对粮食价格波动，建立模型和指标体系，对粮食市场进行监控，根据价格波动的幅度决定是否进行市场调控以及采取何种调控措施；粮食安全应急体系是指针对影响粮食安全的紧急情况，制订应急预案，以便随时应对突发事件，确保粮食供应。

国内外的实践表明，建立科学的粮食安全预警系统是国家调控粮食市场、搞好粮食供求平衡的前提和基础。随着WTO过渡期结束，跨国粮食巨头布局的加快，主销区粮食安全问题应该越来越引起重视。如何加强对粮食市场的风险监测，正确判断中国粮食供求的变化趋势，确保中国的粮食安全，将对中国社会稳定和经济发展起到重要的作用。因此，一方面要建立和完善应急指挥和领导机构，另一方面要完善粮食安全预警预报系统。国家与省市有关部门应有一套科学的粮食风险预警系统，跟踪分析气候、水资源、耕地面积、人口增长与流动、农业技术与政策、消费结构、汇率和国际市场等重要因素将对全国和本地区粮食产需关系带来的动态影响。通过与国内外粮食主产区信息系统的对接，充分掌握国内外粮食市场的行情，对本地区粮食主要集散地和粮食批发市场进行监测，及时掌握粮食价格波动情况、库存量等具体指标。监测指标应全面准确，并及时更新，不断完善指标体系。建立粮油信息监测点，可从粮食收购、加工、批发、零售等环节选择有代表性的粮食企业作为信息监测点，定期向粮食行政管理部门报送价格、经营量、库存量等粮油信息，确保信息准确无误。编制相关统计分析软件，实现信息的网上报送，提高信息传送的效率。建立价格信息数据库，提高综合分析、预测、预警能力，切实为政府正确决策提供科学、可靠的依据。

第三节 强化基于 RFID 农户结算卡的为农服务体系建设

一、以为农服务体系促进中国粮食小生产与大市场对接

随着农业新技术的应用，粮食生产能力、生产效率、农产品产量与质量等都得到了不断提高。在这种情况下，种粮农户在满足和扩大自身消费的基础上，不仅有越来越多的产品需要到市场上销售，而且对粮食商品化生产技术的获取、生产资料的供应、金融服务等方面的服务要求越来越强烈，为此能否确保从采购农业生产资料到粮食的收购、运输、储存、销售等各个环节的快速高效，就成了新时期农民增收、内需增加的重要环节。但目前的基本情况是，农民对粮食生产之外的很多环节并不擅长，如生产资料购买、粮食销售、粮食种植品种选择等；农户的分散性，使得农业生产资料采购与原粮销售等难以达到规模经济的数量要求；粮食登场与种植的时间相对集中，粮食储存、运输、烘干等设施难以及时满足需要，极易产生"增产未必增收"的情况。与此同时，致力于为农户服务的粮食流通部门又常因农民种植与交售粮食的具体时间、数量、质量、价格与竞争情况等不清楚或不确定，而造成资源配置上的严重浪费以及粮食储备调控的低效率；致力于为农户提供农技、资金、生产资料与财政补贴的农技部门、金融部门、供销社与财政局等

部门，又因对农户生产、生活需求情况把握不准或不及时，而难以提供针对性强的及时服务、有效服务。尤其值得注意的是，在中国，人地关系紧张等将使得一家一户的粮食小生产方式难以向规模化种植转变，即未来中国粮食种植的基本特征依然是以家庭为单位的小生产方式，而与此形成强烈反差的是，粮食种植相关的生产资料市场与消费市场已逐渐呈现出一体化、国际化的基本轮廓，从而使粮食小生产要面对的市场半径空前巨大，使得小生产与大市场对接的问题日益突出。

粮食小生产和大市场对接的关键是构建一个服务于粮食小生产的农户服务体系，即向农户提供从产前到产后服务、生产到生活的全方位服务体系。从生产要素投入到产品的市场实现的全过程来讲，该服务体系主要包括技术、金融、流通等领域的服务，也包括国家举办的事业单位、社区集体经济合作组织、农民专业合作经济组织、各种专业协会和农业龙头化服务企业等主体（徐小青，2002）。虽说家庭承包制改革以来，中国农户服务体系一直在发展，但"条块分割"式的"部门化"农户生产服务体系弊端仍然严重：公益性服务不能有效提供（陈锡文，2006），而商业性服务因缺乏充分竞争而呈现出质次或价高的状况；农户难以分享服务体系所产生的利润，反而可能因接触服务体系而降低了本应得的利润份额，如要自主创办服务组织却往往遭遇注册困难等（仝志辉，2007）……学术界在研究这一服务体系存在的问题时，很少把它与这一体系的组织特征相联系，更没有对这一社会化服务体系作用得以发挥的基础——农户需求及传递载体——进行富有针对性的探讨。对于前者所涉及的组织问题，则应积极实行由部门主导的农户生产服务体系向农民参与、主导和控制的农户生产服务体系转变（仝志辉等，2007）；对于后者，本书认为，则应借助于现代信息技术手段进行以农户需求获取传递与响应为重要特征的信息化建设，以期切实密切粮食种植与相关服务部门的关系，促进种粮农民与相关政府、企事业单位的联动共赢。且在前者难以有实质性突破的情况下，可优先考虑后者，并通过后者不断促进前者的推进，RFID农户结算卡试点的案例[①]也说明了这点。

2008年，国家发改委启动国家信息化首批试点工作，经过多轮遴选，

---

① RFID农户结算卡组.2010.农户结算卡示范管理系统项目总结报告［R］.

航天信息入选国家粮食信息化唯一单位。根据《国家发改委办公厅关于2009年国家信息化试点项目的复函》（发改办高技〔2009〕1816号）与《国家粮食局办公厅关于转发〈国家发改委办公厅关于2009年国家信息化试点项目的复函〉的通知》（国粮办展〔2009〕207号）两份文件，2009年5月18日，国家粮食局在南京召开了《国家信息化粮食流通领域RFID技术江苏试点协调会》，会议确定在常州市进行农户结算卡项目的实施试点。而后通过调研考察，又把区位优势明显、农业规模适中、农业与粮食流通基础工作扎实的武进区奔牛镇作为2010年6—8月夏季粮食收购期间的RFID农户结算卡试点区，其基本目的是准确掌握并处理试点区农户粮食交易数量、市场价格行情、粮食流向等信息，以期为有效推广物联网技术、基于RFIFD的粮食调控以及按商品粮数据发放种粮补贴等提供宝贵的佐证。

项目试点主要包括发放农户结算卡、配置交易终端、实时采集并传送交易信息、数据共享与应用与自动计算并发放补贴等。截至2010年7月31日试点期满，农户结算卡项目试点效果喜人。集中体现在，它能真实反映粮食生产与流通的基本数据，农户结算卡项目客观公正，能够充分发挥各种惠农补贴的促进作用，农户结算卡项目真实可信，能够为粮食调控提供及时、准确的动态信息，农户结算卡项目涵盖面广，有助于形成全方位的为农服务体系（胡非凡，2010）；能为实施相对科学的按售粮数量进行直补与粮食质量安全追溯等提供技术支持；能为全面监管粮食企业的行为等提供最新的技术手段，且随着项目的进一步推进，必将有利于实行财政、粮食、供销、农林、发改委等部门的联动配合，对切实提高行政管理效率、降低行政管理成本、推动粮食现代物流、供应链管理与社会主义新农村建设等都具有不可估量的历史意义与巨大的国家战略意义：它标志着祖祖辈辈以来非常传统与低效的粮食收购与管理方式等将从此发生可喜的革命性变化，同时，也能为中国物联网的积极运用提供广泛而深远的发展空间。

二、以农户结算卡有效破解小生产与大市场对接的瓶颈

在中国，目前乃至未来较长的时间里，家庭依然是农业生产的基本组织。对于世世代代生活在土地上的农民来讲，土地是他们生存的根本保证。也正因为如此，即使改革开放以来大量的剩余劳动力外出打工，也很难使他

们出让土地的使用权，让土地集中到有产业化能力的农业专业户手中。有些
地区实施了所谓的龙头企业去带动农业产业化经营，这些企业的作用在于能
把分散的农户集中到一起，根据他们的需求，采取合适的合作形式，实际上
的生产规模还是一家一户的小农户生产方式，龙头企业只起到市场组织
作用。

　　传统的观点认为，农业信息化的前提是农业生产形成一定的规模。其主
要理由是，生产规模小的农户不可能有强烈的市场意识，对信息技术依赖程
度较低，应用信息技术的成效还不够购买和使用电脑等的成本，所以在中国
农业产业化经营还处在初级发展阶段的今天，很难谈实现信息化的问题。但
实际情况并非如此，快速发展的物联网，具备了物物相连的能力；国家有关
部门对信息化示范有资金支持；农户结算卡是一个给很多部门都带来益处的
好事，只要有所组织就能使农户只享受信息化的好处，而无需承担相应成本
（图4-4）。而且，随着全球粮食供应链竞争的日益显现、各级政府对国家
粮食安全与农民增收的日益重视、粮食技术经济管理系统优势与综合发挥，
粮食产业信息化极可能后来居上，呈现可喜的跨越式发展。

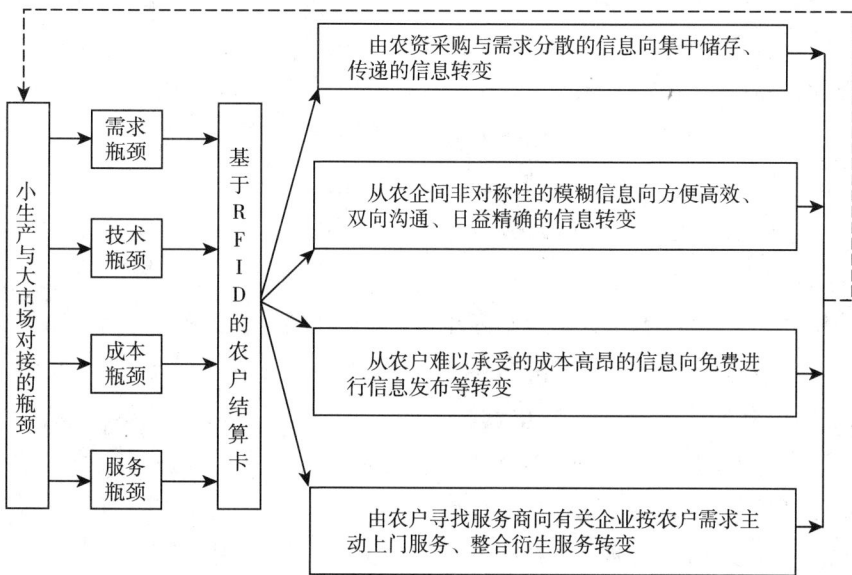

图4-4　基于农户结算卡的小生产信息化瓶颈破解

在这里必须说明的一点是，本书非常支持有关规模化生产与经营的做法，且只有不断促进农业生产规模化，使农业生产效率不断提高，才能进一步刺激信息化的需求与规模经济效益。但在物联网技术飞速发展、相关成本不断降低，以及规模化经营不能拔苗助长的情况下，应充分探讨基于现有生产特征下的现代技术运用与相关服务流程优化或再造的问题。

三、以农户结算卡展示小生产与大市场对接的美好前景

张五常等经济学家认为，企业的诞生源于组织内部的交易效率高于中间产品的市场交易效率，而外包则源于中间产品的市场交易效率高于内部分工的交易效率。在以信息、通信与交通为代表的新技术发展，以及企业的竞争转变为供应链竞争的情况下，企业必须努力经由合作取得以上所说的企业与外包两种形式的综合优势——基于供应链合作的企业内外部优势，即通过以服务而非挤占上下游的战略定位实行企业与外包形式的优势嫁接或集成[①]。自 2008 年以来，根据 WTO 相关条款，外资进入中国粮食加工流通领域的设限消除，跨国粮商开始大举进军中国，其速度之快超乎想象。他们凭着供应链竞争的优势，既已取得了从中国大豆种植到食用油终端市场竞争的大胜，现在依托供应链竞争优势，试图把战火烧到中国米、面、肉等日常消费的全食品领域。在这种情况下，再靠传统的手工操作与产销脱节的单打独斗方式已经无法达标，基于信息化的粮食供应链整合成为不二的选择。在进行粮食供应链整合过程中，最难、最基础的是粮食种植环节，而农户结算卡的初步试点成功，无疑为全球供应链竞争下中国粮食产业发展奠定了的美好前景（图 4-5）。

总之，农户结算卡项目能使多年来特别难以解决的小农户与大市场的对接变得容易简单，由此获得的数据及可能改善的关系，为收购后的各环节（如粮库信息集成系统、区域粮食物流公共信息平台等）乃至整个供应链整合奠定了重要的信息基础；农户结算卡的应用实施既是维护国家粮食安全保障的要事，又是进一步调动农民种粮积极性、促进农民增收的有效方式，更是各级政府及部门创新行政管理方式，实践科学发展观，促进粮食生产、流

---

① 吴志华.2008.基于 OEM 的精敏供应链创新［J］.经济管理（17）.

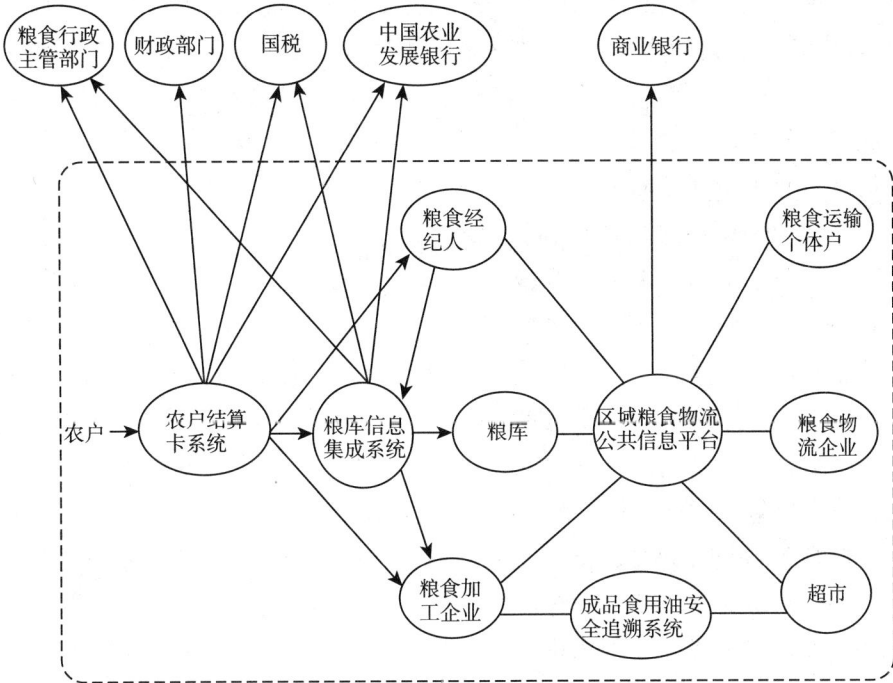

图 4-5 基于农户结算卡的粮食供应链展望

通产业信息化发展的手段，对健全强农惠农政策体系，促进宏观调控管理发展方式转变等具有深远的历史意义与巨大的国家战略意义。为此，在物联网技术飞速发展、相关成本不断降低，以及规模化经营不能拔苗助长的情况下，应充分并能够很好地探讨基于现有种植条件下的现代信息技术运用与全方位为农服务体系的优化或再造问题，而农户结算卡就是使各种农户服务富有针对性、有效性的关键或抓手，当引起有关部门的高度重视。

第四节 强化以供应链整合为基本特征的粮食安全物流体系建设

一、2013 年中国粮食物流回顾与 2014 年展望

在政府政策及资金的扶持下，2013 年中国粮食物流得到进一步发展，粮食物流储运重点关注危仓老库改造和"北粮南运"火车散粮班列开通，粮

食物流信息技术的研发和运用开始注重数字化和智能化，粮食物流中心建设更加注重信息化和产业化，粮食物流标准及面向终端消费者的粮食电子商务物流开始受关注。未来，粮食物流仍将是各级政府的关注点，粮食物流信息化成必然趋势，粮食国际物流将会有所发展，面向终端消费者的粮食电子商务物流将迎来新的大发展。

（一）2013年中国粮食物流发展回顾

2013年，在国家粮食局实施的全国范围的粮食收储供应安全保障工程（简称粮安工程）引导下，粮食物流得到了快速发展。该工程的主要目标是全面提升粮食收储和供应保障能力，打通粮食物流通道，修复粮食仓储设施，完善应急供应体系，保证粮油质量安全，强化粮情监测预警，促进粮食节约减损，切实做到敞开收购农民余粮、保障严重自然灾害和紧急状态下的粮食正常供应，促进种粮农民增收350亿元以上。

1. 粮食物流发展依然受到各级政府的重视

2013年，中国小麦、玉米、稻谷三大粮食品种价格已经超过进口到岸价，粮食物流发展的战略地位进一步得到重视。2013年中央1号文件继续提出要统筹规划农产品市场流通网络布局，提高农产品流通效率。要加强粮油仓储物流设施建设，大力培育现代流通方式和新型流通业态，继续实施"北粮南运"、万村千乡市场工程、新农村现代流通网络工程，启动农产品现代流通综合示范区创建。2013年3月，作为国内最大的跨区域粮食物流企业，中国华粮物流集团完成了与中粮集团的战略重组，重组后华粮集团在东北、长江、西南、京津地区的4大成熟完善的粮食运输走廊和铁海联运、铁路散粮入关两条粮食运输通道将纳入中粮集团的物流体系中，将提升"全产业链"各个环节的控制能力，对于增强国家宏观调控能力，保障国家粮食安全具有重要意义。2013年1月，国务院印发的《循环经济发展战略及近期行动计划》中提出，推进粮食生产全过程机械化，加快粮食烘干、仓储设施建设，减少粮食田间损失和仓储损耗。

此外，国家和地方政府都增加了对粮食物流建设及研发的资金扶持，这些扶持资金主要关注现代粮食仓储体系的完善和建立、粮食物流系统的现代化、粮仓的维修保障以及粮食物流科技研发：为缓解地方粮食收储仓容压力，避免出现农民"卖粮难"，2013年中央财政加大了对地方危仓老库维修改造扶持力度，中央补助资金达 10 亿元，补助范围覆盖 26 个省（自治区、直辖市），其中黑龙江、江苏、江西和湖南等 4 个重点支持省共安排中央补助资金 6 亿元；西安粮食应急物流基地项目获 2013 年中央预算内投资计划 750 万元资金补助，项目建成后可保证全市居民大米和食用油消费 100%、面粉消费 65% 的供应；盐城市粮食物流中心项目获省财政专项补助资金，加快了当地粮食物流的建设，为确保粮食安全和农民增收提供了有力的支撑；为支持春耕生产，财政部于 1 月 16 日将 151 亿元粮食直补和 1 071 亿元农资综合补贴存量资金下拨地方，为春耕的正常完成提供了保障；内蒙古自治区投资 1.3 亿元积极推进成品粮应急低温储备仓储设施建设。

2. 粮食物流储运重点关注危仓老库改造和"北粮南运"火车散粮班列开通

在粮安工程的总体指导下，2013 年 3 月国家粮食局发布了《修复"危仓老库"实施规划》，粮食物流仓储工作重点关注危仓老库维修和改造。据统计，目前全国还有不具备安全储粮功能的危仓老库 897 亿千克，为了健全粮食收纳体系，进一步提高粮食仓储水平，2013 年根据仓库的具体情况对全国范围的危仓老库实施了分类维修和改造：第一类是一般维修，主要针对存在问题较小的仓房，对局部问题进行简单维修，包括粮仓地面、屋顶、墙体及门窗、地坪等的维修；第二类是大修改造及功能提升，主要是针对 1998 年以前建设的各类仓房进行防潮防雨、保温隔热更新改造，配置先进适用的仓储作业设备，以及提升粮情检测、机械通风、环流熏蒸等功能；第三类是重建，重建仓房以满足粮食安全存放为目的，基本设备配备为进出仓工艺设备、机械通风系统、粮情测控系统、环流熏蒸系统，其中一线收纳库可选择性配备环流熏蒸系统。

在粮食物流运输方面，2013 年重点关注"北粮南运"火车散粮班列的试点和开通，东北粮食产区与关内销区已形成新的散粮物流大动脉。长期以来，中国铁路散粮车仅限在东北地区运行，东北地区经铁路运往关内的粮食仍然采取成本高、运能低、损耗大的包粮方式。2013 年 1 月 21 日，作为东北地区铁路散粮车入关试点，从中国华粮物流集团吉林松原粮库始发的首列铁路散粮专列，顺利到达华粮集团湖南岳阳城陵矶港口库，实现铁路散粮专列直达关内运输的历史性突破。随着首趟 50 辆北良 L18 型散粮车班列的开行——东北曲家店至岳阳北，中国铁路散粮车已在东北粮食产区与关内销区间实现常态化运营，为东北粮食南下提供了更为合理的运输方式。

3. 粮食物流信息技术的研发和运用开始注重数字化和智能化

2013年年初，国家粮食局印发了《大力推进粮食行业信息化发展的指导意见》，指出要充分发挥信息化对增强国家粮食供给保障能力的提升作用。在粮食现代物流信息体系建设中，各省市粮食行政管理部门重点围绕粮食物流节点信息系统、粮食物流公共信息平台、粮食物流监管平台三个层次建设覆盖跨省粮食物流通道及主要节点的粮食现代物流信息体系、面向重点粮食物流区域和物流节点的公共信息平台、中国主要粮食通道的粮食流量流向的动态监测体系。其中，粮食物流节点信息系统建设侧重于对粮食物流企业信息网络技术改造和传统业务流程提升，实现企业粮食物流业务环节管理信息化；粮食物流公共信息平台侧重于基于物联网、云计算、定位、地理信息等技术，结合现有政策性粮食交易平台系统、全国粮食动态信息系统以及大型企业物流网络系统，整合公路、水路、铁路运输等部门的基础物流信息；粮食现代物流监管平台侧重于建设国家粮食物流监管调度系统、粮食物流地理信息平台和粮食交易市场物流信息直采系统。

在粮食现代物流信息体系建设过程中，数字化和智能化是着重考虑的两大特征，建成了一大批数字化、智能化粮食物流节点。2013年江苏全省"数字粮库"已累计建成21家、试运行8家、在建5家，较好地完成了全年建设任务。如，宿迁国家粮食储备库数字化粮库建设项目已完成建设并投入使用，该信息系统可实现粮库管理信息化、账目数据电子化、业务监管三维可视化、仓储管理智能化，从而提高管理效率，降低管理成本，确保实时跟踪粮情及储粮安全；无锡数字粮食工程（信息化）项目于2013年3月份正式启动，经过7个月的建设周期，2个月的试运行，目前项目运行稳定，接下来将大胆地推广物联网技术在粮食信息化项目中的运用，尤其要采取移动互联技术，提升数字粮食项目的建设高度和建设水平。2013年青岛第二粮库全面开展"智慧粮库"项目建设，采用物联网设备自动采集粮库运行数据，尽可能避免人工操作和干预，保证数据真实、精确、安全。同时，控制中心管理系统对采集的数据加工、处理、分配和反馈，满足粮库在粮仓管理、物资管理、人员管理、任务管理等方面的业务需要，最终实现全面提升粮库经营管理水平、降低各项运营成本的目标，项目建成后将实现自动化、三维可视化及智能化，实现粮油仓储这一传统行业向现代化高科技的转变。

在粮食物流信息技术研发方面，数字化和智能化依然是重点关注的对象。2013年9月，"十二五"国家科技支撑计划项目"数字化粮食物流关键技术研究与集成"项目各课题开题会陆续召开，项目总体目标是通过数字化的粮食特性模拟、粮食收购品质、储藏数量和质量安全检测、运输装卸、应急处理方法与设备研制与应用示范，建立基于物联网的管理网络，实现粮油数量和质量的跟踪管理，提高从收购、储藏到消费环节的粮油流通全程数字化检测与管理水平；2013年12月，中科怡海公司经过科技研发和多个粮库的实践，成功推出领先的粮食信息化整体解决方案——"中科怡海智慧粮食"，该方案主要包含数字粮库系统、粮食电子商城系统、储备粮竞价交易系统、粮食质量溯源系统、粮油价格监测系统、粮食流通电子监察系统，在系统中增加了大量的物联网、传感网技术，大大提升了粮食信息化的水平；2013年10月，中国信息协会召开了以"新时期·新技术·新思维·新方法"为主题的第十届中国农业信息化高层论坛暨首届国际智慧农业峰会，农业物联网与智慧农业作为会议的主要议题之一受到广泛的关注和讨论；等等。

4. 粮食物流中心建设更加注重信息化和产业化

（1）各地粮食现代物流中心建设持续跟进。如，龙口港山东北大荒粮食仓储物流基地于2013年年底投入运行，该项目由山东北大荒粮食物流有限公司投资，是北大荒粮食物流有限公司在国内港区建设的首个罐区，该项目投产后形成60万吨动态仓容总量，进一步推动了东北粮食基地对华东地区"北粮南调"、产销对接，并使龙口港成为江北重要的粮食物流基地；总投资已达6.5亿元的宿迁粮食物流园区实现了良好运营，能实现集粮食储备、加工、检验、商务、物流、科研和文化展示为一体；通过推进"数字化粮库"建设，徐州市投资建设升级版苏鲁粮食现代物流中心，该物流中心将逐步建成集粮食流通通道网络化、原粮"四散"化、作业机械化、运行信息化、管理节约化、设施技术标准化为一体的粮油物流平台和粮油加工基地；已基本建成的苏州市金仓粮食物流中心拥有物流中转区、仓储保管区、生产加工区、码头作业区、办公管理区5大功能区域，集粮食物流、仓储、加工、配供为一体，采用数字化自动控制系统，通过信息化集成，将粮食的出入库、倒仓等相关流程在系统中自动完成。在粮食仓储过程中，进行实时粮情监测，实现智能化管理。

（2）粮食现代物流中心的建设更加趋向于产业化。2013年很多地区大力投资建设粮食物流中心，相比以往粮食物流中心的建设，更加注重信息化和产业化，基于供应链、产业链基础上的合作更加明显，粮食物流中心提供的服务范围更广、层次更高，提供的平台更加宽广。如，天津市粮油集团投入6.77亿元，大力推进临港经济区利达粮油加工基地、静海二期粮食综合加工项目、"放心馒头""放心面条"等民生大项目建设，通过实施东中西部民心工程发展战略，打造粮食全产业链，推进产业升级；靖江粮食产业园依据做大做强粮食产业园的要求重新修订粮食产业园发展规划，更加注重产业化，做大做强粮食产业，截至目前已有江苏省扬子江现代粮食物流中心、天津龙威棕榈油加工项目、长江万吨级码头泊位项目、供热中心、南方小麦交易市场及重粮集团（巴西基地）大豆加工项目进入园区，通过企业集群效应，延长产业链实现粮食的产业化。此外，河南、安徽分别出台了《关于大力推进主食产业化和粮油深加工的指导意见》《关于大力推进主食产业化的意见》，鼓励主食加工企业与主食设备生产企业、粮食购销和物流企业、质检机构等开展联合协作，共同打造以粮食收储、加工、物流配送为一体的主食产业化集群。

5. 粮食物流标准及面向终端消费者的粮食电子商务物流开始受关注

粮食物流标准的缺失是导致中国粮食物流效率低下的一个重要原因，尤其是储运和配送环节基础设施设备的不匹配，严重影响了粮食物流各环节之间的衔接。2013年9月，中国物流与采购联合会标准工作部在北京组织召开了"粮食物流关键标准研究"质检公益科研专项课题中期专家论证会，该研究主要是针对粮食集装化物流的现状、标准化需求以及重点的标准项目的研究，提出了粮食集装单元化物流技术标准项目，完成了子课题的研究报告和《粮食集装化仓房技术要求》《粮食集装化仓储设备技术要求》《粮食集装化装卸设备配置要求》3项关键技术标准（草案）的研制，并对现有的叉车进行改造，研制出了适用于铁路场站棚车装卸的新型设备。

现有的粮食电子商务交易主要是针对粮食加工企业、粮食购销企业等中间商开展的以电子竞价为主要方式的原粮网上交易。随着零售业由传统的门店销售向网络销售、网络支付的转变，互联网为特征的新经济模式对传统商业的实质性颠覆已经开始。在粮食行业中也不断涌现面向终端消费者的电子商务企业，而网购成交量巨大带来的配送问题得到越来越多的关注。如，2013年无锡粮宝宝网上商城开始运营，但高额的物流配送成本已成为制约其业务发展的主要瓶颈，目前企业对于商城订购业务的配送采取分类管理：（1）网上订购，实体店提货。用户支付完毕后，直接按照会员价至实体店提货，从而最大限度地让利于客户。（2）网上订购，实体店配送。用户支付完毕后，由附近的实体店按照零售价直接配送到客户家中。（3）网上订购，物流配送。用户支付完毕后，由物流公司配送。

（二）2014年中国粮食物流展望

1. 粮食物流仍将是各级政府的关注点

"农是国之本，农伤则国贫"，2014年中央1号文件继续关注"三农"问题，并首次提出"完善国家粮食安全保障体系"。文件强调要着力加强促进农产品公平交易和提高流通效率的制度建设，加快制定全国农产品市场发展规划，落实部门协调机制，加强以大型农产品批发市场为骨干、覆盖全国的市场流通网络建设，开展公益性农产品批发市场建设试点。加快发展主产区大宗农产品现代化仓储物流设施，完善鲜活农产品冷链物流体系，支持产地小型农产品收集市场、集配中心建设。同时，中央1号文件提出要完善农村物流服务体系，推进农产品现代流通综合示范区创建。物流基础设施的提高和完善为将来粮食物流运行效率的提高带来希望，1号文件强调实施粮食收储、供应安全保障工程，未来与之相匹配的涉农政策也会相继出台，与粮食安全紧密相关的粮食物流行业仍将是各级政府工作重点和关注点。

2. 粮食物流信息化成必然趋势

2013年，中国粮食物流信息化投入卓有成效，但是市场对于信息化的要求会随着经济的发展、科技的进步而越来越高。2014年中央1号文件提出要建设以农业物联网和精准装备为重点的农业全程信息化；要完善农业补贴政策，在有条件的地方开展按实际粮食播种面积或产量对生产者补贴试点，提高补贴精准性、指向性。无论是全程信息化，还是实际粮食播种面积或产量等粮食物流基础数据的采集，都必定依赖于物流信息技术的运用。2014年1月，农业部关于印发《农业应急管理信息化建设总体规划（2014－2017年)》

的通知，贯彻落实《农业部关于进一步加强农业应急管理工作的意见》，加快推进农业应急管理信息化建设工作，提升农业突发公共事件应急管理水平。2014年1月，农业部在上海开展农业物联网区域试验工程年度总结，强调当前农业物联网区域试验工程取得了一些阶段性、突破性成果，各级农业部门要抢抓机遇、顺势而为、再接再厉，充分调动各种社会力量，全力推进农业物联网建设，加快现代农业发展。为适应农业部党组深入贯彻落实党中央、国务院"四化同步"战略部署的新要求、新期待，农业部信息中心将联合全国各级农业信息中心加强推进农业信息化体系建设，打造一支左右协同、上下畅通、互联互动、共建共享的联合舰队，农业部全力打造农业农村信息化协同体系，在推进农业农村信息化建设中发挥主力军作用。这些利好政策和信息都表明未来粮食物流的信息化将成发展的必然趋势。

3. 粮食国际物流将会有所发展

目前，中国三大主粮的净进口（进口数大于出口数）已常态化，过去3年中，玉米、小麦和大米的进口量都在翻倍增长。有统计显示，2012年中国粮食进口总量突破了7 000万吨，创下历史最高纪录。进入2013年以来，三大谷物进口增速才开始有所放缓。与此同时，2014年中央1号文件提出在确保谷物基本自给、口粮绝对安全的同时，要更加积极地利用国际农产品市场和农业资源，有效调剂和补充国内粮食供给；加快实施农业走出去战略，培育具有国际竞争力的粮棉油等大型企业；支持到境外特别是与周边国家开展互利共赢的农业生产和进出口合作。农业部《关于切实做好2014农业农村经济工作的意见》也提出，加快实施农业走出去战略，完善整体规划和制定重点国别规划，推动完善扶持政策，鼓励国内企业以多种形式到境外投资农产品仓储物流设施、并购参股国际农产品加工和贸易企业。中国在俄罗斯远东地区租赁土地种植的水稻，在2013年年底通过吉林珲春口岸运送回国，这批3万吨水稻由吉林省报请国务院批准，国家发改委正式下达配额指标。可以看出，无论是粮食产品的"引进来"，还是"走出去后再引进来"，都会带来对粮食国际物流的需求。随着国家粮食安全总体战略的实施，未来粮食国际物流的需求会有一定发展。

4. 面向终端消费者的粮食电子商务物流将迎来新的大发展

电子商务是一种数字化商务方式，代表未来的贸易、消费和服务方式。

因此，要完善整体商务环境，就需要打破原有工业的传统体系，发展建立以商品代理和配送为主要特征，物流、商流、信息流有机结合的社会化物流配送体系。2013年是电子商务年，一些传统物流企业因互联网而重新洗牌，同样因为电子商务的应用许多企业获得发展新的增长点和新的盈利模式。过去一年内一些粮食企业做了电子商务尝试：苏州粮食局规划电商产业园电子商务，推行粮油惠民经营新模式，与苏州优尔食品签订战略合作协议，启动规划和建设以"淘豆"品牌为核心的休闲食品电子商务产业园，并将放心粮油产品逐步推向"淘豆"网络营销平台，将全区"放心粮店"作为网上粮店的实体展示馆加以推广。其次，通过电子商务搭建网上粮食竞价交易平台，有效集聚客商资源，压降交易成本，较好地体现市场价格预期，实现储备粮的潜在价值。这些粮食行业的电子商务尝试，尤其是面对终端消费者的粮食电子商务必将是今后发展的趋势，必将带来粮食电子商务物流的发展。

此外，粮食供应链整合与粮食产业化也将是未来粮食物流的发展趋势。未来企业竞争不再是企业与企业之间的竞争，而是供应链与供应链之间的竞争，传统粮食行业企业"小、散、乱"已经无法适应现代竞争，更无法与国外大型粮食企业竞争，企业必须向下游或上游整合和被整合。国家粮食局、中国农业发展银行《关于进一步加强合作推进国有粮食企业改革发展的意见》发布后，靖江粮食产业园、苏州金仓物流中心等在已有条件下进行改革，整合上下游延长产业链，发展粗加工、精加工、运输、销售和电子商务等环节，效果显著。与此同时，粮食产业化所带来的集群效应十分显著，吴淞江粮食产业园通过集合包括益海嘉里食品工业有限公司、省国家粮食储备库、昆山粮食物流园储备分库以及部分加工企业的方式，延长粮食产业链，打造粮食产业园。

二、传统物流及其向供应链物流跨越

（一）传统物流及其特点

在传统的物流系统中，需求信息和反馈信息（供应信息）都是逐级传递的（图4-6）。其基本特点是：

（1）纵向一体化的物流系统，供应链从供应商到消费者有很多级别。

（2）同一个供应链上的不同企业缺乏合作，即以各自利益最大化为其决

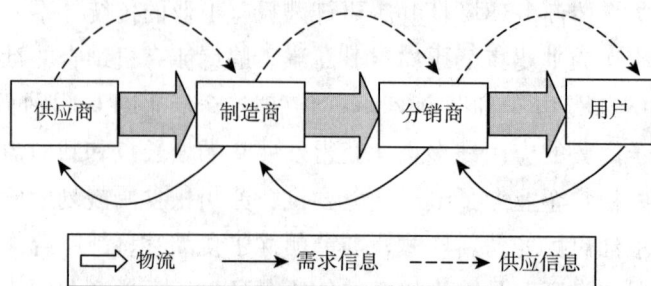

图 4-6 传统物流系统的信息传递

策依据。

(3) 企业基本上只从其直接的下游企业获取需求信息，没有共享有关的需求信息，信息的利用率低。

(4) 物流水平低下，时常出现供应缺货现象。为保证及时与足额交货，企业通常会采取放大真实的需求，并提前进行批量订购的办法。

传统物流管理的以上特点，必然导致牛鞭效应的形成，并在很大程度上将牛鞭效应的影响扩大。所谓牛鞭效应，是指供应链上各个环节的需求量的变动将引起它的上游用到上游的上游更多大需求量变动的经济现象。也就是说，当供应链各节点企业只根据来自其相邻的下级企业的需求信息进行生产或供应决策时，需求信息的不真实性会沿着供应链逆流而上，逐级放大，达到最源头的供应商时，其获得的需求信息和实际消费市场中的顾客需求发生了很大的偏差，且其需求变异系数也要比分销商和零售商的需求变异系数大得多。

传统物流管理中牛鞭效应的形成原因主要包括：

(1) 需求预测修正，即当供货短缺时，下游企业会虚构订单数量，放大真实需求。

(2) 货批量决策，即下游企业在考虑每次订货的固定成本较高，使其在订货时会采取批量订购。

(3) 价格波动限量供应与短期博弈行为，即当产品供不应求时，上游企业常会根据客户订单数量的一部分比例进行限量供应，而下游企业则会夸大其真实需求，以最终得到自己需要的商品供应量。

（4）需求本身具有波动性和不可预测性。

（5）上下游企业决策只由自身利益最大化决定。

（6）缺乏整体观念，供应链间各环节信息不透明。

由于第三方物流的迅速发展，企业可以低成本、高效利用第三方物流企业资源，调整其订货策略，实行小批量、多次订购的采购或供应模式。而订货批量的减少，在一定程度上消减了牛鞭效应。另外，它提高了物流配送的效率，加快了交货速度，大大压缩了提前期。提前期的压缩意味着对顾客需求反应速度的敏捷，有效地解决上游企业了解顾客需求相对于下游企业的滞后，从而消减了牛鞭效应。

（二）第三方物流及其对牛鞭效应的弱化

第三方物流是在企业物流管理水平提高和物流业充分发展的基础上产生和发展起来的，是物流专业化的重要形式，也是现代物流的重要标志。

第三方物流（The Third Party Logistics，3PL）概念起源于外包，最早是由美国物流管理委员会首先提出来的。其含义是：物流渠道中的专业化物流中间人（以下简称物流企业），以签订合同的方式在一定期间内为其他企业提供所有或部分物流业务服务的物流专业化运作方式。作为一个新兴的领域，3PL从20世纪80年代以来已得到了越来越多的关注。这一术语也经常被称之为物流联盟（Logistics Alliance）、合同物流（Contract Logistics）、物流外协（Logistics Outsourcing）或全方位物流服务公司（Full-Service Distribution Company，FSDC）。

从供应链角度来看第三方物流，第三方物流是供应方和需求方之间的连接纽带。它处于流通的中间环节，提供了一体化的物流服务，是中间流通企业。第三方物流不只是负责个别的运输业务，还负责包括从调货到库存管理、卸货、配送在内的客户的全部物流业务，即针对企业采取最佳经营战略设计物流系统，利用自己公司或其他公司的物流设备，在实际活动中解决问题。与传统企业组织的运作相比，将物流外包给专业的第三方物流供应商，可以带来如下优势，具体表现在：

1. 集中主业，构建核心竞争力

在科技日新月异的今天，产品生命周期不断缩短，基于产品等职能战略而形成的优势只能在短期内保持，而围绕物流领域成本与效率的竞争也将成为企业竞争的重要方面，但是企业的资源是有限的，紧紧依靠自身的力量，是不经济的。为此，企业应把自己的主要资源集中于自己擅长的主业，而把物流等辅助功能留给物流公司。利用物流外包策略，本企业可以集中资源，铸就自己的核心能力，并使其不断提升，从而确保企业能够长期获得较高的利润，并引导行业朝着有利于企业自身的方向发展。

2. 具有专业优势和成本优势，提高服务质量

第三方物流公司往往同时服务于多个企业，在实际运作中具有规模生产的专业优势和成本优势，它还拥有不断更新的信息技术和设备，实现了数据的快速、准确传递，满足不同企业的不同的、不断变化的配送和信息技术需求，而这些服务通常都是单一一家企业难以做到的。第三方物流公司通过"量体裁衣"式的设计，制定出以顾客为导向，以低成本、高效率为目标的物流方案，可以帮助顾客改进服务，树立自己的品牌形象。

3. 操作灵活，提高了企业运作的柔性

通常，把物流业务外包给第三方物流公司，可以使得公司的固定成本转化为可变成本。公司仅向"第三方"支付服务费用，而不需要自己内部维护物流基础设施来满足这些需求。尤其对于那些业务量呈现季节性变化的公司来讲，外包物流对公司盈利的影响就更为明显。例如，对于一家季节性很强的大零售商来说，如果说，要年复一年地在旺季聘用更多的物流和运输管理员，到淡季再开除他们是很困难、低效的；若和第三方物流结成伙伴关系，这家零售商就不必担心业务的季节性变化。

（三）进一步弱化牛鞭效应的第四方物流与供应链物流

综上可以看出，第三方物流的迅速发展可以使企业低成本、高效率地利用社会资源，调整其订货策略，实行小批量、多次订购的采购或供应模式。同时，也提高了物流配送的效率，加快了交货速度，大大压缩了提前期，从而大大地削弱了牛鞭效应。但由于第三方物流并没有触及到解决牛鞭效应的本质因素——供应链上各企业各自为政的短期决策模式。另外，物流外包或借助于第三方物流行事，通常只能使企业的成本获得暂时的降低，且使许多本属内部协调的内部关系演变成了纷繁复杂的外部协调关系。因此，随着竞争的加剧，一种着眼于整个供应链系统视角，使企业能够更有效率并快速反应的第四方物流（The Fourth Party Logistics，4PL）越来越引起了人们的重视。

第四方物流，是一个供应链的集成商，它对公司内部和具有互补性服务供应商所拥有的不同资源、能力和技术进行整合和管理，提供一整套供应链解决方案。在供应链内部实现信息的实时更新、共享，促使供应链中各企业形成战略同盟，使供应链中各企业同担风险，同享收益。促使供应链各方从整个供应链的利益出发，并以其作为决策的依据，整合各方面资源，以整个供应链价值最大为目的，最终实现整个供应链的帕累托最优。

第四方物流是有领导力量的物流服务商通过整个供应链的影响力，提供综合的供应链解决方案，也为其客户带来更大的价值。本质上，第四方物流提供商是一个供应链集成商，并不断促进供应链管理的发展。

在美国，Ryder Integrated Logistics、信息技术巨头 IBM 和第四方物流的先行者埃森哲公司结为战略联盟，使得 Ryder 拥有了技术和供应链管理方面的特长，而如果没有 4PL 的加盟，这些特长要花掉 Ryder 公司自身几十年的工夫才能够积聚起来。第四方物流的前景非常诱人，但是成为第四方物流的门槛也非常高。预测表明，作为能与客户的制造、市场及分销数据进行全面、在线连接的一个战略伙伴，第四方物流与第三方物流一样，它是可以在可预见的将来得到广泛应用的。

第四方物流，增进了供应链中各企业的联系，并将上下游企业的信息在供应链中共享，有效地消减了需求信息在各个小系统中的放大效应。由于供应链中各企业不再各自为政，从整个供应链价值视角对其决策进行选择，会减少其短期博弈及短期决策。随着市场经济的发展，顾客的需求更趋个性化。由于第四方物流将顾客视为不可控的外部因素，未将其纳入控制范围，导致了需求波动的不可控，而由其本源的顾客需求波动性依然会导致牛鞭效应的形成，从而决定了将顾客视为内部因素的供应链物流的产生与兴起。

供应链物流（Supply Chain Logistics，SCL）可以理解为带有供应链特征或要求的物流。它相对于一般物流管理来讲，不仅包括采购物流、销售物流和生产物流，而且还包括回收物流、退货物流、废弃物流等反向物流；不仅包括供应链渠道内成员从原材料获取到最终客户产品消费整个过程的系列物流活动，而且还包括各物流成员间的分工、合作与集成；不仅具有一般意义上的第三方物流、逆向物流，而且还有在此基础通过一定制度安排与现代信息管理技术手段的利用等不断得以开展的第四方物流与集成化物流等。当然，这是一个比较典型的供应链物流特征，或是要经由一定的供应链管理而要达到的供应链物流要求。也就是说，必须经由供应链物流管理而使一般物流转变为供应链物流，使一般的供应链物流转变为不断处于优化的供应链物流。

供应链物流管理指的是按照供应链管理思想对供应链物流活动进行计划、组织与控制的过程总称。作为一种共生型物流管理模式，它强调供应链成员间的协作（Cooperation）、协调（Coordination）与协同（Collaboration）；注重总的物流成本与客户服务水平之间的关系，强调供应链成员间相关职能的结合或整体优势的发挥。从图4-7可以看出，供应链物流管理环境下的物流信息流量大大增加，且呈现网络式传递的特征。企业通过现代信息技术等可以很快掌握并交流供应链上不同环节的相关信息，从而避免需求信息的失真现象。它可以充分利用第三方物流系统、代理运输等多种形式的运输和交货手段，从而降低了库存的压力和安全库存水平；可以通过消除不增加价值的过程和时间，提高供应链的敏捷性与精细化运作水平；对信息跟踪能力的提高，使供应链物流过程更加透明化，也为实时控制物流过程提供了条件。

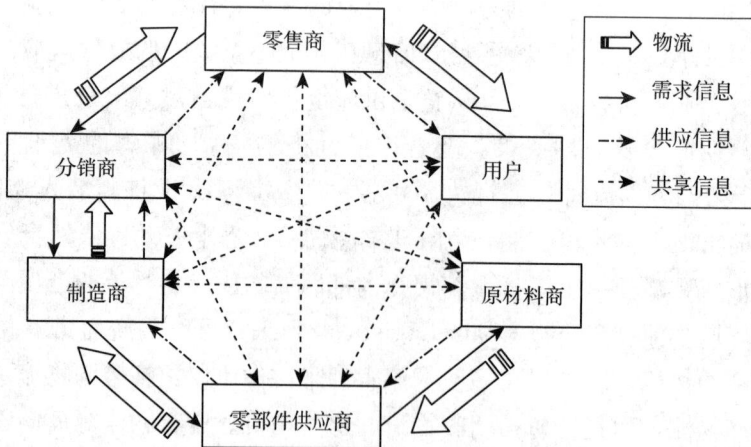

图4-7　供应链物流管理环境下的物流系统信息传递

马士华等人对供应链物流管理的特点进行了高度概括，非常便于大家理解与记忆，它们是：信息—共享、过程—同步、合作—互利、交货—准时、响应—敏捷、服务—满意。

三、以供应链物流优化粮食安全

粮食的特殊性决定了粮食物流的发展必须着眼于提升并优化粮食安全，但由于粮食物流有着与粮食安全不尽相同的独特规律与要求，因此又不能局限于粮食安全。粮食安全涉及生产、贸易、储备、运输和保障各个部门和多个环节，在目前还没有形成粮食安全系统与市场经济接轨运行的情况下，如果任由市场调节，则会造成盲目缩减粮食生产的现象，导致国内粮食生产严重不足而过多依赖国外进口，使得粮食对外依存度过高，容易受制于人。因此，稳定粮食生产、提高粮食综合生产能力、有效进行粮食储备与供求调控，仍然是确保粮食安全体系的核心，且只有这样才能牢牢掌握主动权，立足于不败之地。作为现代粮食物流发展的特性来讲，则应着重从以下几方面促进粮食安全保障：

（一）促进并保障国内外的商品粮基地建设与产业化经营

市场化条件下保障粮食安全的基本思路是使一些具有相对优势的地区更好地种粮与售粮，而不是鼓励或要求任何地方都种粮。笔者在广东省中山市的最大产粮镇——坦洲镇调查过程中，一位长期从事基层粮食管理工作的同志给我们算了一笔种粮的成本账，发现与其他可以考虑的种植或养殖比较，即使政府每亩再补助 300～500 元，也难以调动农户种粮的积极性。因此，对一般的地区来讲，主要是保护好耕地，以便一旦有必要，能通过行政命令而迅速恢复粮食生产；而对于可望成为商品粮基地的广大主产区等，则应给予重点扶持；把商品粮基地县办成粮食优质高产稳产的示范县、推广先进技术的带头县、提供稳定储备粮源的骨干县；与此同时，积极考虑那些比国内更具有优势的国外商品粮基地建设，以便能确保各种情况下中国粮食安全所需要的基本粮源。与此相对应，未来中国粮食物流的发展应优先考虑那些有利于掌握粮源、有利于沟通产销关系的物流通道、设施、运输、加工、配送等。而解决这一问题的过程就是要按国家有关大力推进农业产业化经营的决定有效扶持、发展以"企业＋基地＋农户"为主要模式的粮食产业化经营。

鼓励、扶持粮食加工企业建立专用粮生产基地，与农民签订收购合同，按优质优价原则直接收购农民的粮食。为此，必须注重实施粮食物流的一体化战略与网络化战略。

粮食产销一体化，源于西方国家企业界流行的一种称作有效客户响应法（Efficient Consumer Response，ECR）的商品流通形式，其基本思想是物流渠道中每一成员的利益是一致的，要实行多赢的经营理念，结成一个稳固的利益共享的物流联盟，实现一体化管理。传统的供应系统认为只有存在直接交易关系的买卖双方才有联系，其他各方相互之间毫无关系，各方较多地从自己的利益出发考虑问题，因而供应链的整体效率是不高的。在 ECR 系统中，各方成员没变，但经营的理念和方式却发生了重大变化。其理念是将商品流通的全部活动服从于提高客户的利益视为系统目标，通过制造业和流通业的联盟体制，尽可能满足客户的最大需求，同时各方共同努力不断降低成本，从而提高供应链的整体效率（图 4-8）。

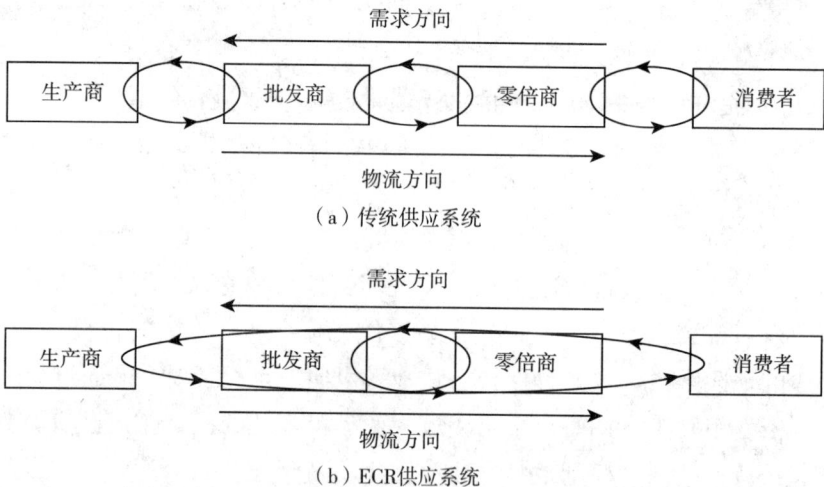

（a）传统供应系统

（b）ECR供应系统

图 4-8　ECR 供应系统与传统供应系统的比较

一体化战略的提出，基于一个客观的事实，即有效的物流管理需要突破单个部门与企业的界线，延伸到整个物流过程，从而满足最终客户的需求，进而整个物流过程就是满足客户需求的完整的供应链。为了最大限度地为客户提供优质服务，必须有效整合所取得的足够的内部资源和外部资源，形成一个利益共同体。

在粮食物流发展的一体化战略中，就是要系统考虑"从田头到餐桌"的整个流通产业链，而不要因粮食生产部门与流通管理部门的分割（农业部与粮食局）而单单从粮食生产或粮食流通角度进行分区规划。也就是说，要对粮食产销一体化所涉及的粮食生产基地、粮食物流中心与配送中心进行统一规划，并通过一些政策的制定与完善促使相关企业进行共生性链接、一体化合作。共生性链接是指企业或农户为了让自己所负责的业务更广泛、更直接，更利于提高管理效率与经济效益，而通过所有权变更、签订合同与管理影响，对本单位所在产业业务流的两端进行"直接"或间接影响的过程。这里的"直接"可以理解为通过所有权变更或合同约束，而使企业由现在的业务流向两端，延伸至直接销售、原材料提供以及两者之间的任何中间环节等；这里的"间接"，是指通过企业卓越形象的影响与国家有关政策的调整，使行业价值链所涉及的所有企业能更好地进行合作与竞争。现在，中国许多地区都出现了粮食产销密切合作的可喜局面，粮食物流发展应有助于这种粮食产业化经营的进一步发展，同时这也应看做是解决新时期粮食安全的重要形式。

中国粮食物流的网络化战略是指将粮食零售店、仓库、加工厂、供货商、物流中心，以及数据采集、处理等节点（Nodes）与代表不同节点之间货物与信息的移动链（Links）进行网状性的优化组合。任意一对节点之间可能有多条链相连，代表不同的运输形式、不同的路线、不同的产品等。库存流动中的这些储运活动只是整体物流系统的一部分。此外，还有包含了关于销售收入、产品成本、库存水平、仓库利用率、预测、运输费率及其他方面信息的信息流动网络。其中，信息网络中的"链"是指信息以电子邮件或其他电子方式从一地传输到另一地的过程；信息网络中的节点则是不同的数据采集点和处理点，如进行订单处理与库存记录更新的计算机终端。

节链网络化对于粮食物流发展的基本要求是将粮食企业内部的装、卸、运、存与外部的粮食流通通道、物流方式与标准信息体系等进行综合考虑。就是要使中国主要粮食走廊中既已形成的骨干粮食港口、码头、加工企业等节点进行功能的网络化改造，以形成主销区与国内外重要产粮区之间的粮食物流网络；就是要根据网络化或物流中心的思路来规划、建设项目，并使各项目组成一个高效的有机整体。

（二）优化主销区粮食物流设施与保供机制

由于长三角、珠三角等主要缺粮地区的经济发达、城市密集、人口众多，缺粮问题突出，因此主销区的粮食供应无疑是中国粮食安全的重中之重。但由于从机制上难以消除"逆向调控"，因此，过分增大粮食储备不仅会产生沉重的粮食成本费用负担、降低粮食成品的供应等级，还会加剧粮食供求失衡的程度。因此，应从"四散"化（散装、散卸、散存、散运）等方面考虑粮食安全的有效性。

1. 突出散粮物流的系统性

（1）在满足国家有关粮食散粮物流体系规划要求的基础上，充分发展具有地方特色的散粮物流体系。物流体系是由国家一级粮食物流系统、省市二级粮食物流系统与三级企业物流系统所构成的有机整体。省一级的粮食散粮物流体系必须注重与国家的散粮物流政策、发展规划相衔接。它主要包括：一是积极参与国家散粮网体系建设，有效利用国家散粮骨干网的资源。二是创造性地考虑国家散粮骨干网的延伸、省内覆盖面以及可以也应该配套的项目，即在致力于满足国家有关粮食散粮物流体系规划要求的基础上，充分发展具有地方特色的散粮物流体系，着力于从有效指导企业进行粮食物流活动与更好地体现中国区域特色的角度，对粮食物流基地、物流中心和配送中心进行分层次的系统规划。并通过这些结点，将各种粮食物流通道与物流企业连接起来，充分发挥地区优势与物流系统的网络作用。

（2）应系统考虑散粮物流体系的物质要素规划与投入。散粮物流体系的建立和运行，需要有大量的技术装备手段。主要包括由物流站、场、中心、仓库与公路、铁路、港口、有关建筑物等构成的散粮物流设施；由进出库设备、加工设备、运输设备、装卸机械等构成的散粮物流装备；由维护保养工具、办公设备等构成的散粮物流工具；由通信设备及线路、传真设备，计算机及网络设备等构成的技术及网络；符合质量与批量要求的散状粮食等。这些物质基础要素的有机联系对散粮物流体系的运行有决定意义。根据目前中国许多粮库不适合散粮存放、通用型粮食集装箱短缺、散粮运输工具不足，尤其是地方所属粮食企业严重缺乏专用散粮装卸运输机械设备（如吸粮机、输送机等）等情况，应注重粮食物流节点散粮装、卸、运、存设施的投资建设与运用管理力度，应优先考虑粮食散粮公共基础设施的建设，并在此基础上充分利用粮食企业与有关社会资金参与粮食散粮物流体系的配套建设。

（3）注重支撑要素体系的软环境建设。即注重优化散粮物流体系的支撑要素（包括体制、制度、法律、规章、行政命令、标准体系与组织管理等）的软环境建设，并借此对散粮物流体系的建设与实施进行有力的推动。

2. 优先考虑中国主要交通干线骨干粮食物流节点的"四散"化

散粮物流体系的前期投入比较大，且只有在一定区域中进行有效的协同运作才可能使散粮物流体系的潜在社会经济效益得到良好的发挥，因此，宜优先考虑主要交通干线（沿海、沿江、沿铁路干线）骨干粮食物流节点的"四散"化。

"九五"以来，中国各级政府比较注重交通枢纽的现代化散粮装卸系统、现代化大型散粮中转库的改建和扩建，骨干港口在散粮流通体系中能起到一定程度的龙头带动作用。中国粮食物流发展应依据这些骨干性节点而较快地建立集粮食集并、储存、运输为一体的大型粮食物流企业或中心；应优先考虑沿交通干线粮食物流设施的"四散"化改造；仓房建设或改造应以散装高大平房仓为主，配置移动式的散粮装卸机械，与此同时，按"四合一"储粮新技术的模式配置科学先进设施；积极改进粮食的承载工具，重点是对厢体进行改造改装，使之专门适用于粮食的运载。另外，应以此为基础，更新改造一些设施落后、撤并一些布局不合理的库点，抓大放小，使原粮储备尽可能向大库集中。

另外，可以重点考虑沿主要水路发展粮食物流节点的"四散"化。水路运输具有运量大、能耗低、价格便宜的特点。如东北玉米从大连港经水路运输到广州黄埔港的费用是 50 元/ 吨，而铁路运输费用则是水路运费的两倍多。从港口、车站过驳到分散的库点和工厂，水路运输费用也远低于公路运输。另外，从东北地区沿海路调运小麦、玉米、大豆与大米到江浙沪与泛珠江三角洲地区，以及中国粮食进口原粮均为散装运输，便于机械化操作以及地区之间的散粮对接。

3. 通用型成品粮集装箱运输在全国得到一定程度的发展

（1）多品种、小批量的粮食成品粮集装箱运输最具有比较优势。目前，中国的集装箱运输正悄然兴起，据计算，吉林玉米直接用集装箱运输到广州黄埔港，其费用与从吉林集并到大连港再装船运抵黄埔港的费用相当。加拿大采用集装箱方式出口加麦至蛇口港，其运输费用是最低的。随着现代化物流网络的进一步形成，其成本费用将会有所下降。除成本费用不算高这一特点，粮食集装箱运输还具有实现"门到门"服务，简化运输环节中理货、交接手续，减少粮食损耗与中间污染，适合粮食多品种、小批量以及不同质量、等级的要求，不受气候的影响，可以全天候作业等突出特点。这些特点决定了多品种、小批量的成品粮集装箱运输的比较优势与巨大潜力。

（2）符合国家与中国大力发展集装箱运输的规划要求。《国民经济和社会发展第十个五年计划综合交通体系发展重点专项规划》认为，"十五"期间，重点建设上海国际航运中心集装箱深水港和能靠泊第四代以上集装箱船舶的干线港，相应发展支线港、喂给港，促进中国形成布局合理、层次清晰、干支衔接、功能完善、管理高效的国际集装箱运输系统和中国大陆沿海具有1 000万标箱以上的集装箱枢纽港。"十五"期间，内贸集装箱运输重点改造利用现有件杂货泊位，新建部分必要的码头泊位，以满足迅速增长的内贸集装箱运输需求。

（3）通用型粮食集装箱运输已在中国的一些地区得到了较可喜的发展。通用型粮食集装箱运输已在中国的一些地区得到了比较可喜的发展，其突出表现是粮食集装箱运输越来越受到以市场成品粮供应为主要使命的民营企业的青睐。据笔者调查，广东省中山市益众粮行早在1996年就通过集装箱调运江苏的粮食到中山市销售。现在该粮行所运大米的80%都靠集装箱运输，其中最多的一个月运了200个集装箱，计5 000吨大米。该市其他较大的粮食加工供应企业也有一定程度的粮食集装箱运输，并纷纷希望能有更多的航线开通集装箱运输业务。

（4）能较好弥补中国通用型集装箱运输返空率高的缺陷。中国三大经济圈的加工业发达，以集装箱运出的商品较丰富，而以集装箱运进的商品则不足。为此，如果在粮食主销区积极发展通用型粮食集装箱运输，则能较好弥补这些地区通用型集装箱运输返空率高的缺陷。

4. 积极发展粮食综合运输方式

（1）联运方式。采用一张国内或国际多式联运合同，由一个总承运人负责全程的承运并直接对货主负责，组织两种以上的不同运输方式，跨地区或国界进行联合运输。现代联运的核心工具是集装箱，以集装箱为贯通全程的运输单位，采用各种先进的接转方式实现集装箱的铁—水、陆—水、陆—铁等不同运输方式的转换，这就将全程连接成贯通一气的过程，甚至做到不同国度之间的"门到门"运输。它具有简便、速度快与成本低等特点，可进行试点推广。

（2）"浮动公路"运输方式。它是指利用一段水运衔接两段陆运，衔接方式采用将车辆开上船舶，以整车货物完成这一段水运，到达另一港口后，车辆开下继续利用陆运的联合运输形式。这种联合运输的特点是在陆运、水运之间，不需将货物从一种运输工具上卸下再转换到另一种运输工具上，而仍利用原来的车辆作为货物载体。其优点是两种运输之间有效衔接，运输方式转换速度快，而且在转换时，不触碰货物，因而有利于减少或防止货损，也是一种现代运输方式。在中国粮食物流中，海运常常是主力运输方式，海运向陆运及陆运向海运的转换就变得十分重要，"浮动公路"是"滚上滚下"装卸搬运方式与"车辆渡船"方式相结合，从而完成粮食物流的方式。

（3）同步转运粮食方式。主要是指海轮在卸货进仓的同时，尽可能同步进行有关车船的转运，以便减少二次搬倒。对粮食"四散"化在铁路、公路和水路之间进行无缝化连接等运输新尝试。

（三）提高粮食安全保障程度及其经济合理性

粮食物流发展应有助于粮食安全的保障，但由于粮食物流有其自身的规律、要求，因此又不能仅仅局限于粮食安全。即在中国有能力解决粮食安全的情况下，粮食物流发展的基本要求应是现代物流的网络化、"四散"化与信息化，而不是粮食安全过程中出现的一个个问题。即不是简单地根据粮食安全过程中出现的信息预警不力、应急成品粮供应不足、批发市场功能不强等，而依次强调粮食安全预警体系设施建设、应急成品库与加工体系建设及粮食批发市场体系建设等。不是说这些体系的建设不重要，而是指这些体系必须在粮食物流的网络化、"四散"化与信息化的总体作用下才能发挥作用，才能收到事半功倍的效果。

可以将粮食物流发展项目分成 3 类：一是政府全额投资项目，主要适用于那些少量的难以或不便于产生经济效益的非常基础性质的公共服务设施项目；二是政府优势控股（50％以上）项目，主要适用于与粮食安全密切相关的项目，以便实现粮食危机情况下高度灵活与集中有力的调控；三是多元化控股项目，主要适用于靠市场作用决定到底是由国有、集体或非公有控股形式的项目。在有关规划与实施细则中，把有关项目类别与投资、投资回报情况昭告天下，以有效地吸收国内外投资资金。具体实施时，由股份公司对物流项目进行统一开发建设，政府则通过资产经营公司以资本金的方式参股或控股，并以股东的身份参与各项目的管理；有关项目的配套设计与招商引资等工作，将实施公开招标，通过竞争委托有丰富经验的专业机构进行操作。

中国绝大部分粮食仓库是中小型粮库，而且残旧问题突出。与此同时，现在中国许多民营企业都在经营粮食产加销一条龙的尝试，但往往苦于没有相应的粮食库容及有关配套设施而难以尽心。这些带有"残旧问题"的仓库尽管对国家原粮的散存不利，但如果把它转让到民营企业手中，则可以有利于更好地满足人民群众日益增长的多品种的粮食需求，更好地推动中国粮食龙头企业的做大做强，以及粮食产业化经营的进一步发展。

市场经济条件下，粮食仓库不应该再仅仅是储存产品的场所，而要承担起产品分类、挑选、整理、加工、包装、代理销售等综合职能，有的还应成为集商流、物流、信息流于一身的粮食配送中心。随着人民生活水平由温饱向全面小康型的渐趋转变，以绿色、营养和健康为基本要求的原粮与成品粮新品种不断出现。需要建设配送中心，经连锁店分销到居民家中。为此，中国可以依据市场化的发展程度，对一些带有"弱、小、偏、轻"等特征的粮食包装仓库及其配套设施进行公开拍卖。这不仅可以改变以往粮食系统那种单单进行修理、报废或重建而使本已很高的粮食流通成本加重的做法，而且还可以获取更多的粮食"四散"化改造、新建资金，同时也能进一步促进中国粮食产业化经营的开展与粮食加工、供应的完善。

（四）以流通数据化打造高效粮食安全体系

2004—2013 年，中国粮食连续 10 年增产，可就在这期间出现了数次较大幅度的粮食价格大涨大跌现象。由于粮食宏观调控所需要的有效信息或数据不足，即有关部门对各类收购主体所收购的粮食数量、质量、品种、时间、地点、物流等信息掌握不准，对参与粮食价格调控的粮食储备企业库存及吞吐量难以掌握，对多元粮食宏观调控主客体的博弈过程及结果缺乏有力的监控，因此中国粮食宏观调控呈现出了一定程度的滞后性与低效性偏高的行政性等特点。同时也正因为粮食流通数据缺乏，现行补贴政策与为农服务措施等难以取得有效的预期效果。

曾有这样一个关于粮食数量的小故事至今还广为流传：1998 年，时任国务院总理的朱镕基到安徽省某粮站视察。为掩饰粮仓空空的真相，当地用 4 天时间，从周边突击调运了 1 000 多吨粮食，撒下了虚假繁荣的弥天大谎。这件事反响巨大，令人深思：当总理都得不到真实的粮食信息时，13 亿多人口的基本生存保障又从何谈起？为此，如何加强粮食科技自主创新，与时俱进地开展粮食信息采集、追溯技术和公共信息平台的应用示范，逐步实现粮食库存信息智能化监控等，就成了能否切实有效解决粮食安全问题的关键抓手。

粮食流通数据化主要是利用 RFID 技术、传感器技术等，在粮食收购、仓储、物流与电子交易、宏观调控与应急保障等领域实现信息化，即提供基于物联网的数字粮食解决方案，故又称"数字粮食"工程。先行试点的常州市城北粮库与无锡粮食物流中心等企业，收到了良好的效果。突出表现在以直观、形象的方式展示省级储备粮计划执行情况、日常保管情况、财务情况以及粮库安全生产情况，通过粮库作业管理规范化、粮库信息集成与粮食仓储的档案管理提高了粮库管理的质量和效率，进一步促进了粮食行政管理水平的提高。特别是 RFID 农户结算卡系统能准确无误地动态显示粮食收购的时间、地点、品种、品质、价格、进度与买卖对象，并能轻松地推导出示范应用地区粮食种植的面积、单产等重要数据，从而能达到防止那些以骗取国家或地方财政补贴或政策支持的一些虚报、瞒报粮食产量、收购量、收购额等情况的出现；缓解小生产与大市场对接过程中多重信息不对称所造成的不利影响；可以使粮食生产、流通及其财政补贴、调控等处于一种相对可控的确定性状态，提高粮食补贴与调控的准确性、合理性与快捷响应性等。

由于中国各粮食网站难以互联互通，中国粮食数字与电子商务建设相对落后，且往往形式大于内容或华而不实，以及信息化推进的最大困难不在于技术，而在于是否有过硬的顶层设计与体制观念的变革，为此，宜着眼于从粮食仓储环节拓展到全流通领域，从"数字粮库"延伸到"数字粮食"与粮食电子商务，以期形成与全产业链发展相匹配的粮食流通信息化体系及其基础上的新型粮食安全体系。

四、重视粮食物流中心供应链整合作用发挥

(一) 主销区粮食物流中心供应链整合的必要性与可行性

1. 中国粮食物流中心是粮食供应链整合日益重要的主体

中国粮食节点企业大多是一些规模较小的批发商、零售商，只有极少数粮油加工企业规模较大，但在外国大型粮油加工企业的强势竞争下，少数的大型粮油企业也是竞争力不足，例如中粮集团，其生产的福临门食用油在新加坡嘉里集团生产的金龙鱼的竞争下，市场份额也在逐年递减，当前，金龙鱼占整个市场份额的 45％，而福临门只占市场总额的 16％。

供应链主体规模过小是主销区供应链整合的一个主要障碍，因为小富即安的思想使得中国粮食主体缺乏供应链整合的动力，此外，主销区设施陈旧的国有粮库和简陋的批发市场硬件条件，使粮食供应链整合缺乏硬件基础，粗放的管理模式也是整合过程中的一个阻碍。

与其他粮食节点企业相比，中国粮食物流中心具备成为供应链整合中核心企业的综合条件。首先，粮食物流中心是近几年发展起来的集粮食运输、储存、加工、分销等多种功能于一体的先进粮食物流企业，具备现代化的信息技术、综合化的物流服务；其次，粮食物流中心相对于其他粮食节点企业，规模较大，人才较多，管理较先进，具备整合的先天条件；第三，物流中心将各种类型的粮食企业集聚一地，便于进行整合。

2. 粮食物流中心是搭建产销区粮食流通的快速通道

粮食供应链整合的一个重要内容就是打破产销区边界，进行产销区供应链整合，而物流中心的上级供应商就是产区经销企业，下级分销商为主销区各级粮食经销商和零售商以及最终消费者。处于粮食供应链中间环节的优势，可以使它在粮食主产区和主销区之间搭建粮食流通的快速通道，即将主产区粮食统一运至粮食物流中心，再将粮食按市场化要求重新整合配置，创建一个集粮食运输、储存、加工、信息传输于一体的规模化、现代化的粮食物流网络，从而使主产区和主销区物流、商流、信息流和资金流都能快速移动，并充分发挥集聚辐射功能的优势，降低粮食流通成本、加快粮食周转速度，保障主销区粮食安全，稳定中国粮食价格。

3. 以物流中心为核心企业对粮食供应链进行整合的优势明显

以物流中心为核心企业对粮食供应链进行整合的优势主要体现在以下几个方面：

（1）粮食物流中心区位优势明显。粮食物流中心一般坐落于水路、铁路或公路的港口、站场附近，这一优势给粮食产销区对接带来很大的便利，运输的便利必然带来成本的降低；现代粮食要求散粮运输，一般只有铁路车皮或水路集装箱才符合散粮运输的条件，且有部分粮食物流中心具有自己的铁路专用线，这样，粮食直接散粮运输至粮食物流中心，散粮装卸搬运至物流中心仓库，减少了很多包装、加工流程，减少了粮食成本。

（2）粮食物流中心环节优势明显。粮食物流中心一般位于粮食供应链的中间位置，物流中心上游环节是主产区经销企业，下游是主销区经销企业，在充分掌握信息的情况下，它既能掌握上游产区信息，又能掌握下游主销区市场信息，既面对生产，又面对市场，并能把两种信息很好地结合并向两端传送，这样会增加整条供应链的信息透明度，给供应链整合提供充分的条件。

（3）粮食物流中心功能优势明显。粮食从生产出来到加工运至消费者手中，要经历生产、运输、储存、加工、包装、配送等众多环节，而这些环节的完成多半不在同一地点进行，这样粮食的流程就比较繁冗。一个功能完善的粮食物流中心同时具备储存、加工、包装、配送和销售环节，这样就减少了众多环节，使粮食流通更通畅，供应链运作效率更高。

（二）优先考虑粮食物流中心供应链内部整合

物流中心要提升运作效率，进行供应链整合，首先要进行内部整合。中国粮食物流中心一般有粮食仓储区、粮食贸易区、粮食加工区和综合管理区。现有的中国粮食物流中心这些功能集聚区目前还仅是地理位置上的积聚，各自信息还没有达到共享的程度，粮食物流中心各职能部门间的信息传递主要依赖于电话、单据等形式，纵然有部分粮食物流中心已经构建了自己的信息共享平台，但是由于人员素质等各方面原因，这些平台的应用程度还比较低。基于以上情况，本书认为中国粮食物流中心的内部整合是非常关键的一个环节，其具体步骤主要分为以下几步：

1. 淘汰原有较为落后的信息沟通模式

中国粮食物流中心首先要引进先进的信息技术，高效的信息沟通一定是建立在先进的信息技术运用基础上。例如，构建企业的 ERP 系统。中国粮食物流中心职能部门较多，如果没有共同的信息沟通平台，粮食信息在不同部门间的流通时间较长，而物流和信息流很多时候需要同步流动，这使得粮食物流时间延长，如果能够建立中国粮食物流中心的 ERP 系统（图 4-9），那么各职能部门就能够同步看到物流中心的各种运作信息，信息流通的加快使得粮食流通加快。

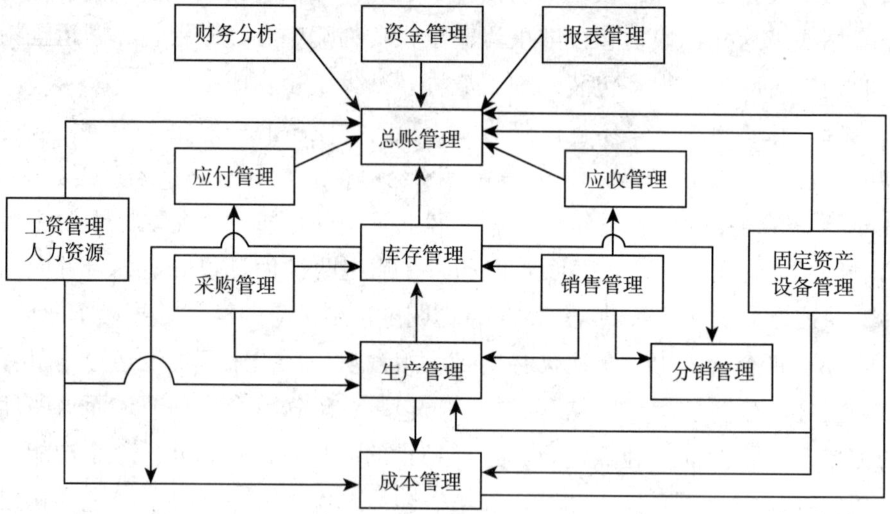

图 4-9　中国粮食物流中心 ERP 系统的构成

2. 提高信息技术的应用水平和信息共享程度

中国粮食物流中心是在原有收储中心的基础上发展起来的，虽然中国粮食物流中心正努力进行体制改革，但物流中心内部工作人员很多还是原来收储中心的老员工，对现代信息技术的掌握程度较低。致使信息技术的应用水平较低。基于这种状况，中国粮食物流中心有必要对内部人员进行培训，以提高信息技术的应用水平。

中国粮食物流中心内部有储存区、贸易区、加工区，这些区域之间各自为政，缺乏信息沟通，如果这些功能模块不能进行信息共享，那么中国粮食物流中心就没法发挥最大效用，因此，有必要将中国粮食物流中心的 ERP系统拓宽至不同功能模块，只有储存区、贸易区、加工区等都能够进行信息共享，中国粮食物流中心的信息水平才能真正提高。

3. 积极进行基于信息化条件下的内部流程整合

中国粮食物流中心业务流程复杂，如果不能进行很好的整合，则粮食在物流中心流通时间过长，物流中心内部运营成本提高。当物流中心引进RFID技术后，物流中心的出入库流程必将做出相应的调整。主要表现在：

（1）入库订单、出库订单。如果不考虑和供应商之间的信息共享，粮食物流中心向供应商发布采购信息后，会有入库订单以纸质材料、邮件或电话信息的形式传送到物流中心业务部门；出库订单原来是由下游客户的采购订单转化生成，不考虑和下游分销商的整合，则出库订单与现有出库订单一样。

（2）入库审核、出库审核。引进RFID技术后，入库审核过程将会由系统自动完成，当粮食车辆通过物流中心大门，门边的RFID将会自动采集粮食信息，如果这一信息和最初录入的粮食订单信息有误，那么系统会自动警报；出库审核过程也一样。

（3）出入库登记。由于上一步信息已经自动采集，录入系统，则出入库登记步骤将要省略。

（4）填写收购凭证、接受出库凭据。由于RFID系统已经包含最新的粮食入库信息，因此不需要填写收购凭证和出库凭证。

（5）统计、生成出入库单。这两个步骤由系统自动完成。

（6）库存盘点、库存统计。引进RFID技术后，这两个人为操作步骤都将会省略，系统会自动生成最新的库存情况。

（7）更新库存。如上所述，这一步骤由系统自动完成。

（8）出库订单。出库订单原来是由下游客户的采购订单转化生成，不考虑和下游分销商的整合，则出库订单与现有出库订单一样。

（9）粮食盘点。由于数据自动化，这一步骤同样可以省略。

图4-10是引进RFID技术后，中国粮食物流中心整合后的出入库流程，由该图可以看出，业务流程整合后，中国粮食物流中心出入库流程化繁为简，且很多流程自动化完成，使得粮食出入库效率提高。

中国粮食物流中心包含粮食采购、粮食运输、粮食入库、粮食出库、粮食仓储、粮食加工、粮食配送等众多环节，中国粮食物流中心需要从整体运

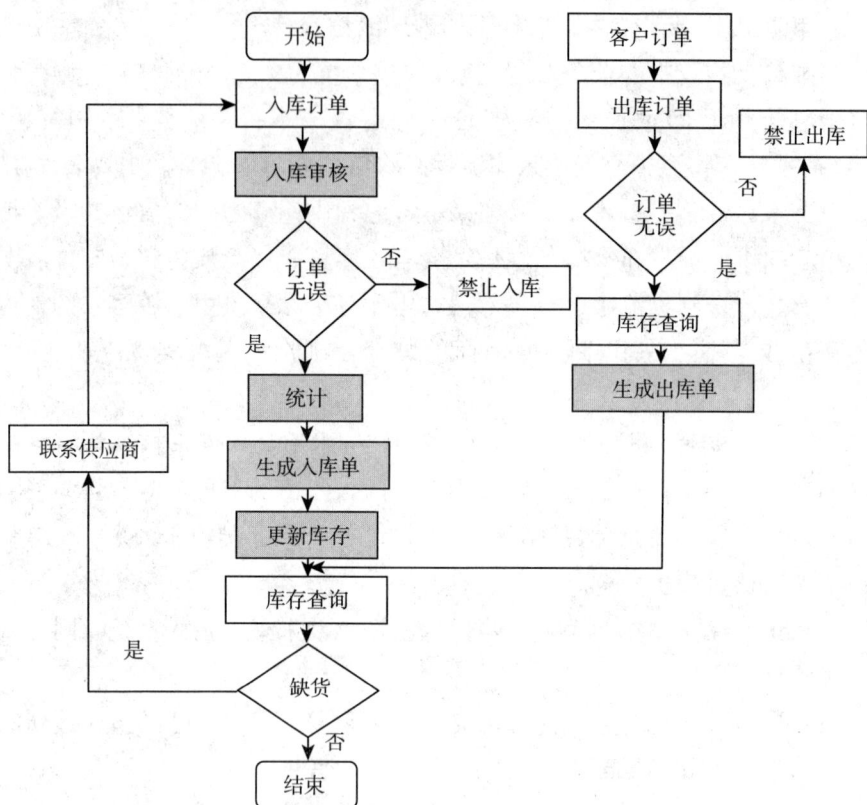

图 4-10 中国粮食物流中心整合后粮食出入库流程

注：阴影部分表示整合后由系统自动化完成的流程。

作考虑，对各个环节进行整合，而不是考虑某个单一环节效率的提高，只有物流中心内部业务流程协同运作，才能使得物流中心总体运营水平提高，从而提高物流中心的竞争力。

（三）努力考虑粮食物流中心供应商整合

中国粮食物流中心的供应商主要有主产区粮食收储企业、主产区粮食经纪人和主产区粮食加工企业。中国粮食物流中心要进行供应商整合首先要进行供应商节点整合及选择合适的供应商；其次是进行供应商流程整合，在选定合适的供应商基础之上，选择高效率的粮食供应商—物流中心流通过程和运输路线；然后要和供应商建立信息共享平台，提高和供应商间的信息共享水平；最后，和供应商之间建立长期合作伙伴关系（图 4 - 11）。

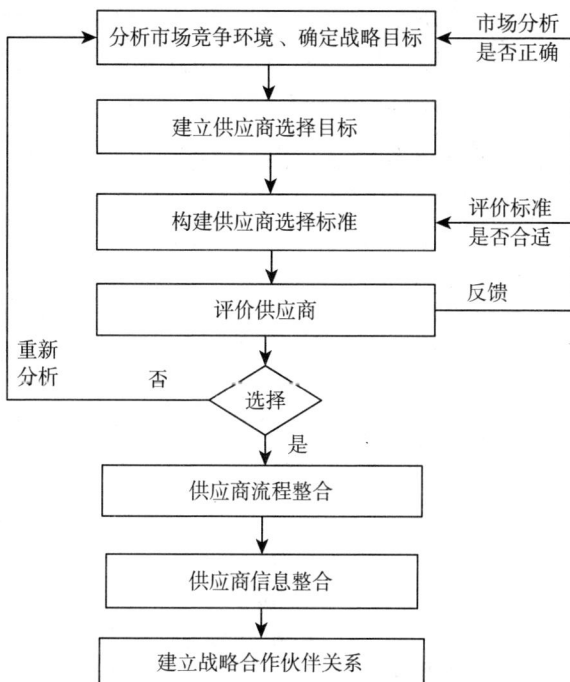

图 4 - 11　中国粮食物流中心供应商整合步骤

1. 供应商节点整合

供应商节点整合就是指中国粮食物流中心选择什么样的供应商。中国粮食物流中心的供应商主要有主产区粮食收储企业、主产区粮食经纪人和主产区粮食加工企业。主产区粮食收储企业有自己的仓房，可以连续的供给粮源，因此，主产区粮食收储企业是中国粮食物流中心主要的供应商之一；主产区粮食经纪人直接面向农户收购粮食，他们一般是以个体户的形式存在，单次收购量不是太大，一般收购的粮食直接分销给产区粮食加工企业和产区粮食收储中心，因此，中国粮食物流中心一般不直接与主产区粮食经纪人发生直接业务往来，主产区粮食经纪人不是物流中心的主要供应商；主产区粮食加工企业是在主产区进行粮食收购，将原粮加工成成品粮或深加工成其他产品的企业，中国粮食物流中心以采购原粮为主，但是部分中国粮食物流中心也会直接从主产区粮食加工企业采购成品粮，再进行分销，因此，主产区粮食加工企业也是中国粮食物流中心重点考虑的供应商之一。

无论选择哪一类企业作为供应商，中国粮食物流中心都需要根据企业自身的战略需求，制定供应商选择标准，根据选定的供应商选择标准，对不同供应商进行评价，最终选定合适的供应商。表 4-1 是 G. W. Dickson[①] 和 C. A. Weber[②] 经过大量的研究和调查最终形成的一套完整的供应商选择标准。

表 4-1　G. W. Dickson 和 C. A. Weber 的供应商评价标准

评价标准	重要性排序	重要程度	文献篇数	文献百分比（%）
质量	1	非常重要	40	53
交货	2	相当重要	44	58
历史业绩	3	相当重要	7	9
担保与赔偿	4	相当重要	0	0
装备与能力	5	相当重要	23	30
价格	6	相当重要	61	80
技术能力	7	相当重要	15	20
财务状况	8	相当重要	7	9
遵循报价程序	9	相当重要	2	3
沟通系统	10	相当重要	2	3
声誉与地位	11	重要	8	11
交易的迫切性	12	重要	1	1
管理与组织	13	重要	10	13
运作控制	14	重要	3	4
维修服务	15	重要	7	9
态度	16	重要	6	8
形象	17	重要	2	3
包装能力	18	重要	3	4
劳工关系记录	19	重要	2	3
地理位置	20	重要	16	21
以往业务量	21	重要	1	1
培训帮助	22	重要	2	3
互惠安排	23	不太重要	2	3

① G W Dickson. 1996. An analysis of vendor selection System and Decisions [J] . Journal of Purchasing，2 (1)：5-17.

② Charles A Weber，John R Current，W C Benton. 1991. Vendor selection criteria and methods [J]. European Journal of Operational Research, 50 (1)：2-18.

中国粮食物流中心进行供应商选择时，应根据粮食的行业特性以及中国粮食物流中心的特点进行评价标准的筛选，例如对于物流中心来说，供应商地理位置较为重要，而技术能力的重要程度相对较低，那就需要对各评价标准及权重进行相应的调整。但无论采用何种评价标准，构建供应商评价标准无疑是供应链整合中的一个关键环节。

在一定的标准范围下，中国粮食物流中心需要采取一定的方法对不同供应商进行评价，根据评价结果选择较为合适的几个供应商作为中国粮食物流中心的长期供应商。

2. 供应商流程整合

中国粮食物流中心与供应商之间的流程整合主要考虑两点：一是帮助供应商进行供应商内部流程整合，以达到粮食在供应商处流通效率的提高；二是根据供应商和中国粮食物流中心的业务流程特点，考虑中国粮食物流中心与供应商之间的流程对接。

中国粮食物流中心作为粮食供应链中的一个核心企业，不仅要考虑自身内部的供应链整合，也要考虑外部的整合，其中重要的一点就是供应商整合。中国粮食物流中心一方面可以将供应商内部流程纳入到供应商评价指标中，以激励供应商进行内部业务流程整合；另一方面，如果此供应商是中国粮食物流中心的长期合作伙伴，则中国粮食物流中心可以派遣相关工作人员驻扎供应商处，帮助供应商完成业务流程的整合。

供应商流程整合更重要的一点就是进行中国粮食物流中心和供应商之间的业务流程对接。因为，中国当前粮食流通成本过高、时间过长的一个主要原因是各个环节各自分割，无法做到流程对接，且有很多重复包装、装卸搬运的过程。下面以中国粮食物流中心和主产区粮食收储企业之间的业务流程对接为例来进行说明。

由图4-12不难看出，粮食在主产区粮食收储企业与中国粮食物流中心的总体流程大致相同，为了使两个环节更好地对接，则要考虑是否有些环节可以合并。由图4-12可以看出，粮食在进行流通过程中，两次进行拆包及包装过程，这种重复劳动一方面浪费时间，另一方面增加了粮食流通成本，为了减少这一重复操作，可以考虑粮食的散粮运输；另外，中国粮食物流中心一般地理位置优越，通常位于铁路沿线或港口码头附近，这为散粮运输提

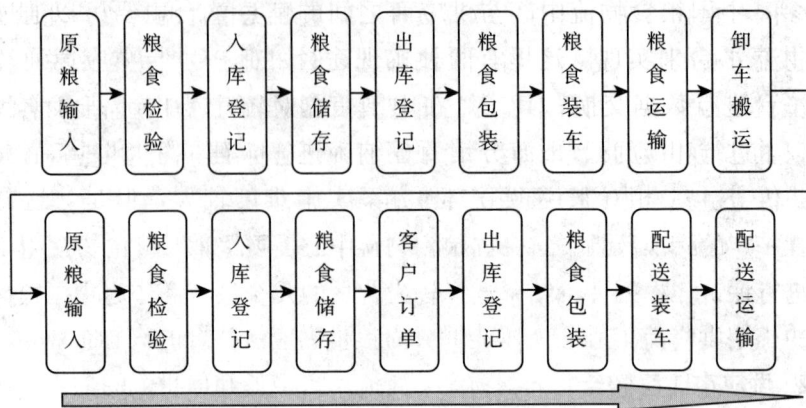

图 4-12　中国粮食物流中心与主产区收储企业整合前流程

供了条件。主产区粮食收储企业和中国粮食物流中心都有粮食仓储设施，这样粮食两次仓储，会增加很多中间环节，如粮食检验、粮食入库登记、粮食出库登记等过程，考虑到这些重复操作过程，可以在两个节点企业之间建立战略合作伙伴关系，协同考虑粮食的仓储地点，经分析，可以将中国粮食物流中心与主产区粮食收储企业之间的流程进行整合，整合后的流程如图 4-13 所示。

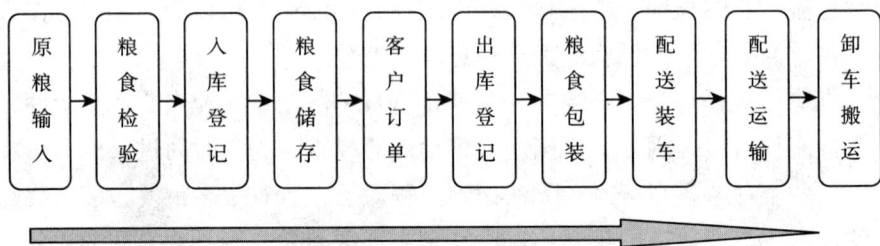

图 4-13　中国粮食物流中心与主产区收储企业整合后流程

3. 供应商信息整合

供应链整合的一个重要环节就是信息整合，供应链管理和传统管理的一个重要区别就在于供应链管理企业之间进行信息共享，而传统管理模式下企业之间是一种竞争关系，不存在信息共享。

由于中国粮食物流中心信息化程度相对较高，企业内部信息技术的运用也较多，中国粮食物流中心与供应商之间的信息整合主要可以通过建立信息共享平台来实现。这里有两种实现途径：其一，与供应商通过建立EDI平台进行数据交换；其二，在中国粮食物流中心内部信息平台的基础上，将上游供应商、下游分销商也纳入进来，建立一个更广范围内的信息共享平台。相对来说，第二种方案实施难度较大，但是，这更符合中国粮食物流中心建立之初的战略目标，也更符合中国粮食物流中心的未来发展方向。

　　中国粮食物流中心之所以能够成为粮食供应链整合的核心企业，一个重要原因就是其具备整合上下游物流、商流、资金流和信息流的能力。在物流中心现有优势的基础上，将主销区甚至主产区的粮食节点企业整合起来建立起信息共享平台是粮食供应链提高运作效率的重要手段。图4-14是物流中心与上下游企业建立信息共享系统图示，物流中心可以建立ERP系统实现企业资源信息的共享，利用B2B/EDI、B2C/CRM实现和供应商、客户的信息共享。

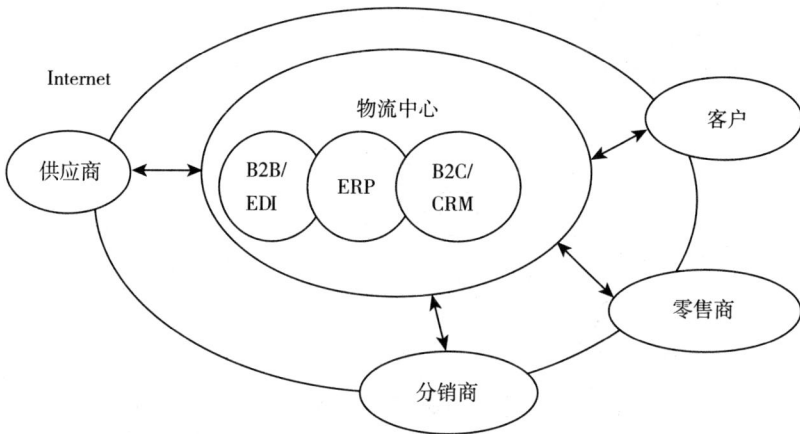

图4-14　中国粮食物流中心信息共享系统

　　物流中心建立起信息共享平台后，不仅有助于供应链节点企业实现信息共享，同时也有利于企业内部和企业外部之间流程的简化，以物流中心为例，在没有信息技术的情况下，粮食信息在各职能部门间流通较慢，信息技术运用之后，粮食信息流动速度非常快，从而使粮食流通过程简化（图4-15）。

供应链整合要达到的最终效果是合作共赢，物流中心在实施供应商合作管理时应考虑到双边的利益，物流中心和供应商之间合理的利益分配机制是供应链企业利益共享机制的基础。但很多时候物流中心和粮食供应商间的利益分配很容易失衡，如果物流中心过多地考虑自身的利益，必然会导致供应商利益的受损，那么物流中心与供应商之间的合作也就无法维持下去。解决的方法是物流中心和供应商之间建立共同的利益获取与约束机制，在以供应链协议的利益分享机制的基础上，可以采取灵活的协商方式来确定双方的利益分配，以确保双方能够共赢。

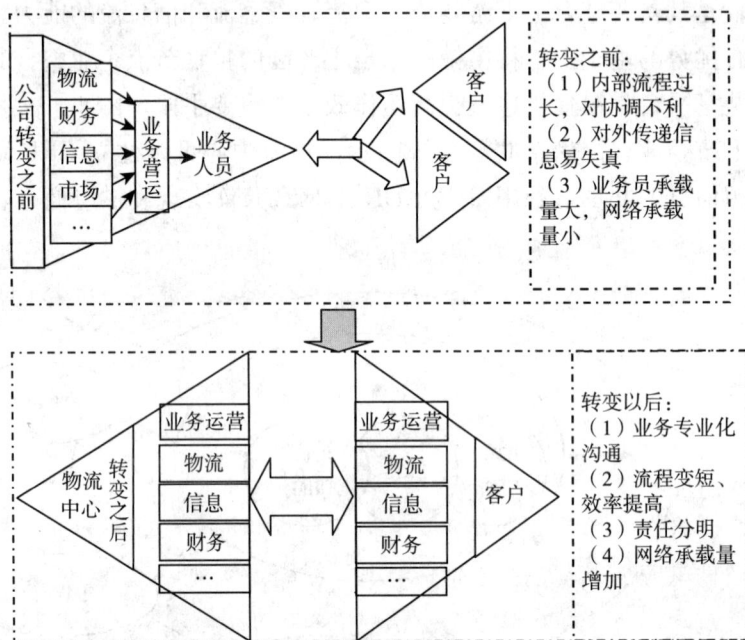

图 4-15 物流中心现代信息技术应用前后流程对比

物流中心对供应商的激励可以采取以下几种方法：（1）订单激励。对于表现优秀的主产区供应商，物流中心可以通过加大订单采购量来激励供应商。（2）付款方式的激励。通过提供更具诱惑力的付款方式来激励优秀的供应商。（3）开辟免检通道。对长期提供优秀质量粮食的供应商，物流中心可以采取免检的方式。（4）商誉激励。对表现优秀的供应商，可以颁发给其一定的荣誉，以扩大供应商的影响力。

除此之外，还应积极考虑中国粮食物流中心的分销商整合等。

（四）积极推动粮食供应链信息共享

信息共享可以为粮食供应链成员企业带来重要价值，同时在实际工作中也存在诸多阻碍信息共享的因素。因为农户与企业为了自身利益和规避风险考虑，往往不会共享所有的信息，而是会有保留地共享部分信息。除了风险因素，还有很多因素，如安全问题、利益分配问题、信任问题、成本问题等诸多因素影响信息共享。为了最小化信息共享的阻力，最大化信息共享的价值，要探讨激励的有效性条件，以此促使企业积极克服信息共享阻力，努力实现信息共享。

企业在粮食供应链中的地位是相对而言的。以粮食加工厂为例，农户为其提供粮食原材料，是原料供应商，粮食加工厂因而是农户的下游企业。而粮食加工厂加工好产品之后，卖给粮食零售商，那么相对于粮食零售商来说，粮食加工厂就是上游企业。一般，粮食供应链下游企业更接近消费者市场，能够更为直接准确地获取市场需求信息，故是信息优势方，在信息共享问题上处于被动地位。而粮食供应链上的上游企业，远离消费者市场，不能直接获取市场需求信息，故是信息劣势方，在信息共享问题上处于主动地位。因此，粮食供应链企业间的激励，主要是粮食供应链上游企业对其相邻下游企业的激励。结合前面粮食供应链信息共享有效性条件的分析，粮食供应链企业间的激励措施可以有以下两方面：

（1）价格和订单优惠激励。企业运作的目的无非是获取利润，为了吸引和鼓励粮食供应链下游企业进行信息共享，上游企业可以给其一定的价格优惠和订单鼓励。一方面，对于愿意信息共享的粮食企业，可以根据其共享信息的价值大小实行价格折扣，继续鼓励其进行信息共享；对于不愿意信息共享的粮食企业，则没有价格折扣。而且如果上游企业提高粮食售价，下游企业在不信息共享情况下的利润就会减少，这对于下游企业是负激励。由于传统上，粮食供应链上的企业并没有对信息共享的价值进行评估，愿意信息共享的企业并没有得到相应的报酬，减弱了他们信息共享的积极性。根据信息共享努力程度，利用价格折扣区别对待下游企业，从而实现利润分配合理化，激发粮食供应链下游企业信息共享的积极性。另一方面，由于粮食供应链上游企业对应着众多的下游企业，那么可以利用订单数量来鼓励下游企业。对愿意信息共享的企业,分配较多的订单;不愿意信息共享的企业,则分配较少的订单。由于订单数量的多少直接影响下游企业的收益,因而为了争取更多的订单,下游企业会积极进行信息共享。

(2) 利润分配激励。除去价格和订单优惠激励,粮食供应链上游企业可以对下游企业进行固定数额的利润激励或者固定利润比率的激励。通过前面的博弈分析知,信息共享主要使得上游的粮食加工厂获益,所以信息共享带来利润分配不均,下游粮食零售商不愿意信息共享。如果粮食加工厂将信息共享带来的额外利润分配一部分给粮食零售商,使得粮食零售商在信息共享情况下的利润大于信息不共享情况下的利润,那么粮食零售商便有动力进行信息共享。对于利润分配激励,可以采用三种方式:一是直接采用固定数额的利润激励;一是采用固定利润比率的激励;还可以采取二者的结合,即固定利润分配激励和考虑努力水平的利润比率激励。由于固定数额的利润激励和固定利润比率激励二者负相关,所以粮食供应链上游企业可以和下游企业协商,确定双方都满意的利润分配激励方案。

在强化粮食供应链内生激励机制的同时,还要借助于粮食供应链外部力量的扶持。基于粮食行业的重要性,政府一直发挥着重要的宏观调控作用。由于企业以营利为主要目的,因此政府需要恰当地运用经济手段和行政手段,充分调动粮食供应链企业信息共享的积极性。与此同时,粮食供应链企业之间信息共享,也利于政府更好掌握信息,完善调控。为此政府可以从以下两个方面进行激励。

(1) 经济激励。由前之模型分析知,政府支付的激励报酬越多,则粮食企业的信息共享行为更为积极。因此政府可以借助于经济手段,合理优化企业的成本支出和利润分配,引导粮食供应链企业选择信息共享行为。首先,政府可以对参与信息共享的企业进行财政补贴,如对于粮食加工厂可以实行粮食收购补贴,或者对其加工完成的产品进行售价补贴,以刺激其信息共享。其次,政府可以对信息共享的企业进行税收优惠。由于缴税对很多企业来说是一笔很大的支出,因此政府借助于税收杠杆,会对企业形成足够的吸引,从而激发粮食企业信息共享的积极性。例如对于积极信息共享的粮食企业,政府税收部门给予其营业税、印花税、房产税、城镇土地使用税等多重税收减免或者优惠举措,减轻粮食企业的成本负担,从而提高企业经济效益。

（2）政策激励。政府对市场调控是保障经济有效运行的重要手段。政府使用行政方式，可以使得国家政策得以有法律做支撑，更好地贯彻和执行。粮食是关乎民生的重要食物，农业是支撑第二、第三产业发展的必要基础，因此粮食供应链理应受到政府的扶持与保障，需要政府从宏观上确保其正常运转。基于信息共享对粮食供应链的重要作用，政府应该努力使粮食供应链企业信息共享的阻力最小化，提升粮食供应链企业信息共享的积极性，为此政府可以从政策方面予以扶持和激励。首先，政府应让中国的粮食企业知道现在粮食供应链发展落后、发展分散的现状，加强关于粮食供应链信息共享益处的宣传，使得粮食供应链企业认识到供应链上下游之间紧密协作的重要性，也要让粮食供应链企业对信息共享有准确的认知，而不是片面地排斥信息共享。同时，由于企业自身视野狭隘和观念局限，往往过度注重自身利益，不乐意与其他企业合作，为此政府也可以努力提高粮食企业信息共享的意识，在整体上为粮食供应链企业营造一个良好的信息共享的氛围。其次，政府需要制定或者完善粮食供应链信息共享相关的政策法规，如完善粮食的生产政策、收储政策、流通政策等，为激励企业信息共享提供法律支持。第三，政府应建立起粮食供应链信息共享激励的监管体系，有效保障粮食供应链信息共享的进行，对信息共享的粮食供应链企业提供保护和鼓励同，同时避免企业钻法律空子，违背粮食供应链信息共享激励的初衷。

第五章　政策建议

相对较强的粮食牛鞭效应、粮食供给响应速度慢与突发事件易引起粮食涨价等情况，决定了粮食主销区区域必须通过粮食供应链环节的缩短、节点企业的发展，尤其是核心企业作用发挥等弱化粮食牛鞭效应；必须通过扩大并稳定粮源，尤其是现代物流与供应链管理的强化等及时满足粮食需求；必须通过现代信息技术运用为基本内容的价格预警与调控，防止较大幅度的粮食涨价及其与粮食牛鞭效应的结合等。其核心建议包括率先进行粮食最低价政策的改革、大力促进和增强以中国粮食大企业为核心的粮食供应链建设、创新区域一体化条件下的粮食安全省长负责制实现方式、实施以"就近联救"为重要内容的粮食安全合作机制、增强在内外环境不确定性下的粮食供应链柔性与积极推动农户结算卡试点运用等。

第一节　率先进行粮食最低价政策改革

粮食托市收购包括小麦和稻谷的最低收购价政策，以及玉米、大豆、油菜籽的临时收储政策。当市场粮价较低时，国家启动托市收购以保护农民利益和种粮积极性。近年来，托市收购的价格不断提高，对调动农业生产者积极性、提高农民收入等起到一定促进作用的同时，也暴露出不少弊端。最大的问题在于扭曲了市场价格，在现行定价方式下，粮价只能涨不能跌，背离了价值规律。托市收购价格持续提高，使得粮价缺乏弹性，陷入大量从国外进口、国内又大量收储的"怪圈"。过量的粮食库存会导致国家财政资金的使用效率低下、腐败问题的滋生与远期粮食安全能力的减弱。值得一提的是，2008年以来，针对粮食生产成本上升较快的情况，国家连续6年提高粮食最低收购价格。但与此同时，国外粮食价格却处于相对稳定的状态，从而产生了因国内粮食价格高于国外粮食价格而导致的近年来粮食进口大幅上涨的情况，以及粮食生产日益缺乏竞争力的危局。江西等地一些售稻农户从市场上购买进口大米的事实就是一个重要的例证。为此，以最低收购价和临时收储为重点的粮价支持政策已经到了亟待调整的重要关口。

对于托市收购改革的一般路径是更大程度按市场机制进行定价。可在减缓最低保护价格的同时，借鉴美国的目标价格补贴制度，积极探索中国粮食目标价格和价差补助形式。目标价格补贴也被称为"差价补贴"，即政府预先确立可以使农民获得合理收益的目标价格，该价格高于市场价格之间的差价部分，由政府对农民予以补贴。目标价格补贴被看做是对于托市收购的一种重要的"替代政策"。而要这样做，就必须解决长期制约粮食调控水平提高的农户生产与销售粮食的一些基础数据缺失的问题。尤其在粮食主产区，政策管理水平有限，出现寻租、腐败的风险比较大，因此可以先在经济发展水平较高的粮食主销区，特别是在既已进行 RFID 农户结算卡试点并取得良好效果的江苏省进行试点。

第二节　创新中央和地方共同负责粮食安全的实现方式

自《国务院关于深化粮食购销体制改革的通知》（国发〔1994〕32 号）首次提出实行"米袋子"省长负责制以来，一直强调省级政府对当地的粮食生产、收购、销售、省际流通、市场管理、储备和吞吐调节等各个方面全面负责，并强调产销区分别建立 3 个月与 6 个月以上的粮食销售量的地方储备制度，保证粮食的正常供应和价格稳定。2013 年 12 月 23—24 日召开的中央农村工作会议对这种制度做了较大调整。强调中央和地方要共同负责粮食安全，中央承担首要责任，各级地方政府要树立大局意识，增加粮食生产投入，自觉承担维护国家粮食安全责任。明确"中央承担首要责任"，是对"米袋子"省长负责制的重大完善，有利于形成全国统一的粮食市场。下一步要做的工作，是对中央和地方各自应承担哪些职责进行更清晰的界定。

长三角两省一市大部分都处于 1～3 小时的都市圈范围内，都具有典型的粮食主销区特性与主食大米等习惯，且只要这些因素不会因天灾人祸而发生重大改变，有关粮食合作就是可持续的。但是从现行政府职能及作用发挥的情况来看，地区合作又的确存在着时紧时松，以及难以可持续深入等问题。粮食比较劣势下的各地政府一般都不会主动考虑粮食安全，而一旦重视，则往往是到了粮食安全问题显现且必须采取以刺激增产与平抑物价为基本内容的粮食调控措施的时候。其结果，虽扭转了粮食不安全态势，但同时也导致了粮食安全成本的剧增以及粮食供应链的不利影响，从而使粮食主销区区域粮食安全一直处在备受重视却又总得不到可持续解决的不良境地。关键是要从体制与机制、"互利共赢"的集群供应链建设以及风险防范等方面进行努力。

粮食安全是全局性的问题，既关系主产区的经济安全，更关系主销区的经济安全。区域和分省粮食安全是国家粮食安全的组成部分，在粮食安全问题上，各个区域都有责任。主销区经济实力较强，粮食产不足需的矛盾更加突出，应该担当相应的粮食安全责任；各个区域都要高度重视"米袋子"工程，把粮食生产放在首位，特别是要切实抓好区域内粮食大县的粮食生产，提高粮食主产区的粮食商品率、粮食平衡区与主销区的粮食自给率，从区域基础上保障粮食安全，同时又必须非常重视各省、各市粮食安全保障过程中的一些非核心业务的外包、相关资源的整合；必须致力于进行粮食安全的可持续合作，并通过运用现代科技尤其是互联网技术，整合现有的粮食流通资源，创建粮食储运、加工、批发配送和信息为一体的规模化、现代化的粮食物流体系；必须积极探讨以产权为基础，以资本为纽带，以兼并和连锁为抓手的粮食流通现代化建设；积极探讨行政区域分割下的合作模式与机制、体制创新等。

第三节 实施"就近联救"的粮食安全合作机制

随着国际油价和各国通货膨胀率不断走低，2008年下半年全球农产品价格已开始出现明显回落，这不可避免地会导致农民生产激励下降、各国农业产量下滑，2009年及以后极可能在全球经济疲软的情况下再次陷入世界性的粮食危机，粮食价格上涨将进一步使衰退演变为滞胀，从而大大增加各国解决危机的难度。同时，为应对金融危机而进行的大规模基础设施建设以及十七届三中全会后农村土地流转的不断开展，也可能使耕地问题变得更加突出。为此，应充分重视金融危机背后隐藏更严重粮食危机的可能性，及早进行以实施"就近联救"为重要内容的粮食主销区粮食安全合作机制的建设。比如说上海某地区缺粮，那么临近的嘉兴、苏州就要提供粮食，进行互救，不分区域限制。此外，粮食主销区要合作进行粮食采购及产销区合作，构建粮食产销区利益协调机制。中国粮食生产的重心在主产区，粮食销售的重点在主销区，产销区分工明确。在粮食购销市场化的今天，粮食主产区和主销区的关系发生了重大变化，地方政府不能再像过去那样依靠中央的计划调拨，而必须主动进行跨区域合作，才能解决自身的粮食问题。产销区之间利益关系密切，主产区要把余粮销出去，主销区要购进粮食，双方相互依存，相辅相成，只有本着优势互补、互惠互利的原则，不断探索协作的长效机制，保持长期稳定的产销合作关系，才能共同发展、保障地区的粮食安全。国务院《粮食流通管理条例》规定，国家鼓励粮食主产区和主销区以多种形式建立稳定的产销关系，因此，通过充分发挥各自比较优势，兼顾产销区各方利益，实现产销区的可持续发展，为此可以建立订单式、投资式、直补式、综合式的产销协作，坚持市场调节和政府引导相结合，有效地促进产销合作的开展，落实对产销合作的扶持政策，并不断探索粮食产销合作的稳定机制，粮食产销合作的核心是利益，必须尊重价值规律。坚持互惠互利，实现共赢是必须遵循的原则，既要保护种粮农民的利益，也要保护粮食经营者的利益。建立主产区与主销区的利益协调机制，归根结底是一个利益平衡与补偿的问题，表面上看是主销区多付出了一些，但是这种机制一旦建立，不仅有利于国家的粮食安全，而且无论对于主产区还是主销区来讲，都将会出现一个"双赢"的局面。这一方面可以加强区域内的沟通和合作，维持区域粮食安全；另一方面可以避免为了争夺粮源而展开恶性竞争的现象。

中央政府应加大对粮食主销区的政策支持和转移支付力度，加强粮食主销区的基础设施建设，提高应急情况下中国粮食供应的及时响应能力。同时要注意，应通过对粮食主销区实施适度的政策支持，来强化粮食主销区自身内在的经济功能和发展能力，激励粮食主销区按照国民经济的整体规划和全局要求，积极实现与粮食主产区的对接，维护粮食市场的稳定和粮食安全。因此，不能把对粮食主销区的政策支持理解为一种纯补偿性、输血性的支持。

第四节　大力促进和增强粮食供应链建设

随着 WTO 后过渡期的结束，中国粮食领域出现了由中国农户、企业构成的弱势供应链，与世界粮商及相关成员构成的强势供应链进行正面竞争的情况。其结果，世界粮商较快地实现了对中国一些粮食产业的控制或蚕食。为此，必须正视 WTO 下这种竞争的非对称性（不在一个量级上进行竞争的特性），并通过相关政府作用的发挥与粮食安全微观基础的强化等减轻跨国粮商及投机资本对主销区粮食安全保障的冲击，并最终实现由非对称粮食供应链竞争向对称的粮食供应链竞争转变，为此必须大力促进和增强以中国粮食大企业为核心的粮食供应链建设。

1. 通过整合资源完善粮食大企业及其产业链

粮食主销区龙头加工企业的带动作用已初步发挥，但供应链有待完善。通过现有资源整合，使企业走向联合，走向共赢，形成以骨干企业为龙头、中小企业为依托的集团，提高行业集中度。通过整合，实施品牌战略，使大米加工向深度方向发展。通过整合，实现产业化，向"公司＋基地＋农户"的方向发展。整合的形式主要是合并、破产、拍卖、转让、参股、控股等。通过资源整合，逐步延长产业链条，一头向生产延伸，采取订单农业、合作社等多种形式掌握粮源，扶植优良品种；另一头向产后延伸，发展精、深加工，提高综合利用率，增加产品科技含量，实现产业优化升级、产品上档升级。

2. 致力于发挥粮食大企业的核心作用

从西方发达国家的有关经验看，粮食产业发展及水平提升的过程，是一个不断出现涵盖农业服务、收储、物流、贸易、加工、食品和营销的全产业链粮油企业的过程，这也是从根本上提升粮食安全水平的过程。因为大型粮油企业通过扮演服务者、收购者、生产组织者甚至生产者角色，将产业链末端的消费需求反馈到产业链的起点，链接千家万户小农户和千变万化大市场，这不仅能够保障食品安全，而且能够更好服务于宏观调控，确保国内粮油市场基本稳定。目前美国的粮食流通问题基本涉及 6～7 家企业。如果未来有五六家像中粮这样的中国企业壮大起来，在国内外进行布局、竞争，那么主销区粮食安全产业层面的问题就基本解决了。为此，中国需要更多粮食大企业成长起来，如区域性粮食龙头企业、区域性粮食集团等。

粮食企业可以借鉴国际大粮商的粮食仓储物流、贸易、加工等产业一体化发展的经验，通过扩大粮食经营规模，打造核心竞争力；建设和管理好粮食仓储物流等设施，以适合大宗性、规模化粮食流通的需要；再以多种途径搭建粮食仓储物流体系，利用中国现有的国家投资建设的粮食仓储物流设施，企业应发挥自身优势通过购并等形式取得这些资源；积极利用国家"十二五"物流设施建设配套资金，搭建迫切急需的关键性物流设施，形成能够为我所用的完善的物流体系；强化进出口贸易优势，实现内外贸一体化经营与增值服务；充分发挥国内市场的协调作用，在国内粮食主要物流通道上，依托搭建的物流设施，逐步建立相关品种的完整供应链，努力在产区直接掌握货源、在销区建立直销网络，以及在从田头到餐桌的全过程进行供应链整合。

为此，宜制订有关政策，积极鼓励与扶持粮食大企业通过投资、融资和产权运作（主要包括产权层面上的新设、分立、购并、合资、转让方式）等介入有关粮食物流项目的筹建与使用，努力促使有关企业按现代物流要求实现粮食物流资本的保值增值和利润最大化。同时，积极采取向粮食大企业倾斜的粮食物流投资政策，以期充分发挥大企业在现代粮食物流体系建设中的突出作用；切实帮助大企业解决现代物流功能拓展与物流环节链延伸过程中的问题，如经营政策或范围束缚问题、地方保护问题、投资责任追究问题、宽容创新失败问题、大企业内部体制与机制问题、眼前业务与长远规划的兼顾问题等；大力鼓励民资进入粮食行业，积极发展基于可持续粮食安全的混合所有制粮食经济。

第五节　大力促进数字粮食与粮食电子商务发展

"十一五"期间，在国家发改委、粮食局、科技部的支持下，航天信息牵头承担建设了多个国家级大型信息化项目——"十一五"国家科技支撑计划重点项目《粮食宏观调控信息保障关键技术研究与应用示范》、发改委首批国家信息化试点项目《基于 RFID 的区域粮食流通管理试点应用》等，为中国成功树立起通过物联网等新一代信息技术促进粮食流通产业转型升级的应用示范，广受多方关注。目前，这些项目形成的研发成果已经在江苏省常州粮食现代物流中心、无锡粮食科技物流中心等地成功应用，取得了良好的经济效益和社会效益，并初步具备了大规模推广的基础条件。2011 年 11 月 18 日，国家粮食局、江苏省粮食局和航天信息三方签署《物联网技术在粮食流通行业示范应用与推广的框架合作协议》（以下简称"协议"）。国家粮食局将江苏省作为全国粮食流通信息化建设试点、示范省，共同推动物联网等新一代信息技术在粮食行业应用。主要是利用 RFID 技术、传感器技术等，在粮食收购、仓储、物流与电子交易、宏观调控与应急保障等领域实现信息化，即提供基于物联网的数字粮食解决方案，故又称"数字粮食"工程。

实施"数字粮食"工程，是江苏省"十二五"期间推进粮食信息化建设的主要抓手。2012 与 2013 年，江苏省分别启动了两批 36 个"数字粮库"建设库点。所谓"数字粮库"就是在粮食仓储环节利用 RFID、传感器和摄像机的支持等，把称重数据与运粮车辆等自动关联在一起，实现既无人值守操作，又提高操作效率、保证库存真实等；利用库内安装的传感器实时感知粮情信息，根据温度、湿度的数据变化实现自动通风等措施，使粮食储存良好，避免长虫、霉变等，同时实现节能减排。也就是说，从仓储环节发力，把充当"眼睛和耳朵"的各种传感器与充当"智能大脑"的后台 IT 技术结合起来，在粮食仓储领域实现数字化、智能化与可视化，从而确保粮食流通安全的基本抓手——库存调控的信息安全。从先行已建成的常州市城北粮库与无锡粮食物流中心等企业来讲，也收到了良好的效果。突出表现在：（1）基本实现粮食行政管理部门对省级、地方储备粮的高效管理。以直观、形象的方式展示省级储备粮计划执行情况、日常保管情况、财务情况以及粮库安全生产情况。（2）提高了粮库管理质量和效率。通过数字粮库系统的实施，一方面提高了省级储备粮的高效管理，另一方面通过粮库作业管理规范化、粮库信息集成与粮食仓储的档案管理提高了粮库管理质量和效率。（3）进一步促进了粮食行政管理水平的提高。目前，江苏省以省粮食局核心业务为出发点，整合各类业务数据信息资源，逐步形成了全省粮食流通数据存储、处理和分析中心。在此基础上，能够对接以 GIS 技术（地理信息系统）应用为核心的全省规模以上粮食经营主体、粮食行政管理部门、省储粮库点基础及相关业务数据动态监测体系。已全面建设省、市、县三级粮政管理部门政府内网网络，将政务内网拓展至省级储备粮承储库点。借助全省电子政务网，逐步完成江苏粮食网络的骨干网建设，将各地内部局域网连成统一、互联的粮食专用网络，形成全省粮食部门网络互联和信息交换的公共平台。

同时，各地也不同程度地存在着对信息化建设的源动力不足、信息化人才缺乏、重复建设严重以及电子商务与供应链发展要求没有很好结合等突出问题。

根据《协议》，航天信息将帮助江苏省平均每年完成 10 个"数字粮库"项目的建设，到 2015 年，江苏省将建成 40 个省级储备库，组成全国首个省级"数字粮库"系统。在此基础上，国家有关部门要注重江苏试点经验的总结及向全国推广的工作，同时要着眼于从粮食仓储环节拓展到全流通领域，从"数字粮库"延伸到"数字粮食"与粮食电子商务。

一、与时俱进地适应粮食信息化与电子商务的发展要求

互联网起始于 1969 年，20 世纪 90 年代才开始进入中国的公众生活。1997 年至今，国内互联网用户数快速增长，平均每半年翻一番。在这一过程中，许多粮食企业积极探讨电子商务对粮食行业的改造提升之路。1998 年，郑州华粮科技股份有限公司将于 1995 年成立的集诚现货网并入互联网，使其由单一的点对点信息网站发展成了集网上交易和信息服务为一体的广域专业互联网站，成为当时最早具备 B2B 电子商务技术的网站之一，由此拉开了中国粮食电子商务的帷幕。2001 年 12 月，郑州华粮科技股份有限公司成立，经营运作中华粮网，并于 2002 年 7 月与 2003 年 4 月分别推出了具有远期现货合同交易性质的栈单交易，以及以优质强筋小麦为试点进行的期现结合贸易等。值得一提的是，在 2003 年"非典"特殊时期，粮食电子商务交易直接避免了全国各地客户云集郑州导致交叉感染的可能性，有效杜绝了"非典"带来的负面影响，同时也节省了大量的交易成本，增加了成交机会，使电子商务这种网上交易的优势更加凸显。2004 年，国务院下发了《关于进一步深化粮食流通体制改革的意见》，文件指出，要"加强粮食市场信息网络建设，提倡应用电子商务等多种交易形式，降低粮食流通成本"。随此，

以"探索新型交易模式，促进粮食网上流通"为主题，各种粮食电子商务或网上交易得到了较好的兴起与发展。2004 年 11 月中国网上粮食市场交易会当天，网站点击次数超过 1.5 万人次，在线洽谈人数超过 500 多人次，有 135 家粮食企业在网上达成意向成交合同 315 份，成交粮食 5 万吨，意向成交额 1.1 亿元。2004 年 12 月，中国储备粮管理总公司控股中华粮网，进一步奠定了中华粮网在中国粮食行业门户网站与粮食电子商务的突出地位。2005 年 10 月，中华粮网与黑龙江粮食批发市场采用场内与网上联合招标的方式组织完成了中央储备大豆委托轮换任务。2006 年年底，中华粮网作为郑州国家粮食交易中心的网上交易平台提供方，开始承担国家临时存储小麦和中央储备进口小麦的网上销售任务。2009 年 5 月，中华粮网推出"商易付"网上支付系统，从而使传统的资金结算与支付模式转变为更为安全、快捷、高效的网络支付方式。近年来，由靖江市粮食（集团）总公司投资 8 000 万元建设的南方小麦交易市场，积极开展以南方小麦网为维护平台的现货竞价、现货挂牌和现货订单等多种电子商务模式，同时与江苏省粮油信息中心共建南方小麦网，信息及分析涉及国内及国际粮食生长种植、品质、市场行情、物流、粮食期货、宏观经济、政策动态等，年点击率超百万人次，在 2011 年中国农业网站发展论坛上荣获杰出贡献奖。

目前，中国粮食信息化仍然还处于低层次运用阶段，企业间"信息孤岛"的现象还非常普遍，特别是处于同一供应链上的企业之间业务协同问题难以得到解决。为此，如何形成一个以数字粮食与粮食电子商务密切结合为核心内容的集成化粮食企业网络营销平台，就成了战略取胜的关键。利用这个平台，企业既可实现较好的内部管理，又可得到强大的产品、品牌推广支持，还可以开展电子商务活动，从而形成无缝对接的内管企业、外做生意的新型粮食信息化平台系统。并通过这样一个平台，将粮食售前、售中与售后的全过程整合起来，逐步形成具有定价能力的全球粮食供应链生态环境。由于这一模式的一站式特性，信息化的高效管理性以及效益最大化都将发展到前所未有的高度，且最重要的是，一般企业不再需要高级的信息化人才，所以这样的信息化系统更具有推广性。虽然这一新型的粮食信息化与电子商务结合平台尚待时日，但是随着全球粮食供应链竞争的日益加剧以及物联网浪潮、大数据平台经济的不断冲击，特别是随着中国粮食流通现代化进程的不断推进，以深入细分、联盟推动、完善服务、创新转变为主流的粮食信息化与粮食电子商务的交叉融合必将带来全新的粮食安全、粮食流通与消费观，且这也是努力与国际接轨、降低交易成本、提升国际竞争力的必然途径。

二、促进粮食电子商务与粮食企业信息化

从企业视角看，粮食信息化建设分为三个层面：第一是利用计算机实现对某生产或管理部门（如财务部门）业务过程的自动控制；第二是利用计算机系统实现粮食企业内部管理的系统化；第三是开展电子商务活动。从不同的角度来看，企业信息化和电子商务又是同一层次应用上的不同方面，企业信息化主要运用于企业的内部管理，电子商务则负责与外部进行沟通。从整个业务流程上看，粮食信息化建设旨在为决策层的数据查询与分析提供帮助，为中间层的管理和控制提供帮助，为作业层的业务实现提供帮助，特别是为电子商务交易提供基本条件，且只有开展电子商务并从中收益，才能从更高层次上促进粮食信息化的进一步发展。所谓电子商务服务是基于电子信息网络，特别是互联网，为企业、机构和个人提供产品或服务交易及相关的电子认证、在线支付、物流配送、信用、服务器托管、数据处理等服务的业务活动。根据企业运营服务能力的不同，电子商务可分为完全电子商务企业和非完全电子商务企业，也可分为综合平台运营商、专业平台运营商、从事网络销售和服务的网商，这些企业相互竞争、合作，形成了电子商务产业链关系。近年来，电子商务出现了向大宗商品等主流市场进军的趋势，标志着粮食电子商务产业链已进入拓展和深化阶段。

传统的粮食电子商务只能在网上进行交易，但不能管理这些交易，使得通过电子商务从网上获得的信息和企业内部管理系统获得的信息不能很好地结合，造成了资源的浪费，而要想在信息化加速发展的今天得到更好的发展，就必须把内部管理信息系统与内外部结合的电子商务信息进行有效集成，并致力于发挥电子商务对企业信息化建设的引领与拉动作用。

电子商务服务产业是一类信息技术密集型产业，其主导要素是信息资源、信息技术及信息网络运行平台，科技含量高，人员素质高，附加价值高，它作为一种信息平台型产业，能通过产业内及产业间要素的联合、重组、优化、价值形态转换等实现增值，孕育新的、更大的经济增长点。抓住

了粮食电子商务发展的主动权，就在一定程度上拥有了信息网络环境下全球粮食商品的定价权与国际经济竞争优势。电子商务对信息产业等带动作用大，对改造提升传统产业作用明显。目前的统计数字表明，电子商务对信息产业带动系数为 0.1～0.4（该产业约 10%～40% 的成本是计算机等电子设备、相关软件和信息通信费用），是信息产业的直接带动者；对提高传统产业的运行效率与质量作用明显。日益临近的未来信息网络社会将是以各类综合型、专业化电子商务交易与服务平台为枢纽，以政府、企业、个人为节点，产品或服务个性化更强、政府与企业规模更小、分工更细、协作程度更高的网络化信息社会形态，电子商务通过网络开拓市场、采购销售各环节信息化的过程，对企业信息化建设的全面实施必将起到助推器的作用。

最近互联网上出现了一家以"助推中国企业电子商务信息化革命"为使命的电子商务信息化门户平台网站（www.PT37.com）。它是中国首批以WEB 3.0 为发展理念的互联网电子商务交易平台，其宗旨是以国际最新的SaaS（Software as a Service）模式来解决企业信息化建设的效率与效益问题。值得一提的是，这家公司自创了"4S＋1"整合模式（SNS、SaaS、SOA、SIR ＋电子政府）来全面指导自身的开发，努力让中小企业在零开发的基础上，利用最少的成本、最简单的操作达到在线交流、在线交易、在线办公、宣传推广和寻找商业合作等综合目的。类似于 PT37 这样的理念与平台必定是发展趋势，在粮食系统也有非常广阔的前景。

三、引领并保障新形势下粮食安全与供应链战略的实施

2008 年以来，国家连续 6 年提高粮食最低收购价格。但与此同时，国外粮食价格却处于相对稳定的状态，从而产生了因国内粮食价格高于国外而导致的近年来粮食进口大幅上涨的情况，从而加剧了粮农增产难增收、企业涨库难消化以及远期粮食安全堪忧等不利情况，使得我们必须改变习惯了的最低价保护收购政策等。除此之外，日益变化的粮食需求使得我们必须努力把个性化、碎片化的不确定性需求转变确定性订单，进行快捷而又规模式的运作；比 WTO 还开放的自由贸易区等新要求，使得没有比较优势或竞争力的国内粮食企业会倍感被淘汰的压力；电子商务特别是日益盛行的移动电子商务与供应链发展，使得比较传统与特殊的粮食工作思路与做法越来越没有

市场；经济增速放缓与生态成本等不断加剧，使得我们必须谋求以合理成本保障粮食安全的新战略；市场决定作用，使得我们必须刻不容缓地从技术、人员、流程、战略与体制等方面进行全面改革或创新。也就是说，针对新形势下的新问题，必须全面创新粮食安全思路，其核心是以供应链整合推动粮食安全及其竞争力增强。而所谓粮食供应链整合是以供应链核心企业为主导，由农资供应商、种粮农户、收储加工商、分销商与城乡居民等供应链成员所进行的一体化协同运作，它是新时期下以合理成本谋求可持续粮食安全的利器。同时，需要有效遵循粮食宏观调控的有限性、匹配性及其范围扩大等理论要求，并通过整合解决现有粮食宏观调控中有关信息或数据掌握不足等突出问题；需要十分重视粮食宏观调控综合治理等内容，例如粮食宏观调控制度、法规、微观规制及跨部门信息共享系统建设等。特别重要的是，应力求探讨出一种既治表又治根的粮食安全可持续办法：综合藏粮、科学调控、强农服务与协同整合，即构建以综合藏粮为基础的可持续粮食安全体系、注重粮食宏观调控改善、构建物联网条件下粮食主销区的强农服务体系、积极开展以核心企业作用发挥为特征的供应链整合，以及使这些体系或整合作用得以良好发挥的供应链信息共享体系建设等。

最近几年，随着信息技术的不断发展，粮食仓储行业也逐渐开始利用先进的计算机管理系统来提升企业管理和规范化水平，取得了一定的效果。但是，这些系统缺乏信息共享机制，造成"信息孤岛"现象。不同的信息系统仅仅解决某个环节的业务，通常是由不同的软件生产企业完成，他们往往只会考虑本系统的需求，并采用自己所熟悉的设计工具与后台数据库管理系统，尽管这些应用系统都能满足各自的使用需求，系统之间的数据共享几乎不可能，系统间的互操作性更差，不同的信息系统之间彼此无法交换有意义的信息，成为互相隔离的"信息孤岛"。因此，深度结合粮食仓储业务，开发和建设集成化管理平台，消除粮食仓储各个环节"信息孤岛"，不仅为上报数据服务，更重要的是为提升仓储企业自身管理水平服务，是粮食仓储企业管理信息系统的发展方向。同时，要把上游的 RFID 农户结算卡系统与更上游的基本农田数据库建设以及下游的粮食物流公共信息平台等结合起来，以形成与全产业链发展相匹配的粮食信息化体系。航天信息"十二五"期间所申报的粮食数字化全程追溯集成技术研究与示范、区域物流智能信息服务技术研发与应用示范等课题就是这样的一些尝试，其目的是通过从田头到餐桌的科技创新为粮食决策管理提供科学依据，助力全国粮食流通产业的转型升级，最终确保国家粮食数量和质量双重安全。

通过 10 多年的探索和实践，粮食行业已越来越认识到信息化建设的重要作用。粮食行业要尽快实现从基础网络建设向多元化信息服务转变，并通过电子商务等把信息技术转化成现实生产力与竞争力，使数字粮食与电子商务取得互为促进的良性发展，从而更好地从现代技术手段方面保障新形势下的粮食安全与供应链战略的有效实施。其主要建议包括：

1. 进一步认识数字粮库及其向数字粮食、电子商务转变的重要性

粮食流通产业作为农业现代化的重要内容，是新形势下保障粮食安全的重中之重。信息技术作为创新速度最快、通用性最广、融合性最强的高新技术之一，是当今世界最突出的发展趋势，信息化能够实现社会领域与行业流程的全覆盖以及海量信息的高集成。所以，各地要加大数字粮食与电子商务建设宣传的力度，从而进一步重视和加大信息化建设工作力度，真正把数字粮库向数字粮食及电子商务转变作为新形势下改进管理、提高效率、推动工作、增强效益的重要手段。以信息化为代表的科技创新和技术应用是粮食产业由传统模式迈向现代粮食、由粗放模式向集约化发展的重要支撑。为此，各级粮食行政管理部门要进一步提高认识，更好地建立健全信息化建设领导体制和工作机制；同时，要充分认识到信息化建设的长期性与规律性。纵观信息化建设的发展历程，往往是从局部、不完善、低效益、低层次的模拟手工操作逐步到信息化、规范化、智能化与效益化处理的过程。随着市场决定作用下粮食信息化业务需求的不断提出，粮食信息化工作会有一个以观念调整和利益再分配为基本内容的脱胎换骨的阵痛过程。为此，必须从切实有效的观念转变、科学考评机制的建立与完善，以及建立规范的信息化管理流程等，支撑和促进粮食信息化、现代化目标的早日实现。

2. 加强顶层设计与政策推动的力度

信息化建设必须充分利用已有的网络基础、业务系统和信息资源，必须通过整合达到互联互通、信息共享的目的，更好地服务好城乡一体化下的粮食流通现代化建设要求。同时，信息化推进的最大困难，不在于技术，而在于是否有过硬的顶层设计与体制观念的变革。各级粮食行政管理部门必须起到行政主导作用，通过市场决定作用、环境条件的积极创造，形成日益强大的群策群力氛围，并努力实现由以往主要抓一个个具体工程到包括众多工程在内的基层设计上，由以往学者围绕着政府部门转转变到自觉服务于专家学者的顶层设计上来，由以往主要着眼于一个个企业或部门的信息化建设转变到全社会粮食信息化壁垒与孤岛的整体消除上，以期通过国内外集群粮食供应链信息系统资源的全面整合，带动粮食产业服务能力与竞争能力的全面提升。

由于中国粮食企业自身改革尚不到位，作为市场主体的地位还不明显，对数字粮食与电子商务的需求不迫切；中国虽已形成了初具规模的区域性数字与电子商务交易平台，但各粮食网站难以互联互通，由于中国粮食数字与电子商务建设相对落后，且往往形式大于内容或华而不实，所以从投入产出角度看难免不理想。但这是粮食信息化发展过程中必须经历的一个不成熟阶段，为此应该也必须通过更有力的改革与政策引领来进行解决。其关键是加强粮食系统计算机软硬件建设，培育高素质复合型人才，适应数字粮食与电子商务的快速发展；深化粮食流通体制改革，使粮食企业成为真正的市场主体，从而提高对电子商务的认知与需求程度；强化全国性电子商务平台的建设、批发市场、期货市场和现代物流配送体系建设中的结合力度与政策协同支持力度。宜组织有关权威部门与新闻媒体对现行强农惠农政策的落实情况进行明察暗访，鼓励有关专家对新技术条件下中国粮食宏观调控的政策、措施及效果等进行系统总结、提升，并力求在此基础上形成可持续的粮食宏观调控理论、粮食安全与产业发展相协调的信息化创新政策体系。

3. 重视标准化建设与信息安全

标准化建设对于做好粮食信息化工作非常重要，无论是业务和技术，都要标准一致，这是制定标准化流程、确保业务与技术有效衔接的前提。为此，必须在统一的《江苏省"数字粮食"工程建设总体方案》和《江苏省"数字粮食"工程建设技术方案》等基础上，着眼于从解决信息共享中的问题角度完善并细化数字与电子商务标准。同时从保障粮食安全所必需的保密要求等出发，切实解决期间的网络安全、系统安全、应用安全、数据安全等问题，宜加快完成包括 CA 认证在内的全粮食行业信息安全体系建设，按照有关计算机安全保护暂行规定尽快建立粮食信息系统和数据的异地备份中心体系。

4. 积极推动农户结算卡试点运用

组织有关权威部门与新闻媒体对现行强农惠农政策的落实情况进行明察暗访，鼓励有关专家对改革开放以来中国粮食宏观调控的政策、措施及效果等进行系统总结、提升，并力求在此基础上形成可持续的粮食宏观调控理论与创新政策体系。授意国家发改委、农业部、财政部、工信部与国家粮食局等有关部门对既已示范应用的 RFID 农户结算卡项目情况进行全面总结、深度挖掘与系统提升，并在此基础形成中国 RFID 农户结算卡的粮食大数据应用顶层设计方案、推广地图与相互支撑措施。扩大 RFID 农户结算卡的示范应用范围，使它由现在的一个镇扩大到整个江苏省，由夏粮收购扩大到全年粮食收购，并着重研究、创新及调整 RFID 农户结算卡条件下的中国粮食补贴、调控与管理等政策措施，以期为 RFID 农户结算卡的全面推广奠定基础。而这里的关键是怎样落实 RFID 农户结算卡推广及软科学研究的有关费用等。其基本思路有二：一是国家有关部门专项拨款补助每千克收购 4 分钱；二是出台一些有利于优化存量的控制国拨费用总额政策，使其从可以节省的有关费用（如清仓查库）及可望节省的一些补助款中拿出钱来进行粮食收购补贴。对分散在公安、财政等许多部门的土地面积、农户住址、身份证等农户信息进行整合式管理，以方便 RFID 农户结算卡的实施以及粮食宏观调控的转型。

参 考 文 献

陈明星 . 2011. 基于粮食供应链的外资进入与中国粮食产业安全研究 [J] . 中国流通经济 (8) .

程国强，等 . 2013. 中国粮食宏观调控的现实状态与政策框架 [J] . 改革 (1) .

崔晓迪，等 . 2005. 信息化的粮食供应链管理 [J] . 中国储运 (5)：50 - 51 .

杜文龙 . 2006. 我国粮食供应链整合问题探讨 [J] . 商业时代 (36) .

福建省粮食经济学会 . 2001. 粮食主销区市场化改革后粮食安全问题的几点思考 [J] . 广西
　粮食经济 (6) .

高帆 . 2007. 组织创新：我国实现粮食安全目标的基点 [J] . 调研世界 (3)：10 - 12 .

苟建华 . 2007. 基于小农户组织化的农产品供应链优化探究 [J] . 当代经济 (11S) .

郭晓慧 . 2010. 我国粮食价格波动及调控研究 [D] . 成都：西南财经大学 .

洪岚，尚珂 . 2005. 我国粮食供应链问题研究 [J] . 中国流通经济 (2)：11 - 14 .

洪岚 . 2009. 粮食供应链整合的量化分析 [J] . 中国农村经济 (10) .

洪涛，等 . 2010. 中国粮食安全保障体系及预警 [M] . 北京：经济管理出版社 .

黄伯平 . 2011. 行政手段参与宏观调控：实质、特征与原因 [J] . 中国行政管理 (10) .

黄季焜，等 . 2009. 本轮粮食价格的大起大落：主要原因及未来走势 [J] . 管理世界 (1) .

黄季焜，等 . 2012. 新时期国家粮食安全战略和政策的思考 [J] . 农业经济问题 (3) .

黄俊，等 . 2007. 供应商早期参与新产品开发的实证研究 [J] . 科研管理 (1)：167 - 172 .

李全根 . 2009. 中国粮食宏观调控政策的演变 [J] . 粮食科技与经济 (5) .

李维刚 . 2013. 论城镇化中粮食安全与粮食物流体系的关系 [J] . 中国经贸导刊 (20) .

李益波 . 2013. 海合会国家的粮食安全问题及其应对措施 [J] . 世界农业 (6) .

厉为民 . 2005. 粮食安全十问 [J] . 开发研究 (3)：9 - 16 .

罗光强 . 2012. 主销区粮食安全责任战略的实现行为研究 [J] . 农业经济问题 (3) .

茅于轼，等 . 2011. 中国粮食安全靠什么：计划还是市场 [M] . 北京：知识产权出版社 .

宁自军 . 2004. 粮食购销市场化与主销区粮食安全问题研究 [J] . 经济地理 (2) .

农户结算卡项目组 . 2010. 农户结算卡示范管理系统项目总结报告 [R] .

潘佩佩，等 . 2013. 太湖流域粮食生产时空格局演变与粮食安全评价 [J] . 自然资源学报 (6) .

孙宏岭，等 . 2011. 物联网背景下集成化粮食供应链管理构建的研究 [J] . 中国粮油学报 (3) .

仝志辉，王张庆 . 2008. "部门化"农户生产服务体系的"非部门化" [J] . 乡村中国观察周刊（34）.

王国敏，等.2013.基于政治学视角的国家粮食安全问题研究［J］.上海行政学院学报（2）.

王立石.2008.粮食供应链牛鞭效应形成机理研究［D］.南京：南京财经大学.

王石舟.2006.粮食物流信息化研究［D］.南京：南京财经大学.

王士海.2012.粮食最低收购价政策托市效应研究［J］.农业技术经济（4）.

王修风.2004.主销区粮食安全长效机制研究［J］.中国粮食经济（9）.

王雅鹏，等.2012.中国粮食生产、流通与储备协调机制研究：基于粮食安全［M］.北京：
科学出版社.

王跃梅.2009.粮食主销区供求与安全问题探讨［J］.农村经济（3）.

王跃梅.2009.主销区粮食安全目标与现代物流分析［J］.农业经济（5）.

闻海燕，杨万江.2006.主销区粮食安全预警指标体系的构建与测度［J］.农业经济（8）.

闻海燕.2004.市场化条件下粮食主销区的农户粮食储备与粮食安全［J］.粮食问题研究
（1）.

闻海燕.2005.主销区粮食安全应急反应机制及其应急管理［J］.粮食问题研究（1）.

吴能全，等.2006.粮食宏观调控中的信息与激励［J］.中山大学学报：社会科学版（3）.

吴志华，等.2007.中国粮食物流研究［M］.北京：中国农业出版社.

吴志华，等.2010.基于供应链的长三角粮食安全研究［J］.农业经济问题（2）.

吴志华，等.2011.粮食供应链整合研究［J］.农业经济问题（4）.

吴志华，等.2012.基于供应链的粮食宏观调控研究［J］.农业经济问题（12）.

吴志华，等.2013.新形势下主销区粮食安全问题与供应链整合研究［M］.北京：中国农业
出版社.

吴志华，等.2013.行政手段参与粮食宏观调控研究［J］.中国行政管理（2）.

吴志华.2008.基于OEM的精敏供应链创新［J］.经济管理（17）.

杨彩虹，等.2013.基于粮食安全视角的粮食供应链优化与管理研究［J］.改革与战略（12）.

赵予新，钟雪莲.2010.我国欠发达粮食主销区粮食安全问题研究［J］.河南工业大学学报：
社会科学版（1）.

朱传福.2008.基于核心企业的粮食供应链整合研究［D］.南京：南京财经大学.

朱满德.2011.中国粮食宏观调控的成效和问题及改革建议［J］.农业现代化研究（4）.

朱有志，陈文胜.2009.四个转变确保国家粮食安全［N］.光明日报，02-20.

A Wood. 1997. Extending the supply chain：strengthening links with IT［J］.Chemical Week，
159（25）：26.

Barbara B Flynn，Baofeng Huo，Xiande Zhao. 2010. The impact of supply chain integration on
performance：a contingency and configuration approach［J］.Journal of Operations Manage-
ment（28）：51-71.

Charles A Weber, John R Current, Anand Desai. 2000. An optimization approach to determining the number of vendors to employ [J] . International Journal of Supply Chain Manage, 5 (2): 90 – 98.

Chee Yew Wong, Sakun Boon – itt. 2008. The influence of institutional norms and environmental uncertainty on supply chain integration in the Thai automotive industry [J] . International Journal of Production Economics (11S): 400 – 410.

Cristina Giménez, Eva Ventura. 2003. Supply chain management as a competitive advantage in the Spanish grocery sector [J] . The International Journal of Logistics Management, 14 (1): 77 – 88.

Damien Power. 2005. Supply chain management integration and implementation: a literature review [J] . Supply Chain Management: an International Journal, 10 (4): 252 – 263.

Daniel G Maxwell, John W Parker, Heather C Stobaugh. 2013. What drives program choice in food security crises? Examining the "response analysis" question [J] . World Development (9): 68 – 79.

Daniel J Flint. 2004. Strategic marketing in global supply chain: four challenges [J] . Industrial Marketing Management, 33 (1): 45 – 50.

David J Closs, Diane A Mollenkopf. 2004. A global supply chain framework [J] . Industrial Marketing Management, 33 (1): 37 – 44.

David J Ketchen Jr, Larry C Giunipero. 2004. The intersection of strategic management and supply chain management [J] . Industrial Marketing Management, 33 (1): 51 – 56.

Dirk Pieter van Donk, Taco van der Vaart. 2005. A case of shared resources uncertainty and supply chain integration in the process industry [J] . International Journal of Production Economics (96): 97 – 108.

Dirk Pieter van Donk, Renzo Akkerman, Taco van der Vaart. 2008. Opportunities and realities of supply chain integration: the case of food manufacturers [J] . British Food Journal, 110 (2): 218 – 235.

Dirk Pieter van Donk, Taco van der Vaart. 2004. Business conditions, shared resources and integrative practices in the supply chain [J] . Journal of Purchasing & Supply Management, 10 (3): 107 – 116.

Douglas M Lambert, Martha C Cooper. 2000. Issues in supply chain management [J] . Industrial Marketing Management, 29 (1): 65 – 83.

Edward A Morash, Cornelia Dröge, Shawnee Vickery. 1997. Boundary – spanning interfaces between Logistics, production, marketing and new product development [J] . International Journal of Physical Distribution and Logistics Management, 27 (5/6): 350 – 352.

Elie Ofek, Miklos Sarvary. 2001. Leveraging the customer base: creating competitive advantage through knowledge management [J]. Management Science, 47 (11): 1441 - 1456.

Eve D Rosenzweig, Aleda V Roth, James W Dean. 2003. The influence of an integration strategy on competitive capabilities and business performance: an exploratory study of consumer products manufacturers [J]. Journal of Operations Management, 21 (4): 437 - 456.

F Graef, et al. 2014. Framework for participatory food security research in rural food value chains [J]. Global Food Security, 3 (1): 8 - 15.

F Hewitt. 2002. Fourth stage logistics research: drivers and priorities in the twenty first century [C] //F Griffiths, F Hewitt, P Ireland. Logistics Research Network Conference. Birmingham.

G Philip, P Pedersen. 1997. Inter - organizational information systems: are organizations in Ireland deriving strategic benefits from EDI? [J]. International Journal of Information Management, 17 (5): 337 - 357.

Gary L Ragatz, Robert B Handfield, Thomas V Scannell. 1997. Success factors for integrating suppliers into new product development [J]. Journal of Production Innovation Management, 14 (3): 190 - 202.

George S Day. 1999. Market - driven strategy: process for creating value [M]. New York: Free Press.

Graham C Stevens. 1989. Integrating the supply chain [J]. International Journal of Physical Distribution & Logistics Management, 19 (8): 3 - 8.

Gustavo Vargas, Lily Cardenas, José Luis Matarranz. 2000. Internal and external integration of assembly manufacturing activities [J]. International Journal of Operations & Production Management, 20 (7): 809 - 822.

Henk Akkermans, Paul Bogerd, Bart Vos. 1999. Virtuous and vicious cycles on the road towards international supply chain management [J]. International Journal of Operations & Production Management, 19 (5): 565 - 581.

Ira Lewis, Alexander Talalayevsky. 2004. Improving the interorganizational supply chain through optimization of information flows [J]. Journal of Enterprise Information Management, 17 (3): 229 - 237.

J H Trienekens, et al. 2012. Transparency in complex dynamic food supply chains [J]. Advanced Engineering Informatics, 26 (1): 55 - 65.

Korrakot Yaibuathet, Takao Enkawa, Sadami Suzuki. 2008. Influences of institutional environment toward the development of supply chain management [J]. International Journal of Production Economics, 115 (2): 262 - 271.

Laura Meade, Joseph Sarkis. 1998. Strategic analysis of logistics and supply chain management systems using the analytical network process [J]. Transportation Research Part E - logistics & Transportation Review, 34 (3): 201 - 215.

M E Brown, et al. 2012. Country and regional staple food price indices for improved identification of food insecurity [J]. Global Environmental Change, 22 (3): 784 - 794.

Mark Pagell. 2004. Understanding the factors that enable and inhibit the integration of operations, purchasing and logistics [J]. Journal of Operations Management, 22 (5): 459 -487.

Markham T Frohlich, Roy Westbrook. 2001. Arcs of integration: an international study of supply chain strategies [J]. Journal of Operations Management, 19 (2): 185 - 200.

Michael J Maloni, W C Benton. 1997. Supply chain partnerships: opportunities for operation research [J]. European Journal of operational Research, 101 (3): 419 - 429.

Pamela J Zelbst, Kenneth W Green Jr, Victor E Sower, Gary Baker. 2010. RFID utilization and information sharing: the impact on supply chain performance [J]. The Journal of Business & Industrial Marketing, 25 (8): 582 - 589.

Pankaj M Madhani. 2012. Value Creation Through Integration of Supply Chain Management and Marketing Strategy [J]. IUP Journal of Business Strategy, 9 (1): 7.

Peter W Stonebraker, Jianwen Liao. 2004. Environmental turbulence, strategic orientation: modeling supply chain integration [J]. International Journal of Operations & Production Management, 24 (10): 1037 - 1054.

Prabhir K Bagchi, Tage Skjoett - Larsen. 2002. Integration of information technology and organizations in a supply chain [J]. The International Journal of Logistic Management, 14 (1): 89 - 108.

R Duane Ireland, Justin W Webb. 2007. A multi - theoretic perspective on trust and power in strategic supply chains [J]. Journal of Operations Management, 25 (2): 482 - 497.

R Glenn Richey Jr, Haozhe Chen, Rahul Upreti, Stanley E Fawcett, Frank G Adams. 2009. The moderating role of barriers on the relationship between drivers to supply chain integration and firm performance [J]. International Journal of Physical Distribution & Logistics Management, 39 (10): 826 - 840.

R N Natarajan. 1999. Logistics, strategy and supply chain: making the right connections in the information age [M] //M Muffatto, K S Pawar. Logistics in the Information Age, proceedings of 4th international symposium on logistics, Florence, Italy, Padova: Servizi Grafici Editoriali: 203 - 210.

Ram Narasimhan, Soo Wook Kim. 2002. Effect of supply chain integration on the relationship between diversification and performance: evidence from Japanese and Korean firms [J].

Journal of Operations Management, 20 (3): 303 – 323.

Reuven R Levary. 2000. Better supply chains through information technology [J] . Industrial Management, 42 (3): 24 – 30.

Robert E Spekman, John W Kamauff Jr, Niklas Myhr. 1998. An empirical investigation into supply chain management: a perspective on partnerships [J] . International Journal of Physical Distribution & Logistic Management, 28 (8): 630 – 650.

Shaohan Cai, Minjoon Jun, Zhilin Yang. 2010. Implementing supply chain information integration in China: the role of institutional forces and trust [J] . Journal of Operations Management (28): 257 – 268.

Shawnee K Vickery, Jayanth Jayaram, Cornelia Dröge, Roger Calantone. 2003. The effects of an integrative supply chain strategy on customer service and financial performance: an analysis of direct versus indirect relationships [J] . Journal of Operations Management, 21 (5): 523 – 540.

Soo Wook Kim. 2009. An investigation on the direct and indirect effect of supply chain integration on firm performance [J] . International Journal of Production Economics, 119 (2): 328 – 346.

Stanley E Fawcett, Gregory M Magnan. 2002. The rhetoric and reality of supply chain integration [J] . International Journal of Physical Distribution & Logistics Management, 32 (5): 339 – 361.

Taco van der Vaart, Dirk Pieter van Donk. 2004. Buyer focus: evaluation of a new concept for supply chain integration [J] . International Journal of Production Economics, 92 (1): 21 –30.

Theodore P Stank, Scott B Keller, David J Closs. 2001. Performance benefits of supply chain logistical integration [J] . Transportation Journal, 41 (2/3): 32.

Uta Juttner, Martin Christopher, Janet Godsell. 2010. A strategic framework for integrating marketing and supply chain strategies [J] . The International Journal of Logistics Management, 21 (1): 104 – 126.

Zhang Sheng Hao, Cheung Ki Ling. 2011. The impact of information sharing and advance order information on a supply chain with balanced ordering [J] . Production and Operations Management, 20 (2): 253 – 267.

Zhengsen Huang, Aryya Gangopadhyay. 2004. A simulation study of supply chain management to measure the impact of information sharing [J] . Information Resources Management Journal, 17 (3): 20 – 31.

后　　记

　　面对刚刚完成的书稿，十分感谢《中国粮食安全问题研究》丛书的有关专家、学者，因为正是他们的远见卓识，才使得创新要求很高的《主销区粮食安全与供应链整合研究》得到了出版支持；非常感谢"新形势下主销区粮食安全问题与供应链整合研究"（10YJAZH089）课题组吴志华、曹宝明、胡学君、胡非凡、郭晓东、袁华山、卢景波、黄明东、葛海波与徐艳丹等成员的密切合作与辛苦努力，从而使该项成果有了很高的研究起点与可供借鉴的素材与观点等。在前期研究成果基础上，本书着眼于把中共十八届三中全会、中央经济工作会议、中央农村工作会议及 2014 年中央 1 号文件要求与主销区粮食安全的个性特点相结合，力求把"以我为主、立足国内、确保产能、适度进口、科技支撑"的国家粮食安全战略与粮食主销区的发展要求相结合，力求从解决主销区眼前的粮食安全问题与根除粮食安全的供应链原因等相结合，力求从主销区粮食安全与供应链整合的理论与实际相结合，期望收到既与时俱进，又顶天立地的良好效果。

　　非常感谢国家粮食局的颜波司长，江苏省粮食局的陈杰局长、于国民副局长，南京财经大学的王开田副校长、石奇教授、乔均教授，以及中国储备粮管理总公司、苏锡常等许多粮食主销区的粮食局、粮食物流中心等，正是他们的热切关心与工作支持，才使本书研究与出版得以顺利进行。尤其值得一提的是，快速发展的南京财经大学一贯重视粮食经济特色的秉持与创新，十分重视与本书特别相关的省级重点学科、省优势学科，以及现代粮食流通与政策博士人才培养项目所涉及的粮食理论与政策、粮食物流管理等方向的建设，从而为本团队在这一崭新领域的忘我深耕营造了非常有利的条件与氛围。南京财经大学的研究生张娟、李文露、娄钰莹等参与了有关章节素材的收集与部分初稿的撰写等，校院图书馆、办公室与出版社的许多老师也付出了不少辛劳，在此一并感谢！

　　由于本项研究与传统研究视角有很大的不同，所涉及的理论与实践活动处于动态的变化中，因此虽尽了努力，也难免有一些缺点或疏漏。谨希各位专家、学者赐教！

胡非凡　吴志华

2014 年 2 月 28 日，于南京